The Biblical Storytelling • 요한계시록

그분 오실 때를 아는 사람들

그분 오실 때를 아는 사람들

2008년 10월 10일 초판 1쇄 인쇄
2008년 10월 15일 초판 1쇄 발행

저 자 • 조 관 호
발행인 • 조 경 혜
발행처 • 도서출판 그리심
156-763 서울시 동작구 사당동 196 인정 Apt. B-b01

등록번호 • 제 7-258호(1998. 4. 23)
출 판 사 • 전화 523-7589 팩스 523-7590
홈페이지 • http://grisim.biz
전자우편 • grisimcho@hanmail.net

값 : 표지 뒷면

ISBN 978-89-5799-220-3 94230
ISBN 89-5799-157-3 (세트)

그분 오실 때를 아는 사람들

조 관 호

서울신학대학과 감리교 신학대학신학대학원,
아세아연합신학대학원에서 공부하고
육군 군목으로 사역하는 동안 전방 부대에서 2년,
군병원에서 3년을 사역했다.
군 제대 후 도미하여 California에 있는
Azusa Pacific University 대학원에서 공부한 후
Kentucky에 소재한 남침례교신학교(The Southern Baptist Theological Seminary)에서
The Biblical Storytelling Bible Study Methodology로
목회학 박사 학위를 받고
현재 LA 근교 은혜로교회(Grace Road Church) 담임 목사로 섬기고 있다.

논문과 저서로는,
논문 : Developing A Biblical Storytelling Bible study Model
For The Sunday School Teachers

저서 : Biblical Storytelling Series
● 은혜로 사는 사람들(룻기) ● 영웅으로 살았던 사람들 1,2(사사기)
● 하나님 나라의 맥을 이어가는 사람들(삼상1) ● 훈련 받는 사람(삼상2)
● 홀로 서는 사람(삼상3) ● 정상으로 올라가는 사람(삼하1)
● 정상에서 넘어졌던 사람(삼하2)
● 참 예쁜 사람(에스더)
● 성전 건축하는 사람들(에스라 · 학개 · 스가랴)
● 회복을 기다리는 사람들(느헤미야 · 말라기)

저자 이메일 – khmycho@hanmail.net

「요한계시록 이야기」는

쉬운 수학 문제를 푼 기쁨보다는 어려운 수학 문제를 풀고 나면
뿌듯한 것처럼
요한계시록을 이해하고 나면 가슴에 벅찬 기쁨이 솟는답니다.
어려운 책이기 때문입니다.

계시록은 예수님을 영접하고 거듭난 사람들을 위한 책입니다.
영광스런 소망을 보여주는 복음입니다.
영광스런 소망 때문에 이 땅에 사는 동안 낙심하지 말라는 복음입니다.
인내할 수 있게 하시는 주님의 도우심의 복음입니다.
주님 오심의 시간표를 보여주시는 책이지요.
멸망 중에 있는 형제자매들에게 복음을 전하라는 책입니다.

주님을 영접하지 않은 사람들을 위한 책입니다.
(저들이 보고 있을지 모르지만...)
성경이 하나님의 말씀인 것을 부인하지 못하게 하는 거지요.
세상 돌아가는 게 계시록에 적힌 대로라는 걸 발견하게 될 것이니까요.
심판이 다가오는 걸 보고 예수님 영접하게 하여
구원받게 하시려는 사랑의 책이랍니다.

모두에게 하나님의 아들이신 예수께서 구름타고 오심의 때를
알려주는 책입니다.
주님 때문에 살고 있는 사람들에게 주시는 아주 고마운 책,
사람을 사랑하는 주님의 마음이 적힌 책이랍니다.

요한계시록

contents

contents 요한계시록

비블리컬 스토리텔링

The Biblical Storytelling에 대해...

Ⅰ. Biblical Storytelling과 Storytelling은 어떻게 다른가?

설교학에서 말하는 Storytelling은 설교의 전달에 대한 기법(技法)을 말합니다. 오래 전부터 알려진 내러티브(Narrative) 설교 방식과 비슷한 기법입니다. Storytelling 설교 기법을 설명하면서 예수님의 설교 방식이 이야기식이었다는 것을 증명하려고 합니다. 그러면서 오늘날의 설교자도 예수님처럼 이야기식 설교를 할 때 설교 전달에 효과가 있다고 소개를 하는 겁니다. 성경의 이야기들이 독특한 언어를 사용하여 기록되었으므로 설교에도 효과적인 전달을 위해 성경이 노력한 것과 같은 노력을 기울일 때 전하고 싶은 내용이 잘 전달된다는 것을 말하는 거지요. 전하고 싶은 내용을 위해 성경은 비유를 사용했고, 시(詩)나 잠언, 연설, 기도, 역사, 전기(傳記) 등과 같은 것을 도입한 것처럼, 설교도 전달하고 싶은 것을 효과적으로 전달하기 위해 그런 방법을 도입해야 한다는 걸 말합니다.

Storytelling 기법 설교자로 잘 알려진 유진 로우리(Eugene Lowry)가 강조하는 것이 그런 의미입니다. 다른 말로 하면 전달하고 싶은 것을 드라마처럼 혹은 상상을 가져오도록 설교를 구성하라는 거지요.

Storytelling 기법의 설교는 미국의 유명한 소설가인 존 그래샴(John Gresham)의 기법을 많이 소개합니다. 그의 이야기는 전하고 싶은 이야기를 평범하게 시작하면 충분히 전달이 되지 않으니 놀람(surprise)으로 시작합니다. 서론을 평범하게 하고 나면 이미 시작부터 결론을 상상하기 때문에 식상하다는 거지요. 또한 이야기 중간에 긴장을 조성하는 편집을 잘해야 한다는 겁니다. 그러다가 결론에 가서는 간단하게 하되 적어도 5분을 넘기지 않는 것이 효과적인 이야기가 될 것이라는 가르침입니다. 그래샴의 그러한 기법이 설교에 도입이 되면 설교 전달에 매우 효과적일 거라는 주장이지요.

필자가 말하는 Biblical Storytelling은 전달 기법을 말하는 Storytelling과 다릅니다. Biblical Storytelling은 전달 기법이 아니라 내용을 말하는 겁니다. 내용이란 성경을 말합니다. 성경을 통해서 설교하는 것, 성경의 이야기만을 말하는 걸 Biblical Storytelling 설교라고 하는 겁니다. 설교자가 하고 싶은 이야기(주제나 제목)를 정해 놓았다 하더라도 성경 속에 있는 이야기를 통해 그 목적을 이루는 걸 말합니다. 예를 들어, 탕자의 비유에 관한 본문을 가지고 설교할 때 그 본문만 가지고 이야기를 만드는 겁니다. 아버지의 심정, 두 아들의 심정, 계획, 떨어진 부자(父子)의 서로 다른 생각들, 돌아온 아들에 대한 아버지의 갈등... 이러한 것에 집중적으로 생각을 투자하는 겁니다. 그러기 위해서는 수많은 성경 신학적 연구가 필요합니다. 당시의 습관, 지리적 배경, 가정 윤리, 제도와 같은 것들입니다. 거기에 성경에 등장하는 인물들의 심리를 파헤치는 거지요. 그것을 잘 전달하는 걸 Biblical Storytelling 설교라고 하는 겁니다.

Biblical Storytelling 설교에서도 본문을 돕기 위해 다른 이야기를 도입하긴 합니다만 그 빌려온 이야기조차 오직 성경 속에 있는 이야기로 합니다. 현재 생존해 있는 사람의 이야기를 설교의 한 예로 들지 않습니다. 읽은 소설이나 잡지에서 얻은 아이디어를 가지고 설교를 돕도록 하지도 않습니다. 훌륭한 성현들의 글귀를 통해 설교에 도움을 받지도 않습니다. 설교를 더욱 권위 있게 만들고 도울 수 있으며 능력 있게 하는 것에는 성경만한 것이 없기 때문입니다. 오래 전 어른들은 이런 것을 '성경으로 성경을 푼다' 는 말로 표현했던 겁니다.

II. Biblical Storytelling 설교를 하게 된 이유들

필자가 Biblical Storytelling을 하게 된 동기가 있습니다. 필자는 목사 안수를 받고 육군 군목으로 사역을 시작하였습니다. 20대 중반의 젊은 목사가 패기 하나로 군인 교회 담임을 맡게 되었는데 내용이 준비되어 있지 않았던 겁니다. 그 내용은 설교라는 거였습니다. 선배 목사님들이 하시는 설교는 비평도 하고 불평도 하던 제가 현실 속에서 설교를 해야 할 때는 엄청난 스트레스를 받았던 겁니다. 주일이 왜 그렇게도 빨리 오는지 숨 쉴 틈 없이 설교 준비를 해야 했던 거지요. 물론 주일만 설교하는 것이 아니었습니다. 수요 예배는 물론 목사가 가는 곳에서는 설교를 해야 했던 겁니다. 그 때를 고백하면 부끄럽지만 설교집을 베낄 수밖에 없었습니다.

설교를 베끼면서도 의문점들이 많았습니다. 설교집마다 제가 알지도 못하는 훌륭한 사람들의 금언이나 저서들이 소개되어 있었고 기가 막힌 예화들이 나를 놀라게 했던 거지요. 그러면서 가진 의문이 '과연 목사님들이 이런 분들을 알고 있는 걸까? 소개하는 책들을 정말 읽고 그 가운데 좋은 금언을 뽑아내신 걸까? 사용하는 예화는 어떻게 얻어낸 걸까?' 하는 궁금함들이었습니다. 그러면서 목회자로서의 자신감이 사라지곤 했지요.

설교를 해야 하는 사람으로서 설교 내용도 무척이나 고민이 되었지만 내용을 생각하기 이전부터 고민은 엄청났습니다. '본문은 어떤 걸로 할까? 제목은 어떻게 해야 하는가?' 하는 것들이었지요. 고민 끝에 기껏 결정한 설교들은 이미 익숙해져 있는 것들에 국한되고 있었던 겁니다. 다시 말하면 성경을 지독하게도 모르는 자신을 발견한 겁니다. (그렇게 두꺼운 성경인데도 설교할 게 없다는 상황이 한심하게 보였던 거지요.) 설교를 하면서도 제대로 하는 건지도 모르고 했습니다. 그야말로 멋진(?) 설교를 만들어 청중들의 잘한다(?)는 평가의 소리에만 관심이 있었던 겁니다.

그런 시간들을 보내는 가운데 자신을 향한 양심선언을 한 겁니다. '난 성경을 모르는 사람이다!' 라고 말입니다. 그러고는 성경을 읽고 연구하기 시작했습니다. 그러다 보니 주석이 필요했고 성경학자들이 만들어 놓은 업적들의 고귀함을 알기 시작한 겁니다. 그때부터 성경이 알아지기 시작했습니다. 성경의 이야기 하나하나가 나를 이야기하는 거였습니다. 성경을 읽으면서 내 자신이 한 꺼풀 한 꺼풀 벗겨졌습니다. 모든 문제들이 성경 속에 기록되어 있었고 해결 방법까지도 있었던 겁니다. 그렇게 발견한 것들을 강단에서 소개한 거지요. 소위 설교한 겁니다. '어떻게 무엇을 설교할까? 어떤 본문을 가지고 어떤 제목으로 설교해야 하는가?' 하는 고민은 아침 안개가 햇빛에 사라지는 것처럼 사라졌습니다. 오직 재미있게 깨달은 내용(이야기)을 알리고 싶은 마음으로 흥분되었던 겁니다. 읽고 발견한 것들만 전해도 나 자신은 물론 청중들도 무척이나 흥미 있어 했고, 소위 말하는 은혜를 받았습니다. 그때부터 설교를 그렇게 하기 시작한 겁니다. 여타 책을 뒤적거려야 한다는 부담으로부터 자유롭기 시작했습니다. 훌륭한 인물의 잠언을 인용해야 한다는 부담도 사라졌습니다. 유명한 책과 저자를 말해야 한다는 것으로부터도 자유함을 누렸습니다. 어떤 책도, 어떤 훌륭한 인물도, 어떤 금언과 잠언 경구도, 어떤 역사 이야기도 성경만한 것이 없다는 것을 깨달은 겁니다. 그런 것들은 설교자인 나의 괜찮음(?)을 보여주는 건지는 모르지만 성경의 권위와는 비교할 수도 없었습니다. 다른 이야기를 하는 것보다는 성경 이야기를 하는 것이 사람을 변화시키는 최고의 능력임을 발견한 겁니다.

Ⅲ. 어떻게 하는 것이 Biblical Storytelling 설교인가?

말이 거창해서 그렇지 Biblical Storytelling 설교를 하는 방법은 특이한 것이나 새로운 것이 아닙니다. 설교하는 사람이라면 이미 하고 있는 것이라 생각이 듭니다. 그러나 필자의 설교와 글을 이런 제목으로 명명하는 데는 몇 가지 기준이 있습니다.

첫째는 설교자가 청중들에게 전하려고 목적한 것을 이루기 위한 수단들로 성경의 이야기를 최대한으로 사용한다는 겁니다. 주제 설교를 하더라도 그 주제를 풀어가는 자료들이 성경 속에 있는 이야기들이라는 겁니다. 강해 설교를 하더라도 세상에서 일어나는 일들로 강해의 이해를 돕는 것이 아니라 성경 속의 이야기들을 가지고 풀어가는 겁니다.

둘째는 성경 본문에 대한 깊은 연구가 필요합니다. 본문 배경을 제대로 모르고 성경을 이야기하면 본문 이야기와는 상관없는, 엉뚱함에도 불구하고 훌륭한 교훈(?)이 만들어질 수가 있지요. 그러나 설교자는 훌륭한 이야기나 괜찮은 교훈을 만들어내는 사람이 아니라 하나님이 성경을 통해 말씀하시고 싶은 것을 제대로 전달하는 사람입니다. 그러므로 충실한 주석과 학자들의 도움을 받아야 합니다.

셋째는 성경의 이야기 주인공을 설교자 자신으로 여기면서 읽고 연구하는 겁니다. 청중을 주인공으로 여기면서 성경을 보면 옳고 그름을 분별하는 것에만 관심이 갑니다. 그러나 자신을 주인공으로 하면 이해를 만들어 가면서 해석하게 됩니다. 다시 말해서 자기를 변호하기 위해 많은 생각을 하게 되지요. 예를 들면, 노아가 홍수 후에 술을 먹고 추태를 부린 내용을 청중 중심으로 보면 술 먹지 말라는 쪽으로만 생각이 기울어집니다만, 나 자신이 노아가 되어 보면 말동무 하나 없이 지루하고 적막한 시간들을 보내는 고독으로 말미암았겠구나 하는 이해 쪽으로 생각이 기울어진다는 겁니다. 로마서를 설교할 때에는 내가 로마서를 쓰는 사람도 되었다가 동시에 내가 바울로부터 로마서 편지를 받아 읽는 사람도 되어야 한다는 것이지요.

넷째는 본문 전체를 말해야 한다는 겁니다. 선택한 본문에는 한 목적만 있는 것이 아닙니다. 설교자는 한 목적을 선택했을지 모르지만 성경을 기록한 성령께서는 다양한 목적을 심어 놓으셨습니다. 그러므로 설교자의 목적 설교보다는 성령의 역사를 기대한다는 목적으로 선택한 본문을 구석구석 말하는 겁니다. 예를 들면, 다윗이 아버지 이새의 심부름으로 골리앗과 대치하고 있는 전쟁터의 형들을 찾아간 이야기를 본문으로 한다고 합시다. 그 본문에는 수많은 장면들이 있습니다. 형들에게 꾸지람 듣는 다윗의 모습, 반면에 꾸지람하는 형들의 마음, 대드는 동생, 떠드는 골리앗... 하여간 얼마 안 되는 이야기이지만 묘한 감정들이 포함되어 있습니다. 그 본문을 읽을 때 어떤 이는 다윗 입장에서 또 어떤 이는 형들 입장에서 읽기도 합니다. 어떤 이는 형제끼리 다투는 건지 의를 나누는 건지를 보고 있습니다. 설교자가 목표한 것과는 다른 마음으로 성경 본문을 읽고 있는 청중들이기에 전체를 설명하고 말해야 한다는 거지요. 이 말은 설교자 (사심의) 의도 없이 성경을 말하자는 말입니다.

다섯 번째는 성경을 기록한 하나님의 마음을 헤아리면서 교훈을 찾는 겁니다. 하나님의 마음을 헤아리면서 성경을 보면 은혜가 됩니다. 감사가 흘러나옵니다. 감동 때문이지요. 그리고 나의 삶이 변한답니다. 의지에 의한 변화도 있겠습니다만 감동에 의해서 저절로 변화되는 거지요.

Ⅳ. 나가는 말

설교자에게 가장 중요한 것은 성경입니다. 성경을 잘 말해야 합니다. 성경을 정확하게 전달해야 합니다. 잘 말하고 잘 이해시키려고 너무 대단한 것들을 끌어 오다가 성경보다 다른 것에 더 관심을 갖게 하는 우를 범할 수 있다는 거지요. 또한 설교자가 성경이 아닌 다른 이야기를 말해야 하는 것이 당연하게 여겨지면 설교자들은 본의아니게 거짓말을 하게 될 수도 있다는 겁니다. 또한 다른 말을 기가 막히게 해야 실력 있는 목사 취급 받게 된다는 이상한 생각(?)을 하게 한다는 거지요. 실력 있는 설교자는 성경을 기억하게 하는 사람인데 말입니다. Biblical Storytelling 설교는 설교자는 물론, 청중들과 교회 속에서 성경의 가치를 회복시키려는 몸부림이라고 할 수 있습니다.

서 문

어제의 행복이 있습니다. 그러나 어제의 행복으로는 오늘을 살 수가 없습니다. 어제보다 중요한 건 오늘이기 때문입니다. 오늘을 살 수 있는 건 내일이 있기 때문입니다. 내일이 없는 사람은 오늘 사는 것이 지옥같은 겁니다. 오늘보다 나은 내일이 있다는 걸 기대하기에 오늘을 버티는(?) 거지요. 내일이 분명하기 때문에 오늘을 사는 게 아닙니다. 내일, 아주 희미한 희망이지만 그 희미한 희망이라도 있기에 오늘을 살 수 있는 겁니다.

만일 자신의 내일이 불행이라고 생각되는 사람이 있다면 그 사람은 정신적인 병에 걸리거나 심하면 죽을 생각을 하고 자살을 생각할 겁니다. 그러나 사람들이 살아가는 이유는 누구든지 내일에 대한 기대가 있기 때문이지요.

어린 아이는 내일에 대한 기대가 아주 큽니다. 그렇지만 나이가 들면서 그 기대가 작아지고 기대를 이룰 것이라는 것에 대해서도 점점 자신이 없어진답니다. 늙으면 내일에 대한 기대를 포기합니다. 그러면 죽음의 시간이 아주 빠르게 다가오지요.

내일이 있는 사람은 긍정적이고 적극적이고 밝습니다만 내일이 없는 사람은 부정적이고 소극적이고 어둡습니다. 그렇기에 내일이 우리들 살아가는 데 얼마나 중요한지 모릅니다.

내일을 아는 사람과 내일을 모르는 사람의 차이도 큽니다. 내일을 아는 사람은 여유가 있고 준비를 합니다만 내일을 모르는 사람은 초조하고 즉흥적이며 무엇을 해야 하는지 몰라 우왕좌왕합니다.

세상은 복잡합니다. 지성인들은 물론이고 일반 서민들도 세상이 어디로 가고 있는지를 몰라 되어지는 상황에 파묻힌 채로 떠밀려 살 뿐이지요. 단지 미래가 불확실하다고 말할 뿐이고 불확실한 미래를 불안해 할 뿐입니다. 불안한 미래라는 걸 알기에 무언가를 준비해야 하지 않겠냐고 말은 많이 하는데 정작 무엇을 준비해야 하는지 대책 조차도 세우지를 못하고 있는 겁니다. 물론 여러 사람들이 미래를 위해 몸부림을 치고 있습니다만 그들도 스스로는 속으로는 '웃긴 몸부림' 이라는 걸 알고 있겠죠!

오래 전에(오래 전이라고 해도 100년도 안된 사건들입니다.) 사람이 달에 다녀왔습니다. 하늘에는 인공위성 설치가 되었고 상상할 수 없는 파괴적 무기인 핵무기가 나왔습니다. 컴퓨터의 발달은 인간 세계를 엄청난 편리로 만들어 이젠 시공간을 초월하는 정보 체계를 세웠습니다. 의학계의 발달은 세포를 복사하여 생물체를 만들고 있습니다. 사람의 마음을 읽는 기계가 나온지도 꽤 되었습니다. 개인의 모든 정보를 담고 있는 베리칩(Veri-chip/바이오칩)이라는 것이 만들어져 사람의 몸에 주입되면서 일상 생활의 편리(?)를 향해 가고 있습니다.

환경은 종잡을 수 없이 오염이 되어 알 수 없는 질병들이 발생하고 있고 질병을 치료하기 위해 만들어진 약들은 인간의 구조를 변형시키고 있답니다. 석유 값이 비싸다고 하지만 마실 물 값이 더 비싸지고 있습니다. 공해와 지구 온난화로 빙하가 녹으면서 바닷물의 온도는 높아지고 그로인해 발생되는 문제는 인류가 해결할 수위를 넘어선지 오래되었지요. 인간의 욕심은 산소를 만들어내는 산림들을 사막으로 만들고 있습니다. 지구의 모든 생물체는 죽음과 멸망을 향해 미친 듯이 달려가고 있을 뿐입니다.

사람들은 과학의 발달을 편리함이라고 말하고 과학의 발달을 보면서 인간의 위대함을 찬양하기도 합니다. 과학이 또 다른 해결책을 내 놓을 것이라고 기대하기도 합니다. 그러나 과학을 하는 사람들은 알고 있을 겁니다. 과학은 오늘을 '편리하게' 만들었을지 모르지만 오늘의 '평안'을 빼앗어 간 것임을. 과학자들은 자신들의 업적으로 인해 인류의 미래가 밝아진 것이 아니라 결코 빠져나올 수 없는 미궁 속으로 들어가게 되었다는 것을 분명히 알고 있을 겁니다. 단지 자신들이 만들어낸 미래가 죽음과 멸망이라는, 인류에게 '무서운 죄를 지은 것'을 인정하기 싫어서 요상한 용어들-예를 들면: 발달, 인류를 위한 업적, 치료와 생명을 위한 인간의 승리 등등-을 사용하여 죄책감을 묻어버리려고 할 뿐이지요.

인간이 변해 있습니다. 사람을 죽이는 일에 대하여 놀라지도 눈도 하나 깜짝하지도 않습니다. 간음의 문제를 이야기 하는 자체가 촌스러운 사람으로 취급받습니다. 힘의 원리로 남의 것을 빼앗는 것이 합법적이고 능력이라고 말합니다. 거짓말을 사실로 만드는 지성인(?)이 유능한 사람으로 인기가 있습니다. 어린 아이를 유괴해서 죽인 다음 그 장기를 이식받는다는 구역질나는 이야기가 영화나 소설이 아닌 현실입니다.

21세기에 먹을 것과 마실 것이 없어서 굶어 죽는 사람이 하루에도 수만 명씩이랍니다. 자기 몸에 폭탄을 설치하고 남들을 죽이는 자살 폭탄 사건이 하루가 멀다하고 일어납니다. 전쟁은 끊임없습니다.

자유라는 미명 아래 발전했던 인간의 활동들-경제 활동, 정치 활동, 학교 생활, 가정 생활, 여행-이 이젠 모두가 통제 체제 안으로 묶어지고 있습니다. (자유 경제의 대표적인 나라 미국 경제가 국가 통제 안으로 들어가지 않으면 안되게 된 겁니다.) 모든 상황이 점점 하나의 시스템에 의해 운영되고 감시되는 형편이 되고 말았습니다. 사생활이 없어지고 있는 겁니다. 누군가가 지켜보고 누군가에 의해 통제되어야 하는 무서운 세상이 되고 있습니다.

종교의 타락은 말할 나위도 없습니다. 아니 종교 전체를 들먹거릴 필요도 없습니다. 우리 기독교의 이야기가 가슴이 찢어집니다. 1년 임기인 총회장을 하려고 전혀 부끄러움 없이 수억 원의 돈을 씁니다.(물론 당선된 다음에는 평생 가문의 영광이 되지만...?) 주님은 그리스도인들이 복음으로 인해 세상에서 미움을 받을 것이라고 했는데 세상과 평화(?)하기 위해 온갖 말장난을 다하고 있습니다. 평신도들의 타락은 물론 목회자들까지 비참하게 무너져 있는 현실입니다. 성경에도 없는 성공이라는 단어가 교회와 목회자들에게 목표가 되어 있습니다. 숫자와 돈, 건물과 감투에 노예가 되어 있습니다.

내일이 보이지를 않습니다. 그런데 내일이 보이지를 않기에 행복한 겁니다! 그리스도인은 내일이 보이지 않는 캄캄함이 더할수록 저 멀리서 다가오시는 예수님이 더 잘 보이기 때문입니다. 더 세상이 어두워져야 합니다. 그래야 예수께서 코 앞에 와 계신 걸 보게 될 것이고 꿈에도 그리던 주님 만날 때가 가까웠기 때문이지요.

우리에게 어제의 행복은 예수께서 우리의 죄를 없이 하시려고 십자가에서 죽으셨다는 것이고 우리에게 영원한 소망을 보이시기 위해 죽음에서 다시 살아나셨다는 이야기입니다. 오늘의 행복은 주 예수께서 우리와 함께 계신다는 겁니다. 그래서 낙심 가운데서도 좌절하지 않고 일어나며 슬픔 가운데서도 용기를 얻습니다. 힘들어도 버티고 삽니다.

그런데 오늘을 살면서 하늘의 독수리처럼, 산중의 사자처럼, 바다의 고래처럼 늠름하고 자신만만하게 사는 것은 확실하고도 분명한 미래가 다가오고 있다는, 우리 주 예수 그리스도의 재림의 영광스러운 복음 때문인 겁니다. 이 시대의 우리에게 영광스러운 복음, 우리의 가슴을 뛰게 하는 복음은 주 예수 그리스도께서 공중으로 재림하실 날이 아주 가까와 있다는 '그 소식' 인 겁니다. 신랑되신 예수 그리스도께서 문 앞에 와 있다는 것보다 더 우리를 흥분시키는 복음이 어디에 있단 말인지요!

세상 사람들은 미래가 불안합니다. 우린 미래가 너무 영광스럽습니다! 세상 사람들은 이 세상이 어디로 가는지 모릅니다. 우린 어떻게 될 것인지 명확하게 압니다. 아주 명확하게!

세상 돌아가는 일을 보면서 두려움도 초조함도 없이 오히려 여유를 부리는 사람들이 그리스도인입니다. 배짱이 있어서가 아닙니다. 막연히 '세상이 망하면 천국 가겠지' 라는 이상한 믿음(?) 때문도 아닙니다. 주님께서 요한 사도를 통해 정확하게 말씀해 주신 당신 오심의 때에 대한 계시 때문입니다. 우리는 세상의 시간표를 보고 사는 사람들이고 세상에서 일어나는 일들을 해석하는 사람들이고 우리 주님의 오심을 손꼽아 기다리는 사람들인 겁니다. 아주 정확하게 말입니다.

하루가 지납니다. 주님 오실 날이 하루 앞당겨졌습니다. 그분 만나면 하고 싶은 일이 있습니다. 그분 품에 안겨 한없이 울고 또 울고 싶습니다. 그날 나와 함께 주님 품에 있을 사랑하는 형제자매들에게 이 책을 선물합니다.

캘리포니아 계곡, 바람 많이 부는 마을에서

조관호 목사

1

〉〉 첫 번째 이야기 1-3장

평가받는 일곱 교회

하나님께서 그의 아들 예수께 주신 내용입니다. 이 땅에서 곧 일어날 일들에 관한 것들이지요. 당신의 아들만 알고 있으라고 주신 것이 아닙니다. 예수를 구세주로 전하는 자들, 복음 전하는 자들에게 알리라고 주신 말씀이랍니다. 예수께서 자신을 수종드는 천사를 부르셨습니다. 그리고 천사들에게 앞으로 세상에 일어나게 될 일들을 알려 주신 후에 당신과 함께 있었던 제자들 중에 아직도 살아 있는 요한에게 가서 소상히 알려 주라고 하셨답니다. 천사가 요한을 만났습니다. 요한은 밧모 섬에서 혼자 지내고 있는 나이 많은 노인이었습니다. 천사는 말로 전하기도 하고 환상을 보여 주기도 했답니다. 정말 기가 막힌 말씀들이었고 웅장한 말씀들이었고 놀라운 말씀들이었습니다. 천사를 통해 전해진 비밀스런 말씀에 요한은 예수 믿고 하나님 백성된 것이 얼마나 위대한 축복인 가를 새삼 감사했답니다. 정신을 차릴 수가 없었습니다. 그래서 노환(老患)으로 떨리는 손이지만 가죽 두루마리에 먹물을 묻혀 자신이 듣고 본 것을 정성들여 기록했답니다.

자기가 본 것을 복음을 전하는 전도자들과 복음을 따라 살고 있는 다른 그리스도인들이 본다면 저들 또한 얼마나 행복해 할 것인가를 생각하니 죽기 전에 모든 것을 기록해야겠다는 소명이 생겼던 겁니다.

1 계시록 1:1-3
흥분된 요한 할아버지

하나님께서 그의 아들 예수께 주신 내용입니다. 이 땅에서 곧 일어날 일들에 관한 것들이지요. 당신의 아들만 알고 있으라고 주신 것이 아닙니다. 예수를 구세주로 전하는 자들, 복음 전하는 자들에게 알리라고 주신 말씀이랍니다.

예수께서 자신을 수종드는 천사를 부르셨습니다. 그리고 천사들에게 앞으로 세상에 일어나게 될 일들을 알려 주신 후에 당신과 함께 있었던 제자들 중에 아직도 살아 있는 요한에게 가서 소상히 알려 주라고 하셨답니다.

천사가 요한을 만났습니다. 요한은 밧모 섬에서 혼자 지내고 있는 나이 많은 노인이었습니다. 천사는 말로 전하기도 하고 환상을 보여 주기도 했답니다.

정말 기가 막힌 말씀들이었고 웅장한 말씀들이었고 놀라운 말씀들이었습니다. 천사를 통해 전해진 비밀스런 말씀에 요한은 예수 믿고 하나님 백성된 것이 얼마나 위대한 축복인 가를 재삼 감사했답니다. 정신을 차릴 수가 없었습니다. 그래서 노환(老患)으로 떨리는 손이지만 가죽 두루마리에 먹물을 묻혀 자신이 듣고 본 것을 정성들여 기록했답니다.

자기가 본 것을 복음을 전하는 전도자들과 복음을 따라 살고 있는 다른 그리스도인들이 본다면 저들 또한 얼마나 행복해 할 것인가를 생각하니 죽기 전에 모든 것을 기록해야겠다는 소명이 생겼던 겁니다. 아니, 모든 그리스도인들이 이 글을 읽으면서 자신들이 얼마나 큰 복을 받고 사는 사람들인지를 발견하게 될 것을 생각하니 흥분되기도 마음이 하고 급했답니다. 그러면서도 혹시 어떤 그리스도인들은 세상에 한쪽 발을 들여 놓고 있기에 이 위대한 글을 읽지 않을까 하는 염려도 되었지요. 읽으면, 그리고 듣고 이 글을 따라 삶을 선택한다면 엄청난 행복을 맞이할 것이라는 생각에 요한은 생기가 돌았습니다.

『예수 그리스도의 계시라 이는 하나님이 그에게 주사 반드시 속히 될 일을 그 종들에게 보이시려고 그 천사를 그 종 요한에게 보내어 지시하신 것이라 요한은 하나님의 말씀과 예수 그리스도의 증거 곧 자기의 본 것을 다 증거하였느니라 이 예언의 말씀을 읽는 자와 듣는 자들과 그 가운데 기록한 것을 지키는 자들이 복이 있나니 때가 가까움이라 』(1:1-3)

하나님께서 아들 예수에게 당신의 계획을 알려 주셨습니다.
우리 주님 예수께서는 천사들에게 하나님의 계획을 말해 주고
부탁했답니다.
밧모 섬에 홀로 살고 있는 요한에게 알려 주라고.
요한은 그 힘든 유배 생활을 믿음으로 참고 견디고 있었는데
말씀을 받고는 '힘들게' 가 아닌 '힘이 나는 가운데' 지내게 된 거지요.
말씀이 가지고 있는 능력이랍니다!

인생살이가 힘들지요.
그럼에도 불구하고 우리 성도들은 주님 바라보면서
참고 견디는 겁니다.
그런데 억지로 힘들게 참고 견디지 마세요.
말씀을 듣고 배우면 '억지로' 가 아닌 '저절로' 힘이 생긴답니다.
나이가 문제가 아닙니다.
말씀을 마음에 두면 인생이 얼마나 활기차고 행복한지요.
말씀에 마음을 둬 보시라구요!
할 수 없어서 하는 교회생활, 신앙생활은 이제 중단하시고
저절로 되어지는 멋진 신앙생활을 해야지요!

되어질 일은 주의 종들에게 전달되었답니다.

주의 종들은 누굴까요? 복음을 전하는 사람들을 말합니다.

복음을 전하는 자들이라니요?

예수 십자가를 말하고 전하는 사람을 말합니다.

성령께서 기록한 성경을 가르치고 전하는 사람을 말합니다.

그런 사람만이 요한이 전해준 계시록을 읽고 흥분해 한답니다.

교회를 다니고 교회의 지도자라며

그에 걸맞는 직분을 가지고 있더라도

성경을 우습게 여기는 사람은 성경이 말하는

복음 전하는 사람이 아닙니다.

그런 사람은 계시록을 우습게 여긴답니다.

우리 주 예수 그리스도께서 다시 오신다는 걸

구체적으로 말하는 책을

복음 전한다는 사람이 거들떠보지도 않는다면

그건 말이 안되는 거지요!

교인들도 마찬가지입니다.

복음 전하는 주의 종들이 신랑되신 예수 그리스도의 오심을 전할 때

관심이 없다면 그 사람은 거듭나지 않은 사람이 분명합니다.

계시록이 우리 손에 쥐어져 있고 우리 언어로 쓰여져 있는데도

거듭나지 않은 사람은 읽지도 않을 뿐 아니라

읽는 것을 귀찮아합니다.

읽어도 농담으로 여깁니다.

계시록에서 알려 주고 있는 일들을 알려고도 하지 않는답니다.

그들 마음엔 예수 그리스도가 구세주도 아니고

주님도 아니기 때문이지요.

계시록은 거듭난 사람만이 은혜를 받을 수 있는 책이랍니다.

계시록이 어려운 책이라고 합니다.
물론 어려운 책입니다만 계시록이 어려운 게 아니라
성경 전체가 어렵답니다.
단지 계시록이 어려운 건 우리가 잘 대하지 않았기 때문입니다.
또 다른 건 계시록을 주신 예수님의 마음을 헤아리지 않고
읽기 때문이기도 하구요.
주님의 마음을 헤아리면서 읽어 보세요.
어렵지도 않고 두렵지도 않답니다.
오히려 주님을 빨리 만나고 싶은 은혜의 세계로 들어간답니다.

계시록을 지식을 쌓기 위해 읽으면 은혜가 되지 않습니다.
짜증이 난답니다.
내 지식으로 풀어보려고 하면 은혜가 되지 않습니다.
모든 성경은 사사로이 풀 것이 아니기 때문입니다.
계시록을 풀기 위한 또 다른 계시가 임할 거라는 착각을 버리십시오.
잘 이해가 안 되면 많이 기도하는 겁니다.
그러면 은혜가 임할 겁니다.
이제 시작입니다. 끝까지 가보자구요!

왜 계시록의 말씀을 읽고 듣고 행하는 자들에게 복이 있는지요?

어렵지 않답니다.

환란중에 보호를 받을 것이고 주님 재림하실 때 들림받을 것이며

새 하늘과 새 땅에 들어가는 것과
심판대 앞에서 받을 영광을 알고 있다는 게 복이 아니겠는지요!
우리가 그 복을 누리면서 살아야 한답니다.
그러므로 계시록 공부 잘 해보자구요!
엄청난 은혜를 누릴 겁니다.

때가 가까웠답니다.
언제일까요?
계시록에는 물론 성경 어디에서도 그 재림의 때를 말하지 않습니다.
그러므로 정확한 때를 알 수 도 없고 알려고 해도
소용이 없는 일이지요.
그러나 분명한 것은 주님 오실 때가 점점 가까워 오고
있다는 것입니다.
우리가 살고 있는 지금이 전보다 주님 재림이
아주 가까운 때라는 겁니다.
성경에서 말한 예수님 재림 때의 분위기에 관한 수많은 말씀들이
우리가 살고 있는 지금과 아주 잘 맞고 있거든요.
오래 전부터 말세라는 말을 해왔다며 우리 시대의 지금 분위기가
성경에서 말한 재림의 분위기가 아니라고
(억지로) 말하지 말아야 합니다.
그렇게 말하든 아니든 간에 중요한 것은
당신은 신랑되신 예수님의 다시 오심을 기다리고 있는
거듭난 사람이냐는 겁니다!

❷ 계시록 1:4-8

그리스도의 오심을 기다리는 공동체

요한은 교회들이 떠올랐습니다.

바울 사도와 예수의 제자였던 사도들이 목숨을 걸고 복음을 전해 세운 교회들이 떠오른 겁니다. 모두가 예수 그리스도의 이름으로 모이던 공동체였습니다. 다른 것이 아닌, 오직 인간의 죄를 위해 하늘의 영광을 버리시고 이 땅에 오셔서 모진 고통을 당하시고 죽으신 예수 그리스도를 믿고 주님으로 고백하는 공동체의 모습이 떠오른 것이지요. 그들은 언제나 구름타고 하늘로 올라가신 예수께서 다시 오신다는 약속을 붙들고 환난도 역경도 참고 이기면서 지내는 공동체였습니다.

나이가 들어 얼굴이 쭈글쭈글한 요한은 예수를 생각만 해도 눈물이 앞을 가렸습니다. 피 흘리시던 그분의 모습이 눈에 아른거렸습니다. 죽으셨다 부활하신 주님을 만나 감격하던 것이 떠올라 눈물이 흘렀답니다. 감람산에서 천사들의 수종을 받으며 구름타고 하늘로 올라가시던 모습이 생각나 눈물이 흘렀지요. 수십 년이 지났는데도 바로 엊그제 일처럼 생생했답니다.

"형제들이여, 우리 주님 예수 그리스도의 이름으로 문안하오. 우리 위해 십자가에서 피를 흘리시고 죽으신 그분의 은혜와 평강이 그대들에게 있기를 원하오. 우리 주 예수께서는 하늘의 일을 증거하시다가 우리를 위해 순교하신 하나님의 충성된 증인이시라오. 그분은 이 땅에 오시기 전 하늘에 계셨고 이 땅에 계실 때는 물론이고 승천하신 후 지금까지도 우리와 함께 계실 뿐 아니라 장차 우리를 다시 데리러 오시겠다고 약속하신 분이 아닌지요! 우리 주 예수께서 우리를 하나님의 백성으로 삼으시고 하나님을 위해 일할 수 있는 사람으로 삼아 주심이 어찌 감사한지! 할렐루야!"

요한은 주님을 생각하면서 감동의 전율을 느끼고 있었답니다.

"형제들, 주님이 곧 다시 오실 것입니다. 그분이 감람산에서 하늘로 올라가실 때 내가 듣고 여러 형제들이 들었던 것처럼 구름타고 오실 겁니다. 그때 온 족속의 사람들이 그분의 오심을 볼 것이지요. 그분을 죽이라고 소리 지른 사람들도 볼 것이고 그분을 죽게 한 사람들도 볼 것입니다. 그분의 따뜻한 사랑의 소리를 외면했던 사람들은 물론 그분 때문에 핍박을 참고 인내하면서 힘든 삶을 살고 있는 여러분들과 온 세상의 사람들이 모두 그분이 구름타고 오시는 모습을 볼 것이지요! 그날에 어떤 이는 감동의 눈물을 흘릴 것이고 어떤 이는 통곡을 하게 될 겁니다."

『요한은 아시아에 있는 일곱 교회에 편지하노니 이제도 계시고 전에도 계시고 장차 오실 이와 그 보좌 앞에 일곱 영과 또 충성된 증인으로 죽은 자들 가운데서 먼저 나시고 땅의 임금들의 머리가 되신 예수 그리스도로 말미암아 은혜와 평강이 너희에게 있기를 원하노라 우리를 사랑하사 그의 피로 우리 죄에서 우리를 해방하시고 그 아버지 하나님을 위하여 우리를 나라와 제사장으로 삼으신 그에게 영광과 능력이 세세토록 있기를 원하노라 아멘 볼지어다 구름을 타고 오시리라 각인의 눈이 그를 보겠고 그를 찌른 자들도 볼 터이요 땅에 있는 모든 족속이 그를 인하여 애곡하리니 그리하리라 아멘』(:4-7)

교회 공동체는
예수께서 하나님이심을 믿는 사람들의 모임입니다.
인간의 죄를 없이 하시기 위해 하늘의 영광을 버리시고
이 땅에 오셔서
고난받고 죽으심을 믿는 공동체랍니다.
죽음을 이기시고 하늘로 승천하심을 믿는 공동체요
영으로 우리와 함께 하고 계심을 믿는 공동체랍니다.
우리를 하나님의 일꾼으로 부르신 분임을 믿는 공동체랍니다.
그리고 그분이 다시 오실 것을 기다리는 공동체랍니다.
다시 오실 예수님 때문에 우리는 역경과 핍박 앞에서도

인내하는 겁니다.

다시 오신다는 약속 때문에 늘 행복한 거랍니다.

다시 오신다는 약속 때문에 정결하게 살려고 애를 쓴답니다.

우리 주님 예수께서 구름타고 오실 때

모든 사람이 볼 거랍니다.

모두가 놀라겠죠?

성경이 말한 사건이 정말이구나 하면서 말입니다.

「충성된 증인」이라는 말은

- '마르투스', 증거하는 자란 뜻인데 이 말은 '순교자'란 말과 동일한 의미입니다. 우리 주님은 하늘의 일을 알리기 위해 목숨을 내놓으신 분이라는 말이겠죠.
- 「우리를 나라와 제사장으로 삼으신」이라는 말은 이렇습니다. **나라**라고 하는 말은 하나님의 백성을 삼으셨다는 말이고 **제사장으로 삼으셨다**는 말은 하나님의 일을 하는 사람으로 부르셨다는 말입니다.
- 구름을 타고 오신다구요? 일차적으로는 사도행전 1장에 나오는 말을 한 것입니다만 우리가 생각하는 그런 하늘의 구름은 아닐 것입니다. 구약 성막의 속죄소에 나타난 세키나 구름이 아닐까 하는 생각입니다. 하나님의 영광을 나타내는 영광스런 구름일 겁니다. 나중에 공부하겠지만 11장에 나오는 두 명의 증인들도 구름타고 하늘로 올라갔는데 이들이 탄 구름도 영광스런 구름이겠지요. 하늘 구름은 하나님의 영광을 나타내는 상징이랍니다. 어느 곳에서는 불꽃이라고도 표현했답니다.(출 40:34-38, 마 24:27, 살후 1:7)

아니 어쩌면 외계인이 나타났다고 호들갑을 떨지도 모르겠네요.
요즘 외계인 이야기가 심심치 않게 나오고 있잖아요.
우리 그리스도인들이 그분이 예수님이라고 말한다 하더라도
믿기는커녕 그 모습을 과학적(?)으로 해석을 하겠죠.
그러다가 차츰차츰 다가오는 심판을 경험할 겁니다.
애곡하고 통곡하는 사람들이 늘어날 겁니다.

우린 예수께서 구름타고 공중에 오시길 기다리는 사람들
그분이 오실 때 큰 소리로 찬송할 사람들
그분이 오실 때 속이 시원함을 누릴 사람들
그분이 오실 때 그 분 타신 구름에 같이 올라 탈
영광스런 사람들이랍니다.
그분 오시는 날을 손꼽아 기다려 봅니다.

주 예수께서 다시 오실 것에 대한 감상에 젖어 교회 공동체에 글을 쓰고 있는 요한에게 하나님의 음성이 들려왔습니다. 요한은 그 말을 정신없이 적었답니다.

"나는 알파와 오메가라 이제도 있고 전에도 있었고 장차 올 자요 전능한 자라"

『주 하나님이 가라사대 나는 알파와 오메가라 이제도 있고 전에도 있었고 장차 올 자요 전능한 자라 하시더라』(:8)

❸ 계시록 1:9-20

교회를 사랑하시는 주님!

요한은 함께 예수를 따르던 형제들이 복음을 전하다가 죽었다는 소리를 들은 지가 오래 되었습니다. 그런데도 자신은 아직 죽지 못한 것이 미안하기도 했고 죽지 못했으면 여기 저기 다니면서 주님의 부탁을 따라 복음의 증인이 되어야겠는데 무인섬인 밧모에 유배되어 아무 것도 못하고 있음이 부끄러웠답니다. 물론 주의 뜻이 있겠거니 하면서 다시 오실 주님 약속만을 생각하면서 있었지요.

"형제들, 나는 그대들의 형제임을 잊지 마시오. 우리 주 예수께서 당하신 환난에 동참했었고 하나님의 백성이 되어 주님 다시 오실 것을 기다리는 사람이라오. 내가 이곳 밧모에서 주님을 기다리던 중에 성령의 감동하심으로 큰 나팔 소리 같은 것을 듣고 당신들과 교회에 글을 쓰는 것이오. 그 큰 음성은 분명히 말하기를 에베소 교회, 서머나 교회, 버가모 교회, 두아디라 교회, 사데 교회, 빌라델비아 교회, 그리고 라오디게아 교회에게 편지를 보내라고 한 것이었다오. 그 소리가 얼마나 크고 분명했는지 누가 말하는 것인지 뒤돌아보려 했소이다. 그런데 내가 본 것은 오히려 일곱 금촛대였고 그 촛대들 사이로 사람같은 형상이 다니더이다. 그 사람같은 형상은 얼마나 영광스러웠는지요. 그분은 발에 끌리는 옷을 입으셨는데 가슴에는 금띠가 둘려져 있었다오. 머리와 그 털은 흰 양이나 눈(snow) 같이 희더이다. 그분의 눈은 불꽃같이 무서웠고 발은 아주 잘 단련된 주석같았지요. 그의 소리는 많은 물이 흐르는 소리같이 웅장했지요. 그분의 손에는 일곱별이 쥐어져 있었습니다. 그분의 입에서는 날이 선 검이 나오는 것이었고 얼굴은 해같이 밝았답니다. 내가 이런 것을 본 것은 주의 날, 우리 주님이 부활하신 것을 기념하면서 지낼 때였다오."

『나 요한은 너희 형제요 예수의 환난과 나라와 참음에 동참하는 자라 하나님의 말씀과 예수의 증거를 인하여 밧모라 하는 섬에 있었더니 주의 날에 내가 성령에 감동하여 내 뒤에서 나는 나팔 소리 같은 큰 음성을 들으니 가로되 너 보는 것을 책에 써서 에베소, 서머나, 버가모, 두아디라, 사데, 빌라델비아, 라오디게아 일곱 교회에 보내라 하시기로 몸을 돌이켜 나더러 말한 음성을 알아보려고 하여 돌이킬 때에 일곱 금 촛대를 보았는데 촛대 사이에 인자 같은 이가 발에 끌리는 옷을 입고 가슴에 금띠를 띠고 그 머리와 털의 희기가 흰 양털 같고 눈 같으며 그의 눈은 불꽃같고 그의 발은 풀무에 단련한 빛난 주석 같고 그의 음성은 많은 물소리와 같으며 그 오른손에 일곱별이 있고 그 입에서 좌우에 날선 검이 나오고 그 얼굴은 해가 힘 있게 비취는 것 같더라』(:9-16)

고난... 세상 것을 취하기 위해 받는 고난이 아닙니다.
복음 때문에 당하는 고난을 의미합니다.
주님께선 우리에게 복음 때문에
당할 고난을 남겨 두셨고(골 1:24)
복음과 함께 고난을 받으라고 말씀하셨답니다.(딤후 1:8)
그리고 우리가 받는 고난이 어떤 것인지를
몸소 보여 주셨지요.(벧전 2:21)
주께서 우리에게 은혜를 주신 여러 가지 이유들 중에는
'고난을 잘 받도록 하기 위함' 도 있답니다.
『...너희에게 은혜를 주신 것은 다만 그를 믿을 뿐 아니라
또한 그를 위하여 고난도 받게 하심이라』(빌 1:29)
주님과 같은 영광을 받기 원하세요?
주님 받으신 고난을 피하지 말고 짊어지는 겁니다.
주님과 함께 고난을 받는 사람에겐 복이 있답니다.
(롬 8:17, 마 5:11)
고난은 축복의 통로랍니다.

예수님의 나라,
예수의 영이신 성령 안에서 생활하는 사람들을 말합니다.

밧모섬

요한은 주후 97-98년 사이에 밧모라고 하는 섬으로 유배된 것으로 되어 있습니다. 밧모 섬은 밀레도에서 남서쪽으로 약 56km 지점에 있는 소아시아 해변의 작은 섬이지요. 로마 시대에는 죄인들의 유배지였다고 합니다. 그러다가 1947년 이후 그리스의 영토가 되었답니다.

주의 날(the Lord's day)

기독교는 구약을 경전으로 하고 있으면서도 안식일이 아닌 주일을 지킵니다. 구약의 안식일과 우리가 지키는 주일의 개념은 다릅니다. 안식일은 금요일 저녁부터 토요일 저녁이지만 주일은 일요일 새벽부터 밤까지입니다. 그 이유가 있습니다. 구약에서 말하는 안식일이란 천국에서의 삶에 대한 상징이었는데 예수께서 오심으로 인해 참된 안식을 발견했기 때문이지요. 제자들을 포함해서 예수가 누구인지를 모르던 사람들은 안식일의 노예가 되어 종교생활을 했습니다만 참 안식이신 예수께서 자신이 안식일의 주인이라고 하시는 선언으로 인해 안식은 날에 있는 것이 아니라 예수 안에 있다는 것을 알려 주셨지요.(마12:8) 그 후 안식의 주인이신 예수께서 죽음에서 부활하신 날을 기념하면서 죽음을 초월한 신앙을 되새겼고 부활의 날에 모여 기도하던 가운데 성령을 받아 교회가 세워진 겁니다. 그 후 그 이유로 그리스도인들은 안식 후 첫날, 즉 예수 부활 날을 모임의 날로 삼아 예배를 드린 것이랍니다. 그러므로 우리가 지키는 주일은 고난의 날이 아니라 자유의 날입니다. 사람이 죽지 않는다는 것을 되새기는 행복한 날입니다. 주님이 다시 오신다는 약속을 되새기는 날입니다. 주일은 주님을 생각하는 날이랍니다. (Son day!)

그렇다면 안식일은 어떻게 해야 하는 건지요?

안식일을 폐지하라고 한 적이 없음을 기억해야 합니다. 안식일은 안식일대로 지켜야 합니다. 그러나 구약의 개념을 가지고 지키는 건 아닙니다. 구원을 위해 두려움으로 지키는 것이 아니라는 말이지요. 그날도 말씀을 읽으며 그리스도의 고난을 생각하면서 지키는 것이 바른 거랍니다.

육신의 생각대로 살지 않으며 영으로써
몸의 행실을 죽이는 삶이랍니다.
무슨 일을 하든지 하나님의 영광을 위해 하는 삶이
예수 나라 사람들이 사는 모습이랍니다!

일곱 금촛대는 분명 교회였습니다. 주님께서 교회를 지켜보고 계심을 알 수 있었던 겁니다. 요한은 주님의 교회에 대한 사랑을 느낄 수가 있었습니다. 교회가 촛대처럼 빛을 내길 바라신다는 생각을 했답니다. 생전에 자신을 비롯한 동료 제자들에게 세상의 빛임을 잊지 말라고 강조하셨던 것이 생각났습니다. 그런데 예수님을 섬기는 교회 공동체가 빛의 역할을 잘 하고 있는지 걱정이 되더라는 거지요. 교회를 주시하고 계시는 주님의 모습은 교회를 향한 기대로 가득 찬 것 같았답니다.

교회는 분명 촛대입니다.
그런데 금촛대라는 거지요.
그만큼 주님께서 존귀하게 여기시는 공동체라는 겁니다.
우리의 모임, 믿음의 공동체

주님께서 금처럼 존귀히 여기시고 있는데
우린 주님께 흐뭇함을 드리고 있는지요?

촛대는 빛을 발하는 것이 사명이잖아요.
세상에 빛을 발해야지요.
방향을 제시해 주는 역할을 잊지 말자구요.
옳고 그른 것을 구분해 주는 역할을 잘 해야 한답니다.
차가운 세상에 따뜻함을 주는 공동체가 되어야 합니다.

촛대가 빛을 발하기 위해서는 기름이 필요합니다.
말씀의 기름, 성령의 기름이 충만해야 빛을 내지요.
다른 기름은 안 됩니다.
말씀에서 흘러나오는 성령의 기름만 되는 거랍니다.
우리 공동체에 말씀에서 흐르는 기름이 가득한지요?

요한이 본 예수님의 모습이 장엄하네요.
그분이 입으신 옷들은 구약시대 제사장이 입은 옷과 비슷하네요
그분의 역할이 왕같은 제사장의 역할이기에 그런가 봅니다.
정결하신 분, 깨끗하심으로 만물을 보시는 분,
장엄하신 말씀으로 심판하시는 분,
교회 공동체를 맡긴 당신의 종들을 붙잡고 계시는 분,
그 멋진 예수님이 우리의 주님이라는 것이 얼마나 큰 은혜인지요?
그분이 지금도 우릴 눈동자처럼 보호하고 계시고
우릴 사랑하시고 우리 위해 영원한 행복을 준비하고 계신답니다.

그분 오실 날이 많이 기다려지네요!

이 땅에 계실 땐 몰랐습니다. 죽음 가운데서 부활하셨을 때도 놀라긴 했습니다만 장엄한 모습은 없으셨었습니다. 그런데 구름타고 승천하신 후 처음 본 주님은 세상에 계실 때의 그 모습이 아닌 겁니다. 정말 장엄한 분이셨습니다. 이 땅에 계실 때 자신이 하나님이라고 말하곤 하셨는데 피부로 느껴지지 않았었는데 지금 본 주님은 정말 하나님이신 겁니다.

하나님을 본 사람들은 죽는 경험을 했다는 구약의 신앙 선배들의 이야기를 들었고 모세가 하나님의 발치를 보고 놀라 죽을 것 같았다는 이야기도 들었었습니다만, 이처럼 예수님의 모습을 보니 정말 죽을 것만 같았답니다. 도무지 몸을 지탱할 수 없어 쓰러지고 말았답니다. 숨이 끊어진 것 같았습니다.

『내가 볼 때에 그 발 앞에 엎드려 죽은 자 같이 되매...』(:17상)

온 몸에 힘이 빠져 죽은 건지 산 건지 알 수 없는데 따뜻한 손이 어루만지고 있는 것을 느꼈답니다. 의식이 희미한데도 알 수 있었습니다. 주님의 손이라는 것을. 그리고 그분의 오른 손이라는 것도 알 수 있었지요. 얼마나 따뜻했는지... 요한은 눈물을 흘리고 있었답니다.

"주님, 이게 주님의 손이지요?"

주님의 음성이 들렸습니다.

“요한, 두려워하지 말거라. 나다. 처음이요 나중인 나다. 이전에 너와 함께 있을 때 내가 죽었었노라. 그리고 다시 살아 영원히 있노라. 내가 사망과 음부의 열쇠를 가지고 있노라. 요한, 내가 네게 보여 준 것들, 이제 있는 일과 장차 될 일들을 기록하거라. 네가 본 것은 일곱별의 비밀이니라. 별... 교회의 지도자들이지. 일곱 금촛대도 보았지? 일곱 교회니라. 이제 그들에 대한 말을 기록하거라.”

『그가 오른손을 내게 얹고 가라사대 두려워 말라 나는 처음이요 나중이니 곧 산 자라 내가 전에 죽었었노라 볼지어다 이제 세세토록 살아 있어 사망과 음부의 열쇠를 가졌노니 그러므로 네 본 것과 이제 있는 일과 장차 될 일을 기록하라 네 본 것과 내 오른손에 일곱별의 비밀과 일곱 금 촛대라 일곱별은 일곱 교회의 사자요 일곱 촛대는 일곱 교회니라』(:17하-20)

주님은 장엄하신 분,
추한 내 모습은 그분을 무서워하겠지만
주님은 따뜻하고 친절하신 분이랍니다.
당신의 보혈을 의지하며 사는 사람들을 받아 주시고
하나님 앞에서 중보자, 대언자가 되어 주시는 좋으신 분이랍니다.

주님은 당신의 백성에게 비밀이 없으신 분,
아브람에게 비밀이 없으시다고 하신 것처럼 말입니다.
지난날을 알려 주시고 지금을 알려 주시고
다가오는 날들도 알려 주시는 좋으신 분이랍니다.

사망과 음부의 열쇠를 가진 분,
'사망'이라는 말은 목숨이 끊어지게 하는 권세를 가진 분이라는 말이 아닙니다.
인간은 죽지 않습니다.
성경에서 말하는 사망은 지옥을 말합니다.
음부도 같은 의미이구요.
그러므로 주님에게 있는 큰 권세는
사람을 지옥이나 천국으로 보낼 수 있는 권세가 있다는 겁니다.

네 본 것,
여러 가지 해석이 있을 수 있겠습니다만
예수께서 생전에 계실 때 요한이 본 것을 말하는 것이겠죠.
그의 행하신 일과 가르치심은 물론이고
그의 죽으심과 부활하심과 승천하심
그리고 밧모 섬에서 본 것을 말하는 것입니다.

'이제 있는 일'이라는 것은
다음 장에 나오는 교회들의 모습과 잠시 본 천국의 모습이지요.
넓은 의미로는 우리가 사는 시대의 지상 교회 모습입니다.
계시록 2-5장을 말합니다.

'장차 될 일'이라는 것은
계시록 6-22장에 기록해 놓았답니다.
장차 될 일은 주님의 재림시에 일어날 모든 사건들을 의미하는 것이지요.
일곱 인 사건, 일곱 나팔 사건, 일곱 대접 사건과
준비된 지옥과 성도를 위한 하늘나라 사건이지요.

첫째 인

둘째 인

셋째 인

넷째 인

다섯째 인

여섯째 인

일곱째 인 → 첫째 나팔… 땅 삼분의 일의 심판

둘째 나팔… 환난 세력의 등장

셋째 나팔… 음녀, 거짓 선지자들의 등장으로 인한 쑥물

넷째 나팔… 세계 삼분의 일이 영적 흑암에 들어감

다섯째 나팔… 첫째 화(5개월 황충이 환난)

여섯째 나팔… 둘째 화(유브라데 전쟁)

일곱째 나팔… 셋째 화(7대접 심판) → 첫째 대접 심판

둘째 대접 심판

셋째 대접 심판

넷째 대접 심판

다섯째 대접 심판

여섯째 대접 심판

일곱째 대접 심판

❹ 계시록 2:1–7
주님이 본 에베소 교회

"우리 주 예수께서는 주의 종들을 당신의 오른손으로 붙잡고 계십니다. 그리고 주의 종을 중심으로 교회가 바른 공동체로 서 있는지를 살피시는 분입니다."

요한은 주님이 일러 주신 아시아의 일곱 교회 가운데 에베소 교회에 대한 주님의 말씀을 먼저 전했습니다.

에베소 교회 지도자는 물론 다른 교회 지도자들도 뜨끔했습니다. 자신들의 사역을 주님께서 책임져 주신다는 고마운 말씀이기도 했지만, 그런 믿음으로 교회 공동체를 세우고 있는지 때문입니다. 게다가 주님께서 교회를 두루 다니시면서 살피신다는 것을 들으니 마음이 무거웠던 겁니다. 에베소 교회에 대한 주님의 생각을 말씀하시겠다니 모두가 진지해졌지요.

『에베소 교회의 사자에게 편지하기를 오른손에 일곱별을 붙잡고 일곱 금 촛대 사이에 다니시는 이가 가라사대』(:1)

교회의 목사님들...
그대들은 '주 예수 그리스도의 종'임을 아시나요?
예수께서 목회자들을 향해 기대하고 계심을 아시는지요?
그리고 그 기대를 이루라고 특별한 은혜로 붙잡고 계심을
알고 계시는지요?
목회자들은 일곱별과 같은 존재랍니다.
주 예수께서 붙잡고 계신다는 것을 결코 잊으면 안 됩니다.
자랑스러워하세요!
담대하세요! 주님이 도우신답니다.
목사는 사람을 편하게 해주기 위해 일하는 사람이 아니라
사람을 변화시키기 위해 부름받은 사람이랍니다.
예수님께서 그 일을 위해 당신을 목회자로 부르신 겁니다!
당당하게 사역하세요!
그대의 사역은 정말 중요한 일이거든요.
바르게 하세요. 성경에 나타난 본질의 목회를 하는 겁니다.
주님은 그대에게 맡긴 교회가 바른지 아닌지를
항상 살피고 계신답니다.
주님의 권능의 손이 목사님들을 붙잡고 있습니다!

요한 사도가 전달한 글은 교회 공동체를 숙연하게 만들었습니다.

"에베소 교회는 열심이 있는 교회입니다. 옳고 선한 일에 얼마나 수고했는지요. 어려운 일이 있을 때도 잘 참고 선한 일에 힘쓴 것이 얼마나 고귀한 일인지요! 악한 일을 꾀하는 못된 사람들이 있음에도 불구하고 그들에게 동요되지 않고 그들을 멀리한 것과 스스로 사도라고 하면서 교회를 어지럽히려던 자들을 지혜롭게도 잘 발견하여 교회를 시끄럽지 않게 한 것이 얼마나 귀한 일인지 모릅니다. 그리스도의 이름을 더럽히지 않기 위해서 인내하며 부지런히 최선을 다한 것이 아름답습니다."

『내가 네 행위와 수고와 네 인내를 알고 또 악한 자들을 용납지 아니한 것과 자칭 사도라 하되 아닌 자들을 시험하여 그 거짓된 것을 네가 들어 낸 것과 또 네가 참고 내 이름을 위하여 견디고 게으르지 아니한 것을 아노라』(:2-3)

주님이 보신 에베소 교회는 열심이 있었나 봅니다.
행위, 수고, 인내, 게으르지 않음, 거짓 사도를 분별해낸 것...
그렇게 생활한 이유도 분명하네요.
"주님의 이름을 위해서" 그랬답니다.
주님의 교회가 세상에 물들지 않도록 최선을 다했다는 말입니다.

우리 교회의 사랑,
에베소 교회 성도들처럼 주님을 사랑하기에 하는 사랑이길
소원합니다.

교회로 하여금 세속 사상에 물들지 않게 하는 것이지요.
이념과 철학 사상, 물질주의, 성공주의, 사회사업,
건물과 직분 중심,
세력 과시...
그런 건 교회의 본질이 아니랍니다.
교회를 그런 잡탕 단체로 만들려는 광명의 탈을 쓴
악한 자들을 드러내고
물리쳐야 한답니다. 아주 열심히!
지금은 사탄이 에베소 교회 시대보다 더 음흉한 모습으로
교회를 망치고 있잖아요!

악한 사람들,
다른 복음, 세상 철학과 사상으로
교회의 본질을 흐리게 하는 사람입니다.
당을 만들어 예수 공동체를 소란케 하는 사람들이랍니다.
교회의 사역에 불복종하고 거역하는 사람입니다.
이런 자들은
성도를 미혹하여 영혼을 죽이는 일을 하게 하지요.
온 공동체의 지체로 하여금 영적 고통을 겪게 한답니다.

거짓 선생, '자칭' 사도라 하는 사람을 조심하세요.
성경은 영을 시험해 보라고 했습니다.(요일 4:1)
그들이 가르치는 것이 성경 말씀인가를
시험해 보라고 했습니다.(딤전4:1)

열매가 성경적인 것인가를 보라고 했습니다.(마 7:15–17)
악한 사상 가진 사람을 교화시키려고 하지 마세요.
그런 자들은 처음부터 교회를 망가뜨릴 목적으로 온 사람이기에
드러내어 공개적으로 내쫓아야 하는 거랍니다.
그것이 성경의 가르침입니다.

교회 공동체가 무조건 사람을 채우려 한다면
성경의 이런 가르침을 결코 따르지 못한답니다.
사람 숫자는 다음으로 미뤄야 합니다.
아니, 숫자에 관심을 갖되 출석하는 숫자가 아니라
하나님 나라 생명책에 기록된 사람의 숫자에
마음을 두어야 하는 거지요.
그럴 때 성경이 가르쳐 준대로
생명이 있는 사람과 그렇지 않은 사람을 구분하는 데
신경을 쓰게 된답니다.
교회가 주님의 신부임을 잊지 마세요!

요한이 전한 주님의 말씀은 계속되었습니다.

"주님은 에베소 교회의 잘못을 지적하셨습니다. 다 좋은데... 처음 사랑을 버렸다고 하시네요!"

『그러나 너를 책망할 것이 있나니 너의 처음 사랑을 버렸느니라』(:4)

주님은 에베소 교회 사람들의 마음을 알고 계시지요.

주님에 대한 사랑이 아니라 모임에 대한 사랑이었음을.
예수님을 사랑한 열심이 아니라
단체에 대한 열심이었음을.
단체와 모임은 좋은데
주님에 대한 사랑은 흐려진 겁니다.
단체를 유지하기 위해 열심내고 있을 뿐임을 알고 계셨던 거지요.
예수님에 대한 사랑이 아닙니다.

우린 종종 교회를 사랑한다고 합니다.
교회를 지킨다고 합니다.
그 일을 위해 투쟁도 합니다. 욕먹는 일도 합니다.
교회를 지키기 위해 법정에까지 서는 열심도 있습니다.
그런데 십자가 사랑에는 무뎌져 있습니다.
교회 단체가 약해지는 것 때문에는 속상해 하고 울기도 합니다만
'예수님 때문'에는 아무런 감정도 없습니다.
그러면서도 교회라는 단체를 지키는 것이
신앙생활이라고 착각하고 열심을 낸답니다.
주님이 그러실 겁니다.
'나에 대한 사랑을 빼놓고 그렇게 하는 열심이
무슨 소용 있는 것이냐'고.

책망, 잘 들으세요.
하나님의 말씀 읽을 때 하나님의 책망 소리를 듣는 답니다.
주의 종을 통해 설교 들으면서 하나님의 책망을 듣는 답니다.

신실한 성도와의 교제 중에 하나님의 책망을 듣기도 하구요.
어느 경우에는 징계를 통해 하나님의 책망을 듣기도 하지요.
하나님의 책망,
그건 하나님의 사랑 표현이랍니다.

처음 사랑,
죄인 것을 깨닫게 하신 하나님의 사랑입니다.
나를 위해 하늘 영광을 버리시고 이 땅에 오셔서
고난받고 죽으심으로
죄를 용서하셨을 뿐 아니라 죄를 없이 하신 사랑입니다.
하늘나라의 상속자로 삼으신 사랑입니다
주님의 동역자로 삼으신 사랑입니다.
그 사랑을 느꼈을 때의 감동을 기억하고 있는지요?
그 사랑이 전부라고 고백하면서 살고 있는지요?

"왜 그렇게 되었는지요? 생각해 보십시오. 그래서 다시금 주의 백성으로서의 처음 행위를 회복해야 하는 겁니다! 지금 칭찬을 듣고 있는 것은 중요한 것이 아닙니다. 정말 중요한 것을 잃어버리고 중요하지 않은 것에 열심을 내는 것은 소용이 없는 것이지요. 만일 진정 중요한 것을 회복하지 않는다면 당신들의 공동체는 더 이상 주님의 교회가 아닐 것입니다."

주님의 말씀을 전하는 요한의 글은 단호했습니다.

『그러므로 어디서 떨어진 것을 생각하고 회개하여 처음 행위를 가지라 만일

그리하지 아니하고 회개치 아니하면 내가 네게 임하여 네 촛대를 자리에서 옮기리라』(:5)

열심 있는 교회입니다만
밑 빠진 독에 물 붓는 열심일 뿐이랍니다.
주님을 사랑하지 않으면서 주님의 이름을 빙자해
단체를 유지하려는 것은
악이라는 거지요.
주님이 아닌 단체 유지를 위한 열심은 칭찬할 것이 아니라
회개해야 할 악이랍니다.
그렇지 않으면
표면적으로는 교회 간판을 걸었을지 모르지만
내면적으로는 이미 촛대가 옮겨진,
주님과는 상관없는 모임이라는 거지요.

에베소 교회는 분명 기독교적이지 않은 것을 구별하여 내쫓았고
그 일을 위해 무척이나 열심을 내는 교회였습니다.
그러나 그 목적은 주님 사랑이 아니었습니다.
'단체 유지'에 필요하기 때문에 기독교적인 걸
붙잡고 있었다는 겁니다.
아무리 교회적이지 않은 것을 배격한다 하더라도
그래서 정말 교회적인 것만 있다 하더라도
주님에 대한 사랑이 없으면 그건 교회 공동체가 아니랍니다.
우리의 교회,

철저하게 성경적이어야 합니다.
그러나 교회라는 단체를 지키기 위해 성경적인 것을
고집하면 안 됩니다.
주님을 사랑하지 않으면 그건 숨겨진 위선일 뿐입니다.

에베소 교회는 표면적으로는 회개할 것이 전혀 없습니다.
사상이 이상한 것도 아닙니다.
이단 사상을 받아들인 것도 아닙니다.
우상을 받아들인 것도 아니고 음란한 것도 아닙니다.
놀자판인 교회도 아닙니다. 교만한 교회도 아닙니다.
흠잡을 것이 없는 교회입니다.
그런데 주님 눈에는 그들의 깊은 속이 보인 겁니다.
주님을 빙자하여 단체 지키는 일을 하고 있었던 것이
주님 눈에는 보인 것이지요.

"에베소 교회가 열심을 낸 것, 니골라 당의 행위를 미워한 것 그것은 주님도 미워하시는 일이고 또 아주 당연한 일을 한 것이지만..."

『오직 네게 이것이 있으니 네가 니골라 당의 행위를 미워하는도다 나도 이것을 미워하노라』(:6)

예루살렘 교회의 집사로 선택된 일곱 사람은
보통 사람이 아니었습니다.
성경은 성령과 지혜가 충만하여 사람들에게

칭찬을 듣는 사람들이라고 증언합니다.(행 6:3)
그런데 이들 가운데 니골라라고 하는 사람이
엉뚱한 사람이 된 겁니다.
성령으로 시작했다가 육체로 마친 사람이 되었습니다.
사람들에게 존경을 받아 집사가 되었는데
그 사람들을 이단 사상으로 물들게 한 겁니다.

오히려 집사가 되지 않았으면 훨씬 낫지 않았을까요?

니골라당

'니골라'라는 말은 사람 이름에서 나온 겁니다. 이 사람은 유대인이 아닌 이방 사람이었는데 예수를 믿고 초대 교회의 일군이었답니다. 아주 열심이 있어서 예루살렘 교회의 초대 일곱 집사 중 한 사람이 되었지요(행 6:5). 그런데 이 사람이 파당을 만들어 교회를 어지럽힌 겁니다. 그래서 그가 만든 당을 그의 이름을 따서 '니골라 당'이라고 했답니다. 이 당은 그리스도인의 자유를 오용하여 육신의 죄악을 허락하는 해괴한 교리를 퍼뜨렸습니다. 이 교리가 성도의 거룩함을 망친 겁니다.

이들은 육신은 악한 것이기에 영혼 구원만을 말하면서 육신의 모든 행위를 허락한 거지요. 말로는 인간이 율법에서 해방되었기 때문이라고 둘러대면서 말입니다. 이 악한 교리로 인하여 성도들이 얼마나 엉망으로 살았는지요. 에베소 교회는 이런 악한 사상을 아주 미워했답니다. 주님도 물론이구요.

일보다 은혜받는 일에만 마음 두었으면 좋았을텐데요.
집사가 아니라면, 힘(?)이 없었기에
약한 영혼들을 유혹하지 못했겠지요.

우리 시대에도...
교회의 직분 때문에 자기 영혼을 망치고 남의 영혼도 죽이는
불행한 일이 있답니다.

니골라 당을 미워한 행위를 주께서 칭찬하신 것이 아닙니다.
니골라 당을 미워하면서도
그 이유가 주님 사랑 때문이 아니라는 걸
주님은 알고 계셨던 겁니다.
이미 마음이 주님으로부터 떠나 있기에 아무리 선한 일을 하더라도
그건 주님과 상관없는 일임을 주께서 드러내고 계신 것이지요.

교회가 성경적일 수 있습니다.
성경이 말하는 걸 다 할 수도 있습니다.
그런데도 주님께서 아주 싫어하실 수 있다는 겁니다.
사람들은 전혀 알지 못하고 발견할 수도 없는 마음,
그 마음이 다른 데 가 있으면 그런 겁니다.
표면적인 것으로 교회냐 아니냐, 성경적이냐 아니냐를
구분하지 마십시오.
마음이 주님께 가 있느냐 하는 것이 중요합니다.
처음 사랑을 가지고 있는냐가 주님의 교회냐 아니냐를

가늠하는 겁니다.

"교회들이여, 주께서 무슨 말씀을 하고 계신지를 들으십시오. 마음의 귀를 가지고 주님의 말씀을 들어야 하는 겁니다. 주의 말씀을 듣고 주님 기뻐하시는 방향으로 회복해야 하는 겁니다. 그래야만 영원한 생명을 얻는 겁니다."

『귀 있는 자는 성령이 교회들에게 하시는 말씀을 들을지어다 이기는 그에게는 내가 하나님의 낙원에 있는 생명나무의 과실을 주어 먹게 하리라』(:7)

표면적으로 성경에서 말하는 모습의 교회는 소용없습니다.
사람들은 괜찮은 교회라고 할지 모릅니다만

에베소 교회

에베소는 로마제국 소아시아의 도시 중에 최고 도시로 손꼽히는 항구 도시입니다. 정치적으로는 물론 상업과 철학, 학문에 있어서 그렇고 도로 시설에서도 그렇지요. 무역의 중심지였답니다. 에베소의 동전에 나무열매가 새겨져 있었구요. 게다가 종교 활동의 중심지였는데 그곳에 아테네 신전이 있었고 벌(bee)을 숭배하면서 다산(多産)을 기원했답니다. 이 일로 여사제와 매음을 하는 일도 있었다지요. 에베소라는 말에는 '인내, 미끄러지다, 완만하다' 등과 같은 의미가 있다고 하네요. 성경적인 배경으로는 유대인 회당이 있었고 사도 바울이 아굴라와 브리스가 부부와 함께 교회를 세웠지요.훗날 디모데가 이곳에서 목회를 하기도 했구요. 신약 성경에 에베소서는 바울이 로마에서 에베소 교회에 보낸 편지랍니다.

내면은 주님과 상관없는 교회이기에 생명이 없다는 겁니다.

그렇기에 진지하게 들어야 합니다.

우리 교회가 성경에서 말한 것을 갖춘 것처럼 보이는 교회인지

아니면 그것은 물론이고 주님께서 보시는 내면도

주님을 사랑하는 생명의 교회인지를 살펴야 하는 거지요.

사람이 볼 땐 주님의 교회인데

주님이 보실 때는 주님을 이용하는 것일 뿐

주님 오시는 그날 크게 망신당하게 된다는 겁니다.

5 계시록 2:8-11

주님이 본 서머나 교회

에베소 교회가 어떻게 주님의 평가를 받고 있는지를 기록한 요한은 이번엔 서머나 교회에 관한 말씀을 들었습니다. 에베소에서 북쪽으로 80Km 정도에 위치한 아름다운 항구 도시였는데 그곳에 교회가 있었던 것이 기억났습니다. 유명한 교회도 아니고 사람이 많이 모이는 교회도 아니었습니다. 그러나 서머나 도시가 워낙 황제 숭배로 유명한 곳이었기에 그것을 따르지 않으면 삶 자체가 힘들다는 것을 그리스도인이라면 누구나가 알고 있었기에 요한도 서머나 교회가 받는 고난을 짐작하고 있었습니다. 서머나 도시 사람들은 오래 전부터 로마에 대한 충성이 남달랐습니다. 로마가 카타르와 전쟁할 때(B.C. 265-146년경)도 서머나는 로마 편을 들었고 B.C. 195년에는 로마의 여신을 위하여 신전을 건축한 최초의 도시가 될 만큼 로마에게 충성했던 겁니다. 또한 B.C. 23년에는 로마의 티베리우스 황제를 위해 신전을 건축하면서 로마에 대한 충성을 보였답니다. 게다가 도미티안 황제(81-96년) 때 서머나는 정책적으로 아주 강한 황제 숭배를 강요하면서 다른 신을 섬기지 않을 뿐 아니라 어떤 것에 대해서도 주(Lord)라고 부르지 않는 그리스도인들을 핍박했답니다.

그렇게 힘든 그리스도인의 삶을 살고 있는 서머나 공동체의 교우들에게 전해진 주님의 말씀은 희망 자체였습니다.

"서머나 형제들이여, 주님은 처음이신 분일뿐만 아니라 나중이 되시는 분입니다. 그 분이 큰 고통을 받으시고 죽으셨지만 우리 주님은 죽음을 이기시고 다시 살아나신 분이 아닙니까? 그 분이 여러분들에게 말씀을 주셨습니다."

『서머나 교회의 사자에게 편지하기를 처음이요 나중이요 죽었다가 살아나신 이가 가라사대』(:8)

고통이 있고 핍박을 당할 때는 두렵고 죽을 것만 같습니다.
세상의 힘이 사람 하나 죽이는 걸 파리 한 마리 죽이는 것처럼
대수롭지도 않게 여기고 어려워하지도 않는 겁니다.
그렇기에 권력자들을 거스리게 함으로 인해 고난 받을 땐

두렵고 무섭지요.

서머나 성도들이 그런 두려움 속에서 산 겁니다.

그런데 그런 사람들에게 주님의 음성과 말씀이 있는 겁니다.

주님도 힘 가진 자들에게 핍박 받아 억울하게

죽으셨다고 하시는 겁니다.

게다가 그렇게 죽으셨다 하더라도 다시 살아나신 겁니다.

다시 사신 주님께서 두려움 가운데 있는 사람들에게

죽음을 두려워하지 말라는 말씀입니다.

죽어도 괜찮다는 말씀입니다.

힘들고 억울하고 죽음으로 끝날 것 같으나

죽어도 살 것이라고 희망을 주시고 약속하시고

그렇게 살아 계신 자신을 보여 주시는 겁니다.

우리 그리스도인들에게 다가올 날들이 거친(?) 날들입니다.

권력자들이 만든 것을 따르고 섬기도록 강요당할 시대입니다.

물론 총과 칼로 죽이겠다고 달려들지는 못할 겁니다.

그러나 아주 친절한 척 하면서도

자신들이 만든 것에 굴복하지 않으면

도무지 살 수 없도록 모든 제도를 그렇게 만들 겁니다.

그리고는 낭떠러지로 몰겠지요.

그리스도를 따르기에 죽음의 위험에 처하고,

죽을지도 모릅니다만

분명히 생각하고 있어야 할 것이 있습니다.

죽어도 된다는 것이고 죽으면 반드시 다시

살아날 것이라는 말씀이지요.
예수님처럼 억울하게 죽을 겁니다만
우리 주님처럼 죽음을 이기고 다시 살아날 겁니다!

"주님께서 서머나 형제들이 당하고 있는 환난을 잘 알고 계십니다. 어렵게 살고 있음을 알고 계십니다. 여러분들이 복음을 지키고 복음 따라 살기 때문에 그렇게 환난을 당하고 있음을 주님께서 아시는 거지요. 여러분이 그곳에서 비참한 사람으로 취급받고 그런 소리를 듣고 있다 하더라도 주님은 여러분을 가난하다고 하지 않습니다. 신앙을 지키기 위해 환난을 겪고 신앙 때문에 경제적으로도 어렵게 되어 가난한 것 같으나 주님은 여러분의 부요함이 하늘에 있음을 아시는 겁니다. 여러분은 그의 부요함이 보이지 않을지 모르지만 주님은 여러분의 보화가 하늘나라에선 엄청나다고 말씀하는 겁니다. 여러분은 부요한 사람들입니다!

『내가 네 환난과 궁핍을 아노니 실상은 네가 부요한 자니라』(:9상)

사람들이 말하는 부요함은 기껏해야 눈에 보이는 것이랍니다.
우선은 물질이잖아요. 물질이 많으면 부요하다고들 말합니다.
그런데 그건 없어지는 거랍니다. 요동치는 거랍니다.
권력이 크면 부요하다고 생각합니다.
부릴 수 있는 힘의 정도에 따라 부요함을 측정하지요.
그런데 그것도 사라지는 거랍니다.

건강이 재산이라고 하면서 부요함을 말합니다.
그럴 수도 있습니다만 그것도 사라지는 겁니다.
사람이 재산이라고 합니다.
그런데 사람도 변하더라는 거지요.

참된 부요함이 있습니다. 사라지지 않는 부요함이지요.
환난 중에도, 세월이 바뀐다 해도, 이세상이나 저세상에서도
변하지 않는 것을 쌓아 놓아야 진정한 부자가 되는 거지요.
시련 속에서 주님을 의지하고 인내와 참음으로 얻은 '믿음' 입니다.
묵묵히 습득하면서 풍성해진 '하나님의 말씀에 대한 지식' 입니다.
일생 드려지는 '기도' 의 양입니다.

주님이 우리를 보실 때 부요한 사람이로구나 하는
소리를 들어야지요.
주님은 믿음에 부요한 사람을 택하시거든요!
『세상에 대하여는 가난한 자를 택하사 믿음에 부요하게 하시고』
(약 2:5중)

"서머나 형제들, 당신 교회 안에 자신의 신분을 유대인이라고 말하면서 접근하여 그리스도 섬기는 것을 방해하는 무리들이 있을 겁니다. 저들은 로마 황제를 섬기지 않는다고 접근을 했겠죠. 자신들은 여호와 하나님 유일신을 섬기기에 형제들처럼 황제 숭배를 하지 않는 사람들이라고 하면서 접근한 겁니다. 그 어려운 중에 이런 무리들을 만났으니 얼마나 힘이 되었겠는지요.

그러나 얼마 후에 그들은 자신들의 정체를 드러냈을 겁니다. 유일신 하나님을 섬긴다는 것을 빙자해서 우리 주님 그리스도 예수 섬기는 것을 핍박한 거 아닙니까? 그들의 방해는 로마 사람들의 방해와 핍박보다 더 악했을 겁니다. 유대인이라 하는 사람들로부터 받은 고통이 얼마나 컸는지요. 그 사람들의 실상은 사단의 졸개들이거든요. 주님은 형제들이 저들에게 당한 고통을 잘 알고 계십니다."

『자칭 유대인이라 하는 자들의 훼방도 아노니 실상은 유대인이 아니요 사단의 회라』(:9하)

「자칭」이라는 말...
에베소 교회는 자칭 사도라고 하는 사람들이 침투했었는데

자칭 유대인이라 하는 자들

자칭 유대인이라 하는 자들, 그들이 진짜 유대인들이었는지 아니면 말로만 유대인이라고 하는 건지는 불분명합니다. 그리스도 신앙공동체에 들어와서 스스로가 유대인이라고 한 것을 보면 진짜 유대인으로서 자신들도 유일신 신앙을 가진 자라는 걸 강조하는 것 같기도 하고 '자칭'이라는 말을 보면 전혀 유대인이 아닌데 유대인이라고 거짓말을 하는 것 같기도 합니다. 아니면 본문에서 말하는 유대인이란 영적인 의미로 믿음으로 구원받는다는 것의 영적 조상인 아브라함을 따른다는 것을 의미하는 것 같기도 합니다. 중요한 것은 당시 서머나 교회 공동체는 유대인이라는 신분에 호의적이었다는 것입니다.

서머나 교회는 자칭 유대인이라는 사람들이 침투한 겁니다.

오늘 날도 '자칭' 목사, 전도사, 장로, 집사, 권사, 교사,

그리스도인...

교회를 어지럽히는 사단의 공작원들입니다.

자칭... 그런 사람들은 복음에는 관심이 없답니다!

복음이 무엇인지를 모르기 때문입니다.

복음을 들어서 알기는 해도

복음의 능력이 자신을 변화시킨 적이 없기에

복음을 자신들의 사악함을 감추기 위한 도구로 사용할 뿐입니다.

이들은 복음을 가르치지도 말하지도 않습니다.

가장 중요한 것이 복음임에도 불구하고

교회에서 복음을 말하지 못하도록

분위기를 만들어 갑니다.

복음을 전하지도 듣지도 못하게 공동체의 관심을

엉뚱한 곳으로 유인하지요.

'자칭'... 그런 사람은

복음보다 숫자에 관심을 갖습니다. 돈에 관심을 둡니다.

행정에 관심을 둡니다. 박사학위에 관심을 둡니다.

직분에 관심 둡니다. 건물에 관심을 둡니다.

거듭남의 복음 말하는 것을 껄끄럽게 생각합니다.

영생과 영멸, 천국과 지옥을 말하지 못하게 합니다.

성령의 역사를 부정합니다.

그러면서 복음의 본질적인 것을 대체하는 수단으로

교회를 봉사 활동하는 집단으로 만듭니다.

사회사업의 중심이라고 말합니다.

사회에서 책임을 강조합니다.

모두 중요한 것입니다.

그리스도의 생명과 부활, 영원한 세계에 대하여는

마치 다 알고 있는 것처럼 하면서

말하지 못하도록 한다는 거지요.

'자칭'... 그런 사람 전에도 있었고

지금도 교회 속에 얼마나 많은지요.

전통있는 교회를 출석하는 것이

그리스도인 되게 하는 것이 아닙니다.

교회의 직분을 가지고 있는 것이

그리스도인 되게 하는 것이 아닙니다.

교회에서 열심히 일하느냐 하는 것이

그리스도인 되게 하는 것이 아닙니다.

복음 속에서 거듭나지 않았으면서도

교회에서 오래 머물렀기 때문에

그리스도인인줄 '착각하고 있을 수' 도 있는 거지요.

그러면서 자기에게 혹은 누구에게나

자칭 '나는 기독교인입니다' 라고 말하지만

주님은 그야말로 '자칭... 그러고 있구나' 라고

하실 수 있다는 겁니다!

당신은 자칭 그리스도인인가요?

아니면 주님께서 '넌 그리스도인이야' 라고 말하는 사람인가요?

"서머나 교회 형제들이여, 주님께선 당신들에게 고난이 계속 될 것을 말씀하셨습니다. 그러나 두려워하지 마십시오. 주님이 여러분들의 고난을 알고 계시잖습니까? 여러분의 고난은 극심할 겁니다. 주님은 여러분들 가운데 몇 사람은 복음 때문에 감옥에 갇히게 될 거라고 말씀하셨습니다. 사단이 주는 무서운 환난이요 시험이겠지요. 그러나 주님은 그 환난이 열흘 정도일 거라고 분명하게 말씀하셨습니다. 환난은 반드시 끝이 있다는 말씀입니다."

『네가 장차 받을 고난을 두려워 말라 볼지어다 마귀가 장차 너희 가운데서 몇 사람을 옥에 던져 시험을 받게 하리니 너희가 십일 동안 환난을 받으리라』(:10상)

주님은 성도에게 환난이 없다고 말씀하지 않으셨습니다.
주님은 환난 중에 '함께 계신다'고 말씀하신 겁니다.
또한 환란은 반드시 '끝이 있다'고 하셨습니다.
환난을 통과한 후에는 '면류관이 있다'고 하신 것이구요.
본문에는 몇 그리스도인들이 옥에 던져질 것이라고 했는데
고대의 '옥'이라는 건 죽음을 기다리는 장소를 상징하지요.
다시 말하면 죽음에 던져질 수도 있다는 것을 암시한 겁니다.
또한 열흘 간의 환난을 말씀하셨는데
주석가들은 환난이 그리 길지는 않을 것이라고 해석하지요.

그리스도교, 그리스도인은 환난이 다가오고 있음을
알고 사는 사람들,
예수 믿으면 물질적으로 풍요하게 살고 고난이 없다는 건
주님이 하신 말씀도 사도들이 한 말도 아닙니다.

주님이 확실하게 말씀하신 것은
당신 오실 즈음엔 환난이 있을 것이고
그것도 무척이나 힘든 환난이라는 겁니다.
그러므로 우리들은 겪을 환난을 준비해야 합니다.
예수 때문에 삶 전반에 걸쳐 극심한 환난을 겪을 거라는 말이지요.
극심한 경제적 제재를 받을 겁니다.
아파도 치료를 받기 어려운 때가 올 겁니다.
직장 생활도 사업도 못하게 되는 기가 막힌 때가 올 겁니다.
그걸 준비해야 합니다.
그러나 분명한 것은 그 기간이 길지 않다는 거지요.
다가올 환난, 만나고 싶지 않지만
주님이 만나야 한다고 하셨기에 우린 그 환난을 만날 것이고
지금은 그때를 준비해야 하는 거랍니다.
그걸 알고 사는 것이 주님의 백성이 누리는 은혜입니다.

"서머나 형제들이여, 고난과 환난이 있을 것이지만 담담히 받아들이십시오. 아니 죽더라도 환난 앞에 굴복하지 마십시오. 끝까지 주님께 충성하는 겁니다. 그리하면 주님께서 여러분에게 생명의 면류관을 주실 겁니다. 서머나에서 종종 벌어지는 경기를 잘 아실 겁니다. 그 운동 경기에서 잘 참고 견뎌 승리한 자는 면류관을 쓰지 않습니까? 그 면류관이 얼마나 영광스러운 것인지... 여러분이 사용하는 동전에도 면류관이 있지 않습니까? 여러분은 여러분 도시에서 벌어진 운동 경기의 승자가 쓴 면류관과는 비교가 되지 않는 면류

관을 받아 쓸 것입니다. 주님이 주시는 생명의 면류관 말입니다. 그러므로 죽도록 충성하십시오."

『네가 죽도록 충성하라 그리하면 생명의 면류관을 네게 주리라』(:10하)

서머나에는 큰 운동 경기장이 있었습니다.
종종 운동 경기가 벌어지곤 했는데 승자에겐 면류관을 주었지요.
사람들은 경기를 잘해서 면류관을 받는 것이 꿈이기도 했습니다.
또 면류관 받은 승자를 부러워하기도 했구요.
서머나 사람들이 쓰는 동전에까지 그 면류관이 새겨져 있을 정도였으니까요.
주님은 요한을 통해서 서머나 교회 성도들에게 그걸 상기시키고 계신 겁니다.
승자가 쓰는 면류관 말입니다.

주님으로부터 면류관 받아야지요.
본질적인 것에 충성해야 한답니다.
우선 진리를 붙잡고 지켜야 한답니다. 말씀 사수입니다.
세상을 사랑하지 않고 주님을 사랑해야 하는 겁니다.

"둘째 사망의 해(害)"

첫째 사망이 육신적인 죽음을 의미한다면
둘째 사망은 '어디에서 영원히 사느냐를' 결정하는 걸 말합니다.
사망이라는 말을 썼기에 지옥에서의 영원한 삶을 말하는 거겠지요.

맡겨주신 사명을 성실히 감당해야 하는 거지요.

주님이 다가오시는 소리가 들리는 시대를 살고 있는 우리들,

주님 손에 있는 생명의 면류관이

우리 머리 위에 씌워질 것을 꿈꾸면서

복된 삶을 살자구요!

"어려움 가운데 있는 서머나 교회 형제들이여, 주님의 말씀을 새겨들으십시오. 당신들은 지옥 형벌을 면한 사람들입니다!"

『귀 있는 자는 성령이 교회들에게 하시는 말씀을 들을지어다 이기는 자는 둘째 사망의 해를 받지 아니하리라』(:11)

❻ 계시록 2:12-17
주님이 본 버가모 교회

주님께서는 요한에게 버가모 교회에 대한 말씀을 하셨습니다. 요한의 머릿속에는 서머나에서 북쪽으로 40마일, 그리고 북동쪽 에게 해를 끼고 내륙에 자리 잡고 있던 버가모라는 도시가 그려졌지요. 정말 아름다운 도시였습니다. 다른 도시보다 높은 지형적인 조건으로 인해 아래를 내려다보는 운치가 있었지요. 무엇보다 아래 흐르는 카이쿠스 계곡의 강물은 정말 멋있었습니다. 그 모습이 얼마나 아름다운지 헬라 문명의 가장 아름다운 꽃이라는 뜻으로 도시의 이름을 버가모, '성채(城砦)'라고 지었으니까요.

버가모는 자존심이 있는 도시였습니다. 20만 권이 넘는 장서를 갖고 있었고 스스로 책을 만들 수 있는 양피지를 제작하고 있다는 것에 자부심을 지니고 있었지요. 아울러 세상을 이기는 것은 무력(武力)이 아니라 문명이라는 것을 강조하기 위해 신들의 상(像)을 만들어 놓았으니까요.

버가모에 대한 생각을 하고 있는데 주님의 모습이 보였습니다. 좌우에 날이 날카롭게 선 검을 가지신 모습이었답니다.

'왜 주님이 좌우에 날카로운 날이 선 검을 갖고 계실까?' 요한의 머릿속에는 또 다시 여러 가지 생각들이 떠오르기 시작했답니다. '그래, 버가모에 세워진 교회가 무척이나 힘이 들었겠구먼. 그곳도 우상 숭배가 극심한 곳이지. 제우스 동산이 있고 아테네 여신상도 있었지. 디오니소스 신도 섬기고...' 요한은 버가모 중심부에 세워진 우상들을 생각하면서 씁쓸한 마음이었답니다.

'우상 섬기는 것은 그렇다 하더라도 거기엔 아스클레피오스가 있었어! 그들만의 신이라고 했던가? 치료의 신이라고 했던가? 그래서 여기저기서 그 신을 통해 병을 고치려고 몰려들곤 했었지. 부질없는 짓들인 줄은 모르고 말이야. 치료는 하나님이 하시는 것인데 우상에게 치료해 달라고 하고 있으니... 그곳엔 그 신의 힘으로 사람을 치료한다는 의사도 많았어. 그래, 그랬지. 의사를 길러내는 학교도 있었고. 아마 그곳 사람들은 의료 기술만은 버가모가 최고라고 자랑하고 있었을 거라구. 자신들이 사용하는 동전에도 뱀을 그려놓고 그게 의사들의 치료를 돕는 신이라고 믿고 있지.' 요한은 의술을 신과 연결해서 우상을 숭배하고 있는 버가모의 악한 행동들을 상상하면서 그곳에 살면서 주님을 섬기고 있는 성도들이 생각났지요.

'그것도 힘들겠지만 버가모는 아우구스투스 황제가 황제와 여신을 위해 신전을 건축하라고 허락(B.C. 29년)한 황제 숭배의 본거지 아닌가? 그래서 그곳 사람들은 황제 숭배에 남다른 열심이 있어. 그곳은 시저를 주님이라고 부르지 않으면 살 수가 없는 곳이 아닌가? 그러니 그곳 성도들은 얼마나 힘들었을까. 주님께서 그걸 아실텐데...' 요한은 버가모를 생각하면서 그들 또한 엄청난 학대와 핍박을 받으면서 신앙생활을 하고 있을 거라는 생각을 하고 있었지요. 그런 가운데 주님의 음성이 들린 겁니다.

"요한아, 버가모 교회의 사자에게 편지하거라. 버가모 교회가 어떤 위치에 있는지, 그리고 그곳에서 믿음을 지키고 산다는 것이 얼마나 힘들고 어려운지를 내가 알고 있다고 편지하거라. 버가모는 사단의 자리가 있는 곳이야."

『버가모 교회의 사자에게 편지하기를 좌우에 날선 검을 가진 이가 가라사대 네가 어디 사는 것을 내가 아노니 거기는 사단의 위가 있는 데라』(:12-13상)

버가모는 아름다운 도시였고 문화 도시였습니다.
지형(地形)이 높아 아래의 아름다움을 한눈에 볼 수 있었구요,
도서관이 있어서 공부하는 도시였다지요.
장서가 20만 권이 넘었답니다.
게다가 책을 만드는 양피지 제작 기술까지 가지고 있었던 도시랍니다.

종교적으로도 열심이 있는 것은 물론이고
뱀을 만들어 그것을 치료의 신으로 섬겼지요.
그들의 동전에는 뱀이 그려져 있답니다.
오늘날까지도 의사나 병원의 심볼(Symbol)은
뱀이 막대기를 감고 있는 모습인데
그것이 버가모에서부터 유래한 것이라고 할 정도니까요.
또한 버가모는 황제 숭배의 본거지로도 유명했습니다.
B.C. 29년 아우구스투스 황제가 그걸 명했거든요.
그러므로 그곳에서는 황제를 주님이라고 부르지 않으면
모진 고난을 받거나 고통스런 죽음을 당해야 했답니다.

다른 교회에 대한 말씀을 보면
행위나 믿음에 관한 것을 아신다고 했습니다만
버가모 교회를 말씀하실 때는 '사는 곳'을 아신다고 하셨습니다.
그만큼 버가모 지방은 우상 숭배로 극심하였다는 말이고
그리스도교를 배척하는 일에 있어서 적극적이었다는 의미겠지요.

주님께서는 당신의 자녀들이 살고 있는 곳을 알고 계십니다.
신앙생활하기 좋은 곳인지 아니면 어려운 곳인지.
유혹이 많은 곳인지 아니면 유혹이 없는 곳인지.
환경을 알고 계신다는 겁니다.
사람들은 저마다 자신이 살고 있는 곳에 만족해하지 않지요.
다른 사람이 사는 곳, 그 환경이 자신이 있는 곳보다는
낫다고 생각하지요.
그런데 그렇지가 않답니다.

이 땅에 좋은 곳은 없어요. 예수를 잘 믿을 수 있는 곳도 없답니다.
유혹이 없는 곳도, 죄가 없는 곳도 없고 평안한 곳도 없답니다.
이 세상은 어느 곳이나 힘든 곳이랍니다.
주님은 우리가 사는 이 세상이 어떤 곳인지를 잘 알고 계시지요.
그렇기에 주님께선 우리를 위해
아주 좋은 곳을 준비해 놓으신 거랍니다.
우리가 소망하는 그런 곳, 이 땅에서는
결코 경험할 수 없는 곳이지요.
요한계시록은 주께서 준비한 그런 곳이 다가오고 있음을 말해주는
아주 기가 막힌 메시지(!)의 책이랍니다!

"버가모 교회의 성도들은 그 어려움 가운데서도 나의 이름을 굳게 잡았어! 안디바, 나의 충성된 증인 안디바가 내 이름 때문에 죽임을 당하지 않았니! 그의 죽음이 얼마나 끔찍했는지... 그런 그의 죽음을 보면서도 버가모 교회 성도들은 흔들림 없이 믿음을 지킨 거야!"

요한은 주님께서 버가모 교회를 칭찬하실 때 무슨 말씀을 하고 계신지를 알았습니다. 버가모 교회의 일꾼이었던 안디바(정확한 이름은 안디바 안티파테르)가 로마의 도미티안 황제를 '주(主)'로 인정하지 않아서 박해를 받다가 죽은 거였거든요. 죽을 때도 얼마나 비참했는지 황제 숭배자들이 놋쇠로 된 황소 속에다가 안디바를 넣고 불에 구워서 죽인 겁니다. 순교하는 안디바도 대단했지만 그걸 지켜본 안디바 교회의 성도들도 자신들 역시 그렇게 죽

을 수 있다는 걸 각오하고 결코 다른 것을 주님이라고 부르는 걸 거부했다는 겁니다. 그야말로 버가모 성도들은 죽으면 죽으리라는 믿음으로 신앙을 지킨 겁니다. 요한은 그들을 생각하면서 얼굴의 주름 사이로 눈물을 흘리고 있었답니다.

『네가 내 이름을 굳게 잡아서 내 충성된 증인 안디바가 너희 가운데 곧 사단의 거하는 곳에서 죽임을 당할 때에도 나를 믿는 믿음을 저버리지 아니하였도다 』(:13하)

안디바가 죽는 모습을 눈으로 본다는 것이
얼마나 끔찍한 일이겠는지요.
칼에 맞아 죽는 것도 아니고 교수형에 처해 죽는 것도 아니고
약을 먹고 죽는 것이 아닙니다.
불에 타 죽되 그것도 놋통에 들어가 놋쇠가
뜨거워지는 것을 느끼면서
서서히 구워져 죽임을 당하는 엄청난 고통의 순교였지요.
죽는 본인도 견디기 어려운 일이었겠습니다만
보는 사람들에겐 두려움이 찾아왔을 겁니다.
그러나, 그럼에도 불구하고 신앙을 저버리지 않았답니다.

신앙의 본이 되는 존경스러운 분이
형통하고 잘 되기는커녕 오히려 어려워지는 걸 볼 겁니다.
그냥 어려워지는 것이 아니라 인생의 완전한 패자로
끝나는 걸 볼 겁니다.

그래도 신앙을 져버리면 안 되는 겁니다.
우리는 이 땅에서 사는 동안 이 땅에서의 형통함을 위해
예수를 붙잡고 사는 사람들이 아니거든요.
목숨을 잃는다 하더라도 끝까지 주님을 붙들어야 하는 이유는
영원한 세상이 있다는 걸 알기 때문인 거랍니다.
여기서는 승자가 아니라도 괜찮습니다.
이 땅에서는 실패의 연속이라도 괜찮습니다.
그렇게 살다가 실패자로 끝나도 괜찮은 겁니다.
그러나 주님 붙잡은 손만은 놓으면 안 되는 거지요.
진짜 승리를 위해서 말입니다.

버가모 교회의 귀한 신앙은 요한은 물론 주님께서도 인정하는 굳건한 신앙이었답니다. 그런데 신앙 안에 엉뚱한 교리를 주장하고 또 그런 교리를 따르는 무리들이 있었던 겁니다.

"요한, 버가모 교회는 나로 인한 죄 사함과 구원의 복음, 그리고 영원한 나라에 대한 믿음으로 죽음도 두려워하지 않는 삶을 살고 있긴 하다만 나를 닮아 거룩하게 되어야 한다는 내 말을 멋대로 해석하고 있는 무리들이 있단다. 그리고 그런 옳지 않은 가르침을 추종하는 사람들이 있으니 이 얼마나 답답한 노릇이냐!"

요한은 주께서 하시는 말씀이 무슨 뜻인지를 알 수 있었습니다. 그런 방법으로 사탄이 교회에 침투한 것은 이미 공공연한 일이었기 때문입니다.

"너도 아는 것처럼 니골라 당의 사악한 가르침이 많은 교회에 들어와 교회를 어지럽히고 있는데 버가모 교회도 그놈들에게 당한 거란다. 내가 십자가에서 죽어 죄를 없이 했다면 그 은혜로 의의 병기가 되어야 할 터인데 오히려 죄 사함받고 구원받았다고 하면서 죄로부터의 자유의 은혜를 쾌락과 방종의 변명거리로 삼고 있으니 이 얼마나 한심한 노릇이냐는 거지! 그놈들이 입으로는 구원의 확신을 운운하지만 실상은 마음의 구원을 받은 놈들이 아니라 머리로만 구원의 도리를 알고 그걸 악용하는 거짓 고백자들이니라. 그런데 그들의 주장을 따르는 어리석은 자들이 버가모 교회에 있으니 답답하다는 거다! 게다가 신실한 자들까지도 그런 사단의 꾀에 넘어가 이러지도 저러지도 못하고 있으니 이 얼마나 답답한 노릇이랴! 은혜를 방종의 빌미로 삼고 대담하게 죄 짓는 것을 진짜 믿음이라고 하니 버가모 교회가 큰 일이 난 것이니라."

주님의 말씀은 계속되었습니다.

"황제를 숭배하지 않음으로 인해 핍박받는 것을 자랑스러워하는 것이 신앙이 아니다. 황제에게 주라고 부르지 않는다는 것 이외에는 우상의 재물 먹는 것도 괜찮다고 하고 음란한 일을 행하는 것도 구원과는 상관이 없는 일이라고 하면서 더러운 일을 부추이고 있지 않느냐? 그건 오래 전 발람이라는 악한 선지자가 모압 왕 발락에게 돈으로 꾀임을 당해 내 백성을 미혹케 한 것과 똑같은 거지. 니골라 당은 사탄의 하수인들이야! 그런데 그 놈들의 교훈을 복음이라고 하면서 받아들이고 있어? 내가 거룩하니 너희도 거룩하라고 한 말을 무시하고 구원의 복음으로 방종의 기회를 삼아? 그들이고 그걸 회개하지 않으면 내가 한 말로 그들을 심판할 것이니라."

『그러나 네게 두어 가지 책망할 것이 있나니 거기 네게 발람의 교훈을 지키는 자들이 있도다 발람이 발락을 가르쳐 이스라엘 앞에 올무를 놓아 우상의 제물을 먹게 하였고 또 행음하게 하였느니라 이와 같이 네게도 니골라 당의 교훈을 지키는 자들이 있도다 그러므로 회개하라 그리하지 아니하면 내가 네게 속히 임하여 내 입의 검으로 그들과 싸우리라』(:14-16)

발람 이야기는 민수기 22-24장에 기록되어 있습니다.
이스라엘 백성들을 가나안에 들어가지 못하게 하기 위해
모압 왕 발락이 발람 선지자에게 저주를 부탁한 내용입니다.
모압 왕의 부탁을 받은 발람 선지자는
처음엔 이스라엘 백성 저주하는 것을 거부하였습니다만
후에 돈과 명예를 준다고 하니깐 태도를 바꿨답니다.
하나님이 그리도 하지 말라고 했건만...
결국 저주는 못했습니다만 이스라엘 백성들 사이에 들어가서는
못된 짓을 했지요.
우상 섬기는 일을 조장하고 음란을 부추기는 일을 한 겁니다.
초대 교회에도 하나님의 백성들을 죄악으로 유혹하는 이들이 있었는데
일명 니골라 당이라고 하는 자들이었습니다.
이들의 주장을 쉽게 말하자면
구원은 영적인 것이기 때문에 육적인 것은 중요하지 않다는 겁니다.
오히려 거룩을 추구하고 살면 그건 율법주의라는 말을 하면서

그리스도를 닮아가는 삶을 사는 자들을 곤경에 빠뜨리곤 했답니다.
그러니 거룩을 추구하고 사는 사람들이 율법주의라는 말을 듣지 않으려고 죄 짓는 일에 용기를 내곤 한 겁니다.
구원은 행위와는 관계가 없다나요...
아주 신앙적인 것 같은데 사단의 괴수 노릇하는 망령된 복음(?)일 뿐입니다.
우린 분명 거룩을 추구합니다만 구원 얻기 위해 거룩을
추구하는 것이 아닙니다.
하나님의 은혜에 감동하여 하나님을 기쁘시게 하려는 것이
무엇인지를 생각하다가
주님처럼 깨끗하게 사는 것이 하나님을 기쁘시게 하는 것인 줄 알고
거룩을 추구하는 것이지요.
주님께서도 거룩하게 살라고 하셨지 구원받았기에
함부로 육신을 따라 살라고 하신 적이 없으신 겁니다.
지금도 발람과 니골라 당의 교훈을 따르는 사단의 잔재들이 있습니다.
저들은 구원을 강조합니다. 십자가를 강조합니다.
그러면서 이상한 논리를 폅니다.
율법적으로 살지 말라고.
속지 마십시오. 우리는 율법주의자가 아닙니다.
받은 은혜가 커서 율법이 말하는 것보다 더 깨끗하게 살아
하나님께 영광과 기쁨을 드리려고 몸부림을 치는 것 뿐입니다.

수많은 협박과 공갈, 학대와 핍박이
서머나 교회를 힘들게 했습니다.
그러나 그런 걸로 교회는 무너지지 않았답니다.

버가모 교회를 무너뜨리기 위해 사단은
죽음의 공포를 가지고 왔습니다만
그것으론 교회를 무너뜨리지 못했습니다.
그래서 쓴 방법이 내부 분열이었던 거지요.
복음에 대한 훼손이었습니다.

교회는 외부의 핍박이 강하면 강할수록 단단해진답니다.
그런데 엉뚱한 사상이 들어오면 그것으로 인해 분열되고 맙니다.
그러므로 우리는 교회에 괴팍한 복음이 들어오지 않도록
긴장하고 있어야 한답니다.
그러기 위해서는 의지만으로 되는 것이 아닙니다.
우리의 복음을 정확하게 '알아야' 합니다.
알고 있는 복음에 '확신을 가져야' 합니다.
확신하는 복음에' 체험이 있어야' 합니다.
주의 죽으심으로 인해 세워진 위대한 복음이
우리의 무지로 인해 손상되지 않도록
우린 깨어있어야 하는 겁니다!

우리의 게으름과 무지로 인해
교회 공동체가 와해될 수 있습니다만
그렇다고 복음이 변질되는 것은 아니랍니다.
우리에겐 복음을 지킬 사명이 있긴 하지만
사람이 변하고 세상이 변한다 하더라도
복음이신 예수께서 복음을 지키시는 거지요.

이 땅과 세상 역사 속에서는 복음이 희석될 수 있습니다.
그러나 주님 오시는 그날에는
복음이신 예수께서 심판의 시금석일 뿐입니다.
그래서 말씀하시는 겁니다.
"내 입의 검으로 그들과 싸우리라."(:16)
세상에서 바뀌지 않는 것이 진리입니다.
진리는 예수 그리스도뿐이랍니다!

"요한아, 버가모 교회는 물론 모든 교회들에게 말하거라. 안타까운 마음으로 권하는 나의 말을 들으라고 말이다. 복음, 하나님의 말씀, 그것이 성도를 살리는 하늘의 양식, 만나가 아니냐! 오직 복음만 붙잡아야 영혼의 양식인 만나를 먹고 힘을 얻어 살 수 있는 것이니라. 그리고 복음을 붙잡고 사는 사람만이 변하지 않는 생명책에 그 이름이 기록되는 행복을 누릴 것이야. 그 행복은 복음으로만 사는 사람만이 알 수 있는 행복이란다!"

『귀 있는 자는 성령이 교회들에게 하시는 말씀을 들을지어다 이기는 그에게는 내가 감추었던 만나를 주고 또 흰 돌을 줄 터인데 그 돌 위에 새 이름을 기록한 것이 있나니 받는 자밖에는 그 이름을 알 사람이 없느니라』(:17)

7 계시록 2:18-29

주님이 본 두아디라 교회

에베소 교회와 서머나 교회, 버가모 교회에 대한 심정을 말씀하신 후 주님께서는 두아디라 교회 이야기를 시작하셨습니다. 두아디라는 에베소 위쪽에 있는 그리스 내륙에 있는 도시였는데 염색업이 발달했지요. 좋다는 옷은 모두 그곳에서 나온다는 말도 들었던 기억이 났습니다. 게다가 옷을 만드는 사람이나 염색을 하는 사람들이 돈을 더 벌기 위해 조합을 만들어 경제적인 흐름을 좌지우지 하기도 했답니다.

요한은 오래 전에 바울 사도께서 이곳을 방문하여 복음을 전하다가 루디아라는 여인을 만나 거듭나게 한 사건을 기억했습니다. 두아디라 같은 곳에서 모직물을 거래하는 상인으로 산다는 것이 보통 사람으로서는 하기 어려운 일인데 루디아는 여인으로서 그런 일을 하고 있었으니 무척 강한 여인인 것만은 분명했을 거라는 생각이 들었답니다. 그런데 그런 여장부가 예수를 영접하여 자기는 물론 온 집안 식구가 세례를 받고 두아디라 지방에 교회를 세우는 것을 보면서 하나님의 은혜가 크다는 생각을 한 것이지요. 요한은 누가가 기록한 바울의 전도 행적을 읽었던 것을 생각했습니다.

『안식일에 우리가 기도처가 있는가 하여 문 밖 강가에 나가 거기 앉아서 모인 여자들에게 말하더니 두아디라성의 자주 장사로서 하나님을 공경하는 루디아라 하는 한 여자가 들었는데 주께서 그 마음을 열어 바울의 말을 청종하게 하신지라 저와 그 집이 다 세례를 받고 우리에게 청하여 가로되 만일 나를 주 믿는 자로 알거든 내 집에 들어와 유하라 하고 강권하여 있게 하니라』(행 16:13-15)

요한은 그 모습을 머리에 그리면서 가슴이 뭉클했답니다.

'루디아 여인과 그 가족이 두아디라에 교회를 세웠지. 그런 여장부같은 그녀도 예수를 영접하여 주님의 제자가 되고 영생을 얻었으니 이 얼마나 고귀한 일인가! 감사하이, 감사해. 한 영혼이 이리도 귀한 걸...'

두아디라와 루디아를 생각하고 있을 때에 주님의 음성이 다시 들리기 시작했습니다. 요한은 아차 싶어서 고개를 들고 주님의 말씀을 받아 적으려

했지요. 그런데 주님의 모습은 또 달랐습니다. 눈이 무섭게 빛나는 모습이었답니다. 불꽃같다고나 할까요. 게다가 살짝 보이는 주님의 발은 아주 잘 닦여 빛이 나는 주석같았습니다.

『두아디라 교회의 사자에게 편지하기를 그 눈이 불꽃같고 그 발이 빛난 주석과 같은 하나님의 아들이 가라사대 』(:18)

두아디라 교회에 나타난 예수 그리스도의 칭호는 「하나님의 아들」로 되어 있습니다.
이 「하나님의 아들」이라는 표현은 계시록중 오직 이곳에서만 나타난답니다.
여러 가지 추측이 있을 수 있겠습니다만
당시 황제를 신의 아들로 생각하는 것이 일반적이었는데
여기에서 예수를 하나님의 아들로 표현함으로써
신의 아들은 황제가 아니라
오직 죽음에서 부활하신 예수뿐이라는 걸 알라는 의미로
기록된 것이 아닌가 하는 생각입니다.

우리에게 신의 아들은 누군가요?
두아디라 사람들에겐 경제적인 풍성함,
혹은 돈이나 물질이 신의 아들이라고 생각한 것 같습니다.
우리에겐 사라질 것이 신의 아들이 아닙니다.
우리를 구원하기 위해 하늘의 영광을 다 버리고 오셔서
고난 받으시고 죽으신 주님,
죽음에서 부활하시어 하늘로 승천하여 하나님 우편에 계신 분,
그리고 이제 곧 다시 오실 예수 그리스도가

하나님의 아들이십니다.

요한의 머릿속에 갑자기 두아디라 사람들이 번뜩 떠올랐습니다.

'그래, 그들은 돈에 미친 사람들이야, 돈! 돈이 그들의 영혼을 쥐고 있고 그들이 우상을 섬기는 이유도 돈 때문이겠지. 조합원들이 모여 회합을 가질 때도 신전 앞에서 제사를 하지만 그게 다 돈 잘 벌게 해 달라는 주문이 아닌가! 두아디라 교회에 부자들이 많았을지 모르지만 그들이 깨끗한 돈으로 살고 있는 건지는 알 수가 없는 거야! 조합에 들어가지 않으면 장사를 할 수 없을 것이고 조합에 가입해서 경제 활동을 하자면 다른 사람들처럼 우상 앞에 절하는 행위를 해야 할 것인데...'

요한은 두아디라 교회의 성도들이 무척이나 걱정스러웠습니다. 요한은 계속해서 혼자 중얼거렸습니다.

'조합원들이 모여 회합을 한다고는 하나 그들의 모임은 우상 숭배 같은 퇴폐한 것들로 얼룩지지 않았겠는지... 게다가 그 조합의 우두머리를 섬기고 규칙을 따라야 하지 않는가! 걱정이로구먼. 돈 좋아하다 멸망당한 사람들이 한둘이 아닌데...'

두아디라는 로마의 통치 하에서 안정을 찾아 제조업과
상업의 중심지가 되었습니다.
특히 조합이 발달했지요.

두아디라에서 발견된 비문에는
양털 세공업자, 세마포 직조공, 겉옷 제조업자, 염색업자, 가죽 제품상인,
제혁 업자, 토기장이, 식빵 제조공, 노예 상인, 구리 세공업자 등이
새겨져 있었다고 합니다.
이들 조합은 종교와 연결이 되어 있어서
그곳에 살면서 경제활동을 하는 그리스도인들은 무척이나 힘들었을 겁니다.
두아디라를 지키는 수호신은 「티림노스」였답니다.

두아디라와 그 교회의 성도들을 생각하면서 걱정하고 있을 때 다시금 주님의 음성이 들려왔습니다.

"요한아, 계속 받아 적거라. 두아디라 교회에 대한 나의 마음을 쓰거라."

"예, 주님. 말씀하십시오. 잘 받아 적겠습니다."

"두아디라에 처음 복음이 들어갔을 때보다 지금의 교회 형편이 훨씬 좋아진 것은 분명하구나. 두아디라 교회는 내 일, 즉 복음을 위해 열심을 내었단다. 교회를 확장시키기 위해 열심을 내었어. 게다가 성도들끼리는 물론이고 많은 사람을 사랑한 것은 이미 알려진 일이지. 나를 믿는 믿음도 신실하고 나와 사람들을 섬기는 일도 열심이고 어려운 일이 있어도 잘 참고 견디는 교회로구나. 교회가 처음 시작할 때와는 비교도 안될 정도로 발전한 교회란다."

『내가 네 사업과 사랑과 믿음과 섬김과 인내를 아노니 네 나중 행위가 처음 것보다 많도다』(:19)

두아디라 교회는 많은 일을 하기에 물질적으로 넉넉했을 겁니다.
미리 말한 것처럼 두아디라 도시 자체가 경제활동으로 왕성했기 때문입니다.
교인들도 장사를 하거나 부자들의 가게에서
종업원으로 일을 했을 거니까요.
그러다보니 수입이 다른 지역보다는 많았을 것이고
교회도 덕을 보았을 것입니다.
그러니 교회가 하는 일이 많았겠지요.
게다가 이들의 주님 사업은 형식적인 것만은 아니었습니다.
주님에 대한 사랑은 물론이고 형제 사랑도 적극적이었다는 거지요.
주님에 대한 믿음은 물론 봉사활동에 대한 열심,
핍박 가운데서도 견디는 인내...
모든 분야에서 괜찮은 교회였던 겁니다.
오죽하면 교회가 처음 생겼을 때와 비교하면서
훨씬 나아진 것을 말하겠는지요.

교회가 커지면(?) 커진 만큼 책임도 커지는 거랍니다.
작은 교회가 하지 못하는 일을
큰 교회에서는 해낼 수 있고 해야 하는 거지요.
사람도 많고 물질도 풍성하기 때문입니다.
그러나 교회는 일이 중심이 되면 안 된답니다.
본질을 잃어버리기 쉽기 때문입니다.
그런데 두아디라 교회는 일도 많이 했지만
본질을 잃어버리지 않은 것으로 칭찬을 받고 있네요.
교회는 본질을 잃어버리면 안 됩니다.
주님에 대한 사랑, 영혼에 대한 사랑,

주님에 대한 믿음과 성도를 섬기는 일, 환난을 참고 이기는 일…

중요한 것들을 잃어버리면 안 되는 거지요.

우리 교회,

거듭나 구원받고 주님의 제자된 하나님의 백성이

많아지면 좋겠습니다.

경제적으로도 넉넉한 교회가 되면 좋겠습니다.

그러나 그 「큼」(?)을 감당하지 못한다면 오히려 이대로가 좋구요,

혹 그런 은혜를 주신다면 두아디라 교회처럼

교회의 본질에 손상을 입지 않고 일 잘하는

교회가 되길 바란답니다.

요한도 두아디라 교회에 대한 주님의 칭찬에 마음이 흐뭇했습니다. 그런데 다음에 들린 주님의 말씀은 요한의 마음을 무겁게 했답니다. 두아디라 교회 안에 교회를 흔드는 악한 세력이 있다는 말씀 때문이었지요. 주님은 그 악한 세력의 이름을 '이세벨'이라고 말씀하셨습니다.

"요한, 두아디라 교회가 열심은 있으나 진리가 아닌 것을 받아들이고 있구나. 악한 교리를 용납하면서 좋은 일(?)을 하고 있는 거야!"

요한은 주님의 음성을 계속 들었습니다.

"교회 가운데 자칭 여선지자라고 하는 이세벨을 받아들이고 그로 하여금 내 백성들을 가르치게 할 뿐 아니라 그녀의 가르침이라면 따져보지도 않고 순종한다는 거란다. 자칭 여선지자라고 하는 이세벨은 선지자도 아니고

오히려 악령을 받아 교회를 무너뜨리는 거짓 선지자인데 말이다. 교회 지도자가 이런 것을 허락하고 방관하고 있어!"

『그러나 네게 책망할 일이 있노라 자칭 선지자라 하는 여자 이세벨을 네가 용납함이니 그가 내 종들을 가르쳐 꾀어 행음하게 하고 우상의 제물을 먹게 하는도다』(:20)

이세벨은 두로(시돈) 왕 '엣바알'의 딸입니다. (왕상16:31)
엣바알은 바알 신의 제사장이지요. 즉 이세벨은 무당의 딸인 겁니다.
그런데 이스라엘의 못된 왕 오므리가 그녀를 며느리로 삼아
자신의 아들 아합과 살게 했습니다.
정략적인 결혼이었지요.
그런데 이세벨이 이스라엘 아합 왕에게 시집올 때
물질만 가지고 온 것이 아닙니다.
우상을 가지고 왔고, 바알과 아세라 선지자 850명을 데리고 왔답니다.
목적은 뻔한 겁니다.
이스라엘 사람들로 하여금
하나님을 섬기지 못하도록 하기 위한 계략이었지요.
아니나 다를까 이세벨은 자신의 힘을 키운 후
이스라엘 땅의 하나님의 사람들을 말살시키려는 계획을 폈답니다.
이세벨은 악한 여자이지요!

교회는 하나님의 백성들이 모인 곳입니다.
이들은 세상 방식을 버리고 하나님의 법을 따라 사는
사람들이랍니다.

그래서 교회를 「구분된 사람들의 모임」이라고 말하는 겁니다.

사탄은 이 구분된 사람들을 깨려고 하는 거지요.

복음을 깨려고 합니다.

그렇다고 우리의 복음을 정면으로 부정하면서

달려들지는 않습니다.

성경의 복음을 말하지만 어느 한 부분에서

약간 다르게 접근을 한답니다.

그럴듯하게 복음을 변질시킨답니다.

중요한 것을 중요하지 않게 여기도록 만듭니다.

예를 들면, 거듭남을 중요하지 않게 한답니다.

예수님 닮는 거룩함을 중요하지 않게 만든답니다.

하나님의 능력을 의지하지 않게 만들고

예수님 재림을 중요하게 여기지 않게 한답니다.

거듭남 대신 사회사업, 봉사, 사회 참여...

이런 것들을 중심되게 하지요.

구원은 율법과 상관이 없다고 하면서

거룩을 추구하는 사람을 율법주의자로 만든답니다.

인간의 능력을 강조하면서 의도적으로

하나님의 능력을 약화시킵니다.

재림 신앙은 무식한 자들이 갖는 무속 신앙인 것처럼,

혹은 이단이 주장하는 것으로 매도해 버리지요.

사단이 교회 속에 들어와 하는 일이랍니다.

그런 교회가 되면 안 됩니다!

일과 사업보다 중요한 건 본질입니다!

사단은 하나님의 백성들을 가르칩니다.
그런데 전혀 다른 복음을 가르치는 겁니다.
십자가 복음의 방향을 사회 정의 운동으로 돌립니다.
사회 구원이라는 묘한 말로 포장해서 말입니다.
예수를 구주와 주님으로 인정하지도 않는 세력과 연합하여
많은 하나님의 종들이 진리가 아닌 것을 따르도록 유혹하고
진리를 말하지 않게 하며
심지어는 그리스도 없는 기독교를 만든답니다.
사단은 하나님의 백성들을 꾀어 영적 행음을 하게 하지요.
'꾄다'는 말은 그럴듯한 방법으로 유인, 유혹한다는 뜻입니다.
'행음하게 한다'는 말은 세상과 섞이게 한다는 말이며
즉, 영적인 간음 혹은 음녀 교회가 되게 하고 음녀 교회에
속하게 하는 거지요.
'우상의 제물을 먹게 한다'는 말은
사단이 만든 세상의 흐름을 따르도록 한다는 말입니다.
즉 사단이 세상의 경제 질서를 위해 짐승의 표를 받도록 해도
신앙과는 상관없는 일이라고 생각하게 하여
편한 마음으로 짐승의 표를 받게 한다는 거지요.
이 세력이 「큰 바벨론을 이룬다」고 한 말은
교회를 음녀의 소굴로 만드는 일이 전 세계적으로
퍼지게 될 것이라는 말입니다.
이로 인하여 많은 영적 생명이 죽게 될 것이며
이런 일을 하는 사단으로 인해 하나님의 심판이 세상에 임하는 것이지요.

두아디라에는 조합이 많이 있었습니다.

두아디라 교회의 거짓 사도 여선지자 이세벨은
교인들을 조합에 연결시켰을 겁니다.
교인들은 처음 조합에 갔을 때에는 분명 망설였겠죠.
조합 모임은 우상에게 제사를 드리는 것으로
시작했을 거니까요.
그러나 이세벨은 그냥 구경만 하라고 했을 겁니다.
조합의 의식, 제사가 끝난 다음에
조합원들은 제사로 드린 음식을 먹었을 겁니다.
교인들은 망설였겠습니다만 이세벨은 바울의 말을
인용하면서(고전8:4,7,8)
음식이 죄가 아니라고 설득을 했겠죠.
생각이 깊지 않은 신자는 우상 앞에 절은 않했을지 모르지만
음식은 먹었을 가능성이 많습니다.
조합 모임은 점차 술과 여인의 등장으로
흥이 나기 시작했을 것이고
결국은 음란의 분위기로 치달았을 겁니다.
그리스도인은 양심에 꺼렸을 것이 분명합니다만
이세벨은 그것도 구원과는 상관없는 일이라고 하면서
음란에 자유함을 주었을 겁니다.
중요한 것은 세상 사람들을 교회로 인도하는 일이라고 했을 것이고
또한 이들과 어울려 돈을 많이 벌어야 교회에 헌금도 하고
주님의 일을 많이 할 것이라고 했을 겁니다.
이세벨의 말은 아주 그럴듯했습니다.

"요한아, 내가 그녀에게 많은 기회를 주었느니라. 잘못을 회개하라고 말이다. 그런데 그 일들을 회개하려고도 하지 않더구나!"

주님의 말씀에는 슬픔이 묻어 있었답니다.

『또 내가 그에게 회개할 기회를 주었으되 그 음행을 회개하고자 아니하는도다』(:21)

여기서 주님이 회개하라고 기회를 준 사람은
거짓 선지자 이세벨입니다.
『And I gave her time to repent; and she does not want to repent of her immorality.』(NASB)

주님께서는 죄를 짓고 있는 자에게 회개할 기회를 주신답니다.
회개할 기회도 주지 않고 심판하시거나 벌을 내리시지는 않지요.
솔로몬이 심판을 받기 전에도 하나님은 그에게 두세 번 나타나셔서
회개하기를 촉구하셨답니다.
그런데도 죄를 그치지 않고 회개하기를 거부한 것이지요.
본문의 이세벨도 그렇구요.
죄에 빠지는 것은 쉽지가 않습니다.
그러나 한번 빠지고 나면
그 맛이 기가 막히기에 다시 나오고 싶지 않게 됩니다.
불안하고 두렵기도 합니다만
그래도 그 맛이 더 달콤하기 때문이고 죄는

생명력이 있기 때문입니다.

마약, 사기, 음란, 폭력, 도박, 음모... 모든 죄는 마찬가지랍니다.

그러나 그때,

회개하라고 하는 주님의 메시지를 외면하면 안 됩니다.

돌아서서 죄를 그쳐야 합니다.

은혜의 기회는 계속 있는 것이 아니기 때문입니다.

이세벨,

기회가 주어졌었습니다만

죄를 그치는 걸 스스로가 원치 않았답니다.

우리는 어떤가요?

"요한아, 죄를 짓고 죄로 유혹하고 또 죄를 따라 연합한 자들, 그리고 회개할 기회를 주었음에도 불구하고 회개하지 않는 자들에게 고통이 있을 것이야! 환난 가운데 던져질 것이지. 그의 자녀들까지도 죽음에 이르게 되지. 그러한 심판을 받은 후에야 내가 사람의 마음과 뜻을 살피는 자인 줄 모든 교회가 다시금 인정하게 될 것이니라. 나는 사람의 행위대로 갚는 자인 줄 알게 될 거야!"

『볼지어다 내가 그를 침상에 던질 터이요 또 그로 더불어 간음하는 자들도 만일 그의 행위를 회개치 아니하면 큰 환난 가운데 던지고 또 내가 사망으로 그의 자녀들을 죽이리니 모든 교회는 나는 사람의 뜻과 마음을 살피는 자인 줄 알리라 내가 너희 각 사람의 행위대로 갚아 주리라』(:22-23)

「침상에 던진다」는 말은 잠자리에 던진다는 말이 아닙니다.
고통이나 환난을 말하는 겁니다. 구체적으로는 질병을 말하지요.
교회의 진리를 무너뜨린 거짓 선지자나 선생은 물론이고
그를 추종했던 자들까지도 심판을 면하지 못할 것이라는 말입니다.
그의 「자녀를 죽인다」는 말의 의미도 이세벨의 자녀를
말하는 것이 아니라
그녀를 추종하는 사람들을 말하는 겁니다.
그러나 본문을 가만히 살펴보면
아직까지 회개할 시간이 남아 있음을 보여주고 있답니다

사람의 뜻과 마음을 살피시는 주님, 행위대로 갚으시는 주님…
예레미야 선지자가 말했었습니다.
『하나님은 심장을 살피며 폐부를 시험하고
사람의 행위와 행실대로 보응하시는 분』이라고
말입니다.(렘 17:10)
겉으로 보이는 행위도 물론 조심해야 합니다.
그러나 겉은 깨끗한 것 같은데 속은 그렇지 않다면 위선이지요.
사람과 하나님은 보는 것이 전혀 다르답니다.
사람은 겉모습만 보지만 하나님은 속까지도 보시는 분이시지요.
그러므로 겉은 물론 속도 깨끗하도록 힘써야 하는 거랍니다.
최선을 다하세요.
그래도 잘 되지 않기에 무릎으로 성령님을 의지해야 하는 거랍니다.

"요한아, 이세벨과 그의 추종자들이 끊임없이 성도들을 유혹하는 데도 그들을 따르지 않는 신실한 사람들이 있구나. 그들에게 환난이 있을 거라는 것을 말하는 게 아니란다. 단지 그들로 하여금 이세벨의 교훈을 끝까지 따르지 말기를 바란다고 하거라. 물론 그렇게 지낼 때 고립이 되고 무시를 당하므로 힘들겠지만 그래도 내가 곧 임할 것이니 그때까지 신앙의 절개를 지키라고 하거라. 그러면, 내가 다시 그들에게 갈 때 그들로 하여금 왕노릇하게 할 것이야! 만국을 다스리는 권세를 줄 것이란 말이다! 내가 아버지께 받은 세상을 심판할 권세를 그들에게 줄 것이야. 그뿐 아니라 새벽별을 줄 것이지. 그러니 두아디라의 신실한 성도들로 하여금 끝까지 믿음을 잘 지키도록 권면하거라. 나의 이 말이 무슨 말인지를 귀 있는 자들은 알아들을 거야!"

『두아디라에 남아 있어 이 교훈을 받지 아니하고 소위 사단의 깊은 것을 알지 못하는 너희에게 말하노니 다른 짐으로 너희에게 지울 것이 없노라 다만 너희에게 있는 것을 내가 올 때까지 굳게 잡으라 이기는 자와 끝까지 내 일을 지키는 그에게 만국을 다스리는 권세를 주리니 그가 철장을 가지고 저희를 다스려 질그릇 깨뜨리는 것과 같이 하리라 나도 내 아버지께 받은 것이 그리하니라 내가 그에게 새벽 별을 주리라 귀 있는 자는 성령이 교회들에게 하시는 말씀을 들을지어다』(:24-29)

『사단의 깊은 것을 알지 못하는 너희』는 누구를 말하는 걸까요?
이세벨의 가르침에 관심을 두지 않은 자들을 말하는 것입니다.
이세벨은 스스로 사도라고 하면서 나타난 선생이었습니다.
그러면서 가르치는 일을 한 것이지요.
그런데 그녀의 가르침에 마음을 두지 않은 사람들이 있었던 거지요.

이세벨의 가르침이 엉터리임을 알기에
그녀의 가르침을 멀리했을 수도 있고
검증되지 않은 사람이 갑자기 스스로 선지자라고 하면서
나타난 것이 이상해서
그녀를 따르지 않았을 수도 있습니다.
어떤 경우에는 자신의 생활이 바쁘기에
그녀를 추종할 수 없었을 수도 있구요.
어떤 이유로든지 간에
이세벨의 가르침에 빠져들지 않은 사람들을 말하는 거랍니다.

사람들은 교회의 지도자가 가르치는 성경을 배우기보다는
출처도 분명하지 않는 도깨비같은 사람(?)에게
더 관심을 두는 경우가 많습니다.
어디에서 왔는지도 모르고 어떤 신학과
어떤 생각을 가졌는지도 모르면서
친절하면, 영적인 용어를 쓰면 하나님의 특별한 사람인 줄 알고,
그 사람에겐 뭔가가 남다른 신비한 것이 있는 줄 알고
달려든답니다.
이상한 사람(?)은 대개 목회자는 영력이 없다는 말로 시작을 합니다.
자신은 성경에 대한 특별한 은혜를 발견하고 깨달았다고 합니다.
이 시대의 교계를 무척이나 걱정합니다.
그런데 그런 사람들의 대부분은 이단이거나 가짜랍니다.
자칭 은사받은 사람이거나 전도자랍니다.
미혹하는 사람이지요.

미혹받으면 안 됩니다.

미혹받지 않으려면,
본인이 출석하는 교회의 담임 목사님을 철저하게 신뢰해야 합니다.
담임 목사는 내가 판단할 존재가 아니라
하나님이 나를 위해 보내준 목자이기 때문입니다.
(담임 목사를 신뢰했다가 잘못되면
그 책임에 대해서는 주님께서 당신의 담임 목회자에게
물으실 겁니다.)
담임 목회자가 잘못 가르치는 것이 분명하다 생각되면
자신의 견해를 한두 번 '지혜롭게' 말하는 겁니다.
그러나 계속해서 담임 목회자가 성경과는
확연히 다른 것을 가르치거나
성경 해석이 전통과 다르다면
망설이지 말고 교회를 떠나 바른 교회로 가십시오.
(교회에 남아 분란을 일으키는 건 주님이 원하시는 것이 아닙니다.)
잘못 가르치는 목회자는 주님이 알아서 하실 것이기 때문입니다.
그러나 중요한 건 내 기준에 맞지 않는다 하여
당신의 생각과 다른 담임 목회자의 가르침을 잘못된 것이라고 하면
그건 교만의 병이 든 겁니다.
그러므로 목회자의 가르침이 잘못되었는지 아닌지를 분별하려면
겸손과 지식이 겸비되어 있어야 하는 거지요.
중요한 건 검증받은 목회자보다
자칭 성경을 많이 아는 이상한(?) 사람을 더 추종한다면

그건 대부분 이세벨을 따르고 있는 것입니다.

그 책임은 본인이 져야 하는 거지요.

믿음을 지키는 자에게 두 가지 축복이 약속되어 있습니다.
'만국을 다스리는 권세'와 '새벽 별'을 주시겠다는 말입니다.
'만국을 다스리는 권세'는 주님과 같이 왕 노릇할 것이라는 것으로
이해가 됩니다.
자신을 따르지 않는다고 미워하고 괴롭혔던 이세벨과 그 추종자들을
그 권세를 가지고 심판할 것이라는 말이랍니다.
'새벽 별'이라는 말은 쉽지가 않습니다.
재림하실 예수님을 말하는 것인 것 같기도 합니다만 분명하지 않답니다.
22장 16절에 예수께서 당신을 새벽 별이라고 묘사하셨기에
그렇게 생각할 뿐입니다.

믿음을 굳게 잡으세요!

유혹이 있다 하더라도 넘어가면 안 됩니다.

거짓 복음에 빠지지 말라는 거지요.

거듭남을 무시하는 복음,

훗날 거듭남이 뭔지도 모르는 교회가 된답니다.

거룩함과 주님의 능력을 무시하는 복음,

훗날 교회 속에서 죄라는 단어를 잊게 만들고

하나님의 능력이 아닌 사람의 능력을 의지하는 단체가

되게 한답니다.

주님의 다시 오심에 대해 말하는 걸 이상하게 여기는 태도들,

훗날 교회 공동체의 꿈을 사라지게 하는 거랍니다.
믿음의 본질을 굳게 잡으세요.
사람들에게 따돌림당하고 무시당해
외톨이나 고리타분한 사람으로 취급받더라도
곧 오실 주님께서 우릴 알고 계심을 신뢰하고
그분이 오신 후엔 그분과 같은 권세를 누릴 것을
거룩한 소망으로 붙잡고 있어야지요.

두아디라 교회는 계시록의 일곱 교회 메시지 가운데 가장 긴
메시지를 받았답니다.
그럼에도 불구하고 베일에 가려진 교회지요.
물질만능의 중심지에 세워진 교회가 얼마나 힘든 신앙생활을 하는지를
주님께선 알고 계셨던 겁니다.
두아디라의 동전에는 「사단의 깊음」이라는 주문이 새겨져 있는 걸 보면
사단을 통해서라도 물질의 풍성함을 누려야겠다는
사람들의 마음이 보입니다.
돈은 정말 신중하게 다루어야 한답니다.
물질, 아주 위험한 거랍니다.

❽ 계시록 3:1–6
주님이 본 사데 교회

"요한, 사데 교회에 대하여 들어 보았느냐?"

요한은 주님께서 사데 교회에 대하여 말씀하시려는 것을 알 수 있었습니다.

"예, 주님. 사데는 한 때(B.C. 6세기) 가장 강한 도시 가운데 하나였다고 들었습니다. 에베소 동쪽 50마일 되는 곳에 자리한 수직의 암벽으로 쌓인 아주 천연적인 요새의 도시죠. 그 천연적인 조건으로 인해 강하다는 평을 받았던 것으로 알고 있습니다. 큰 신전이 오랫동안 자리 잡고 있다는 말도 들었구요. 그 신전의 신은 「시빌리」라고 불렸지요. 수백 년 동안 페르시아를 비롯한 이 나라 저 나라의 식민지로 어렵게 지내다가 지금은 로마에게 속해 있지요.

제가 어렸을 땐(A.D. 17년) 그곳에 큰 지진이 나서 고생이 많았다는 말도 들었습니다. 물론 티베라우스 황제가 큰 돈(1,000만 세스터세스/ 약 100만 달러)을 주기도 하고 세금을 5년 간이나 면제해 주면서 도시를 복구하게 했지만 말입니다. 황제의 은혜가 고마워 자기 도시를 황제 숭배 본거지로 하려했지만 그 특권을 서머나에게 빼앗겨 안타까워했다는 말도 들었습니다."

요한은 자신이 알고 있는 사데 지방을 생각하면서 주님과 이야기하고 있었답니다.

"주님, 사데 지방은 금이 많기로 소문나 있습니다. 양모 산업도 발전되어 있구요. 사데는 자연 조건으로도 천연적인 보호를 받는 곳이고 상업이 발달해서 돈도 많고 일거리도 많은 곳이라는 생각이 드네요. 그곳 사람들은 동전에 활짝 펼쳐진 두루마리를 그려 놓았지요. 그런데 주님, 무슨 말씀을 하시려는지요?"

요한은 사데 지방을 생각하다가 주님께서 그곳에 있는 교회에 대하여 하시려는 말씀을 들으려 했답니다. 그런데 사데 교회를 말하려는 주님의 모습은 에베소 교회를 말씀하실 때와 비슷한 모습이었답니다. 일곱 별을 붙잡고 계신 모습이었지요. 그리고 요한이 보기에는 일곱 영을 붙잡고 계신 것 같기도 했답니다.

"요한아, 사데 교회는 말이다 사람들에게 괜찮은 교회요 살아 있는 교회라고 말을 듣는다만 실상은 죽은 교회라는 걸 아느냐? 죽은 교회란다!"

『사데 교회의 사자에게 편지하기를 하나님의 일곱 영과 일곱 별을 가진 이가 가라사대 내가 네 행위를 아노니 네가 살았다 하는 이름은 가졌으나 죽은 자로다』(:1)

요한은 깜짝 놀랐습니다. 사데 교회는 교회 활동이 풍성하고 열심히 있어 주변의 그리스도인들에게도 칭찬만 듣곤 했는데 주님은 단호하게도 죽은 교회라고 말씀하고 있기 때문이었지요.

'하나님의 일곱 영'(the seven spirits of God)
교회는 영적인 모임입니다.
하나님의 영이 거하는 곳이지요.
사람의 모임이 아니라 영에 속한 사람의 모임을
교회라고 하는 겁니다.
그래서 살아 있는 교회는
하나님의 영으로 충만합니다.
하나님의 영이 있는 교회를 생명체라고 말하는 것이지
하나님의 영이 없이 사람만 많이 모인 것을
생명체라고 하지 않는 거지요.
우리 교회와 당신의 마음 속엔 하나님의 영이 충만하신지요?

뜨거운 기도 모임이 있기에

살아 있는 교회라는 말을 들을 수 있습니다.
성경을 열심히 배워 많이 알고 있기에
살아 있는 교회라는 말을 들을 수 있습니다.
많은 사람이 모이기에
많은 행사가 있어 바쁘게 움직이기에
건물이 확장되고 임직자가 세워지기에
살아 있는 교회라고 보여질 수도 있습니다.
어쩌면 이적이 일어나기에
살아 있는 교회라는 말을 들을 수도 있답니다.
그러나 주님이 보시기에 죽은 교회라면...?
기도만 하고 말씀따라 살지 않으면 죽은 교회입니다.
배우기만 하고 행하지 않으면 죽은 교회입니다.
열심히 일을 하는데 주님을 사랑하는 마음이 없다면 죽은 교회지요.
건물도 일꾼도 세우는데 심령의 건물이 세워지지 않으면
죽은 교회입니다.
이적이 일어나는데도 주님 사랑하는 마음이 없다면
죽은 교회일 뿐입니다.

살아 있다는 것은 표면적인 것과는 상관이 없습니다.
아무리 살아 있는 것과 유사하게 만들었다 하더라도
그것이 생명이 될 수 없는 겁니다.
초라해도 괜찮습니다.
예수 그리스도의 십자가로 거듭난 생명체이여야만 합니다.
사람들에게는 살아 있는 교회라는 소리를 듣고

주님에겐 '죽은 자로다'라는 소리를 듣는 것보다는
사람들에겐 죽은 교회라는 소리를 들을지언정
주님에겐 생명을 가진 교회라는 소리를 들어야지요!

죽은 건, 깨끗하고 단정할 수도 있습니다만
늘 그냥 그렇게 있을 뿐입니다.
산 건, 지저분하고 단정하지도 않을 수가 있습니다만
항상 변한답니다.
죽은 것에는 공격자가 없습니다. 산 것에는
항상 공격하는 자와 적이 있답니다.
죽은 것은 차갑고 조용합니다. 산 것은 따뜻하고 시끄럽지요.
죽은 것에는 열매가 없지만 산 것에는 열매가 있답니다.

"요한, 사데 교회 지도자들과 성도에게 편지하거라. 정신 차리지 않으면 사데 교회는 사단에게 잡혀 모두 망하고 죽게 될 것임을. 그건 다른 것이 아니야. 아무런 문제가 없는 것 같은데 온전한 것은 하나도 없다는 말이다. 정신 차려야 해!"

『너는 일깨워 그 남은바 죽게 된 것을 굳게 하라 내 하나님 앞에 네 행위의 온전한 것을 찾지 못하였노니』(:2)

요한은 주께서 하시는 말씀을 이해할 수 있었습니다. 사데 지방은 천연적 조건으로 안전 문제에 있어서는 결코 공격받을 수 없다는 믿음을 가지고 있었던 겁니다. 그 위치가 산꼭대기였고 외세가 공격하려면 절벽을 올라와야 했기 때문이었죠. 그런데 이 천연의 도시가 오히려 두 번이나 함락을 당했답니다.

'그래. 사데는 주께서 오시기 549년 전에 페르시아의 고레스 왕에게 정복을 당했었지. 자신들의 자연적 입지만 믿고 경계를 소홀히 하더니 당한 것 아니었던가. 게다가 주전 216년 안티우쿠스 대왕의 신하 15명에게 당한 적도 있고... 스스로 안전하다고 믿었던 사데가 경계를 소홀히 하다가 정복당했던 역사를 갖고 있지 않은가! 사데가 정복당할지 누가 알았겠어. 모두 부러워했던 지역이었는데...'

사데의 역사를 생각해보니 주님이 왜 그리도 그곳의 교회를 책망하시는지를 알 것 같았습니다.

'그래. 사데 교회 사람들은 겉에서 보기에는 괜찮은 것 같은데 영적으로는 병들어도 아주 깊이 병들어 있는 것이구먼. 밖에서는 문제가 없는 것 같지만 성도들은 기쁨도, 받은 은혜에 대한 감동도 없이 그저 모임에만 들락날락하는 것이 아니겠는지. 그래, 그 교회는 병들어 죽어가고 있는 거야!'

> 병들어 죽어가고 있는 사람,
> 화장을 예쁘게 할 수 있습니다.

아름다운 옷을 걸칠 수도 있고 멋진 모자를 쓰고 있을 수도 있지요.

그런데 병들어 죽어가는 사람은 모든 것이 귀찮은 겁니다.

기쁨도 없고 감동도 없습니다.

슬픔도 없고 의미도 없습니다.

단지 다른 사람에게 보이기 위한 치장뿐입니다.

속 모르는 사람은 그 사람의 겉모습을 보며 부러워하기도 한답니다.

의사만 죽어 간다고 말할 뿐이고

죽어가고 있는 자신만이 조금 느낄 뿐입니다.

병든 신앙생활,

겉모습은 괜찮게 보일 수 있습니다.

그래서 다른 사람이 부러워하기도 하지요.

좋은 건물, 많은 돈, 괜찮은 직분, 점잖은 차림...

그런데 스스로는 알고 있습니다.

이렇게 하는 것이 신앙생활이 아닌데 하면서 말입니다.

감동도 감격도 없습니다.

짜증스러운 겁니다.

어쩔 수 없이 끌려 교회 출석하는 것일 뿐입니다.

남들 앞에서 기쁜 척 할 뿐이고 은혜받는 척 할 뿐입니다.

그런데 스스로는 허탈한 겁니다.

주님은 그 사람을 죽어가는 사람이라고 정확하게 진단하십니다.

"요한아, 사데 교회를 일깨워야 하느니라. 그들로 하여금 어떻게 교회가 세워졌는지를 생각하게 하고 무엇을 듣고 무엇을 받았었는지를 생각해서 처음 신앙으로 돌아가도록 하거라. 본질로 돌아가도록 하란 말이다. 그것이 회개하는 것이야. 습관적인 신앙생활을 버리도록 해야 하는 것이지. 그렇게 나태해 있고 게으르다가 내가 갑자기 이를 때에 나를 배반하고 죽게 된단다."

죽어가는 사람을 일깨우세요!
우리의 사명입니다.
병든 영혼을 깨워 건강한 영혼이 되게 하라는 명령이랍니다.
말씀을 먹여야 합니다.
받은 은혜를 나눠야 합니다.
기도해 줘야 하는 겁니다.
말씀에 순종하도록 권면해야 하는 겁니다.
우리가 누리고 있는 생명의 활력을 말하세요.
거듭나고 은혜받은 경험이 있는 사람이라면
그 생명의 말에 마음을 열고 치유를 받을 것입니다.

『그러므로 네가 어떻게 받았으며 어떻게 들었는지 생각하고 지키어 회개하라 만일 일깨지 아니하면 내가 도적같이 이르리니 어느 시에 네게 임할는지 네가 알지 못하리라』(:3)

우리가 생명을 소유할 수 있었던 것은 전적인
하나님의 은혜였답니다.
그 은혜를 늘 생각해야 합니다.
우리는 하나님의 말씀을 듣고 힘을 얻어 건강하게 된 겁니다.

그렇기에 지금도 말씀으로 돌아가야 합니다.
말씀을 멀리하면 병드는 거랍니다.
힘들어도 주예수의 십자가를 생각하며 첫 은혜를 되새기세요.
고통스러워도 하나님의 말씀으로 다시 돌아오세요.
그것이 회개입니다.
그래야만 회복되는 거랍니다!

말씀에 붙잡혀 있는 사람은 다시 오시는
주님의 소리를 듣는 답니다.
그런 사람에겐 주님의 오심이 절대로 도적같이
임하는 것이 아니지요.
주님의 소리를 듣고 있는 사람은 주님 맞을 준비를 하고 있거든요.
게다가 주님 말씀에 푹 빠져 있는 사람은
성령의 세미한 음성이 있기에
마음 속에서 기다림의 즐거움을 누리지요.
우린 주님이 보내신 사랑의 편지를 읽으며
그분의 오심을 기다리는 사람들,
언제 오시든지 준비하고 있는 사람들이랍니다.

"요한아, 사데 교회의 많은 사람이 정신 차리지 못하고 죽은 자처럼 지내고 있다마는 그 중에 아주 건강한 몇 명의 성도가 있단다. 옷을 더럽히지 않은 사람들이라고나 할까? 아주 귀한 자들이란다. 그들은 나와 함께 다닐 것인데 내 마음에 꼭 드는 자들이로구나."

『그러나 사데에 그 옷을 더럽히지 아니한 자 몇 명이 네게 있어 흰옷을 입고 나와 함께 다니리니 그들은 합당한 자인 연고라 이기는 자는 이와 같이 흰옷을 입을 것이요 내가 그 이름을 생명책에서 반드시 흐리지 아니하고 그 이름을 내 아버지 앞과 그 천사들 앞에서 시인하리라 귀 있는 자는 성령이 교회들에게 하시는 말씀을 들을지어다』(:4-6)

물에 빠진 것이 문제가 아닙니다.
오리는 물에 젖지 않는 거랍니다.
사데 교회가 병든 것이 문제가 아닙니다.
그 가운데서도 병균에 오염되지 않으면 되는 겁니다.
깨어 있어야지요. 정신 차리고 있어야 하는 겁니다.
말씀에 집중하고 자신을 쳐 복종시키고
악한 것은 모양이라도 버리며 주님을 바라보는 거랍니다.
사데 교회에 주님을 기쁘시게 하는
건강하고 생명력 넘치는 성도가 있었다면
우리 교회 성도들은 이 세상에서 주님의 마음에 미소를 드리는
'남은 성도'가 되어야겠지요.

주님이 기뻐하시는 남은 성도,
주님과 같은 정결한 옷을 입고 다닐 것이랍니다.
생명책에서 빛나는 이름일 거랍니다.
주께서 하나님 앞에서 자랑스럽게 호명할 이름이랍니다.
천사들 앞에서 자랑할 이름이랍니다.

❾ 계시록 3:7–13
주님이 본 빌라델비아 교회

"요한아, 빌라델비아 교회에 전할 말이다."

사데 교회에 관한 말씀을 받아 적고 있던 요한은 사뭇 놀랬습니다. 사데 교회를 말씀 하시던 분위기와는 아주 다른 분위기의 주님 목소리였기 때문입니다. 사데 교회에 대해서는 무거운 목소리셨는데 빌라델비아 교회를 말씀하실 때는 행복해 하시는 것 같았습니다.

"요한, 나는 거룩하고 진실하고 다윗의 열쇠를 가지고 있도다. 내가 닫으면 열 수도 없고 열면 누구도 닫을 수 없는 걸 알지? 내가 하는 말을 빌라델비아 교회에 편지하거라."

『빌라델비아 교회 사자에게 편지하기를 거룩하고 진실하사 다윗의 열쇠를 가지신 이 곧 열면 닫을 사람이 없고 닫으면 열 사람이 없는 그 이가 가라사대』(:7)

요한은 주님의 말씀을 들으며 빌라델비아 교회와 그 지역을 생각했습니다.

'빌라델비아, 그곳은 상업이 발달한 것은 물론이고 포도 재배로 유명한 곳이 아닌가? 날씨도 좋고 농사도 잘 되어 살기 좋은 곳이지. 지진이 가끔 있어서 걱정들을 하긴 하지만... 그래, 주님이 이 땅에 계실 때 그곳에 큰 지진이 한 번 있었었지.'

정말 그랬습니다. 주후 17년에 빌라델비아에 큰 지진이 있었거든요.

'빌라델비아는 아름다운 곳이야. 지리적으로도 그렇지만 그 이름 또한 얼마나 아름다운가! 「형제 사랑」이라... 그곳에 있는 성도들도 그 이름답게 서로 사랑하면서 지내야할 텐데...'

요한의 묵상이었습니다.

거룩하고 진실하신 분, 우리 예수님.
우린 그 예수님을 구주로 영접한 것은 물론이고
그분의 성품을 닮아가는 사람들이랍니다.
이 땅에서는 우리의 노력과 의지로 거룩하고
진실하려고 최선을 다하지만

하늘나라에 가서는 그분의 모습과 같이 변형되어
하나님의 자녀로 살아 갈 것이지요.
이 죄악의 세상, 거룩하고 진실하기 어려운 세상에서
예수처럼 살아
세상 사람들로 하여금 우리의 하나님께 영광을 돌리도록 해야지요.

다윗의 열쇠를 가지신 분,
천국의 들어감을 허락하시는 분이라는 말이랍니다.
주님이 허락하시면 들어가지만
주님이 허락하지 않으신다면 누구도 못 들어가는 곳이 천국이지요.
우리의 행실때문이 아니랍니다.
손에 못자국난 주님, 날 위해 십자가에서 죽으신 주님을 신뢰하는
믿음의 사람만이
주님 마음을 움직여 천국 문을 열게 한답니다.

"요한아, 내가 본 빌라델비아 지방의 교회 모습을 말하마. 그들은 아주 적은 숫자의 모임이지. 아마 근방의 모든 교회들도 빌라델비아 교회에 대하여는 주목하지 않는단다. 사람이 적은 것은 물론이고 교회의 모든 면에 있어서 교회다운 구성이 되어 있는 것 같지 않은 교회란다. 그런데 사람보기에는 그렇게 초라하다 하더라도 그들은 내 말을 지키는 자들이야! 핍박을 받음에도 불구하고 내 이름을 배반하지 않는 사람들이 빌라델비아 교회 사람들이야. 그러니 내가 사랑스런 그들 앞에 문을 활짝 열어 놓은 거란다. 그들을 통해

놀라운 복음 전파가 이루어지는 거란다."

『볼지어다 내가 네 앞에 열린 문을 두었으되 닫을 사람이 없으리라 내가 네 행위를 아노니 네가 적은 능력을 가지고도 내 말을 지키며 내 이름을 배반치 아니하였도다』(:8)

요한은 주님께서 빌라델비아 교회를 말씀하시면서 무척이나 기뻐하시는 걸 알 수가 있었습니다. 얼마 전에는 서머나 교회를 그리도 칭찬하시더니 이번에는 빌라델비아 교회를 칭찬하시는 겁니다.

빌라델비아 교회는 본질에 집중한 교회랍니다.
큰 것, 유명한 것, 인정받는 것...

약간 생각해야 할 내용입니다.

번역본 가운데 ASV(American Standard Version)이 있는데
그 번역에서는 「볼지어다 내가 네 앞에 열린 문을 두었으되 닫을 사람이 없으리라」라는 말을 삽입 구절로 번역해 놓았답니다. (물론 UBS 헬라어 성경도 그렇구요.) 그러다 보니 7절에 이어서 바로 「내가 네 행위를 아노니...」가 나옵니다. 그렇게 보면 다음과 같이 해석이 됩니다.

「내가 네 행위를 아노니 네가 적은 능력을 가지고도 내 말을 지키며 내 이름을 배반치 아니하였기에 닫을 수 없는 열린 문을 네 앞에 두었노라」라고.

그런 것에는 관심이 없었습니다.
주님의 사건과 주님의 말씀에 관심을 둔 교회였답니다.
어떤 핍박이 있어도 우직하게 주님만을 바라보면서
신앙생활을 한 거지요.
우리의 마음이 한 곳에 가 있어야 합니다.
신앙의 본질입니다.
중요하지 않은 것을 중요하게 생각하지 마세요.
주님은 우리의 마음이 본질에 집중하길 바라신답니다.

빌라델비아 교회 앞에 둔 열린 문이란 어떤 것일까요?
구원의 문이라는 해석도 있습니다.
천국의 문이라는 해석도 있고 휴거의 문이라고 해석하는 말도 있습니다.
그러나 일반적인 해석은 선교의 문이라는 겁니다.
그렇게 해석하는 이유는 빌라델비아 교회의 신앙이
주님이 세상에 전파되기 원하시는 본질적인 내용들이기 때문입니다.
주님은 교회 다니는 사람이 많아지길 바라는 것이 아니라
거듭나 주님을 사랑하고 닮아가는 사람을 원하시거든요.
그것을 선교라고 하는 거랍니다!

"요한아, 빌라델비아 교회에 일어날 일들을 적거라. 빌라델비아 지방에는 유대인들이 회당을 만들어 놓고 자기들이 하나님의 백성이라고 말한다만 그들이 참 하나님의 백성인 빌라델비아 교회 성도들을 얼마나 괴롭히고 있느냐. 자칭 유대인이라고 하는 사람들은 육신의 피를 아브라함에게서 받았는지 모르지만 하나님의 백성이 아니다! 거짓말쟁이들이야! 하나님의 백성을 무너

뜨리려고 하는 악한 사람들이지. 그런데 교회를 무너뜨리려고 하는 육신적 유대인들 가운데 몇몇이 돌아와서 빌라델비아 성도들 앞에 무릎을 꿇는 일이 있을 거야. 나를 믿는 자들이 참 하나님의 백성이라는 것을 깨닫고 내가 나를 사랑하는 빌라델비아 교회를 얼마나 사랑하는 지 저들이 발견하게 될 것이란다!"

유대인...

바울은 "표면적 유대인이 유대인이 아니요... 오직 이면적 유대인이 유대인이며 할례는 마음에 할지니"라고 말했습니다(롬 2:28-29). 그렇기에 이제는 그리스도의 교회가 '하나님의 이스라엘'(갈 6:16)인 것이지요. 그 까닭은 유대 국민이 하나님을 불신하고, 그리스도를 거부함으로 인하여 그 특권을 박탈당하였기 때문입니다. 그리스도를 거부하는 유대인은 「사단의 회」일 뿐인 거지요. 이는 예수께서 유대인들에게 하신 말씀이었습니다. 『너희는 너희 아비 마귀에게서 났으니...』(요8:44)하신 겁니다.

계시록 12장 10절에서는 유대인을 향해 『우리 형제들을 참소하던 자』라고 직격탄을 날리고 있답니다. 유대인들, 우리의 경전인 구약을 같이 사용한다 하여 친근하게 여기면 안 됩니다. 저들은 구약을 읽으면서도 하나님의 아들 예수 그리스도를 십자가에 죽인 자들이고 오늘날도 하나님의 아들을 믿는 그리스도인들을 죽이려는 사람들입니다. 유대인을 조심해야 합니다.

『몇을 네게 주어 저희로 네 발 앞에 절하게 하고...』

이같은 자칭 유대인 중에서 몇 명을 진리로 돌이키게 하므로 그들로 빌라델비아 교회 앞에서 신앙을 고백하게 하시겠다고 하시는 것이지요.

『보라 사단의 회 곧 자칭 유대인이라 하나 그렇지 않고 거짓말 하는 자들 중에서 몇을 네게 주어 저희로 와서 네 발 앞에 절하게 하고 내가 너를 사랑하는 줄을 알게 하리라』(:9)

"빌라델비아 교회는 신실한 믿음의 사람들이니라. 이젠 다가오는 어려운 때를 면하게 해야겠지. 앞으로 큰 시험의 때가 올 것인데 그들에겐 피할 길을 주겠다고 편지하거라. 저들에게 얼마나 위로가 되겠는고."

『네가 나의 인내의 말씀을 지켰은즉 내가 또한 너를 지키어 시험의 때를 면하게 하리니 이는 장차 온 세상에 임하여 땅에 거하는 자들을 시험할 때라』(:10)

주님 재림 직전에 세상에는 큰 환난이 있을 것입니다.
그렇다면 본문은 그 환난을 피하게 하겠다는 말인지요?
환난 전에 휴거하게 하시겠다는 말로 해석하는 경우도 있습니다만
성경의 전체를 볼 때 환난 전 휴거를 약속하는 것이 아니라
환난 때에 피난처가 되시고 보호자가 되시겠다는 말인 것 같습니다.
계시록 전반에 걸쳐 그것을 증명한답니다.
나중에 구체적으로 공부하겠습니다.

환난을 염려하지 마십시오.
은혜 안에 있을 것에 생각과 마음을 두십시오.
우리가 환난을 두려워한다면 환난은 우리를 불안하게 할 것입니다.
그러나 주님을 묵상하고 사랑한다면
환난 중에도 환난이 있는지 없는지도 모르게 될 것입니다.
주님은 환난을 말씀하신 것이 아니라

당신과 함께 있을 행복을 말씀하시는 거랍니다.

엘리야 시대 때 얼마나 큰 환난이 있었는지요.
모든 하나님의 사람들이 환난 시대에 있었으나
하나님께 집중한 사람들은
환난 중에도 평안과 넉넉함을 누렸답니다.
하나님은 당신의 자녀를 보호하시는 분이시거든요.

"빌라델비아 교회 사람들로 하여금 지금 그대로 최선을 다해서 믿음의 삶을 살라고 해야겠지. 말씀을 지키고 순종하는 일 말이다. 끝까지 완주하여 면류관을 받도록 권면하거라. 내가 속히 임할 것이라고 알려 주면서 말이야! 그 동안 승리한 자들에겐 하나님 나라의 기둥이 되는 복을 받을 거다. 빌라델비아 사람들은 지진으로 인해 집이 무너지고 축사가 무너지는 아픔들을 잘 알고 있기에 기둥이 얼마나 중요한 줄 알거야. 그뿐 아니다. 결단코 하나님 나라에서 나가지 않을 거야. 새 나라, 새 예루살렘에서 영원히 살 것을 말하는 것이지. 그들은 지진 때문에 종종 시골로 피했던 경험이 있어서 내가 지금 하는 말 역시 무슨 말인지를 잘 알 거란다. 그리고 기둥 삼은 그들 위에 하나님의 이름과 하나님의 성 이름과 나의 이름을 새겨 놓을 것이니라. 빌라델비아 교회는 아주 귀한 교회로구나. 무슨 말인지 아는 사람들은 다 알지."

『내가 속히 임하리니 네가 가진 것을 굳게 잡아 아무나 네 면류관을 빼앗지 못하게 하라 이기는 자는 내 하나님 성전에 기둥이 되게 하리니 그가 결코 다시 나가지 아니하리라 내가 하나님의 이름과 하나님의 성 곧 하늘에서 내려오는 새 예루살렘의 이름과 나의 새 이름을 그이 위에 기록하리라 귀 있는 자는 성령이 교회들에게 하시는 말씀을 들을지어다』(:11-13)

빌라델비아 교회에 대한 주님의 말씀을 들은 요한은 마음에 흐뭇함으로 충만했답니다.

'그래 그 힘든 곳에서 적은 수가 모여 주님 말씀을 붙잡고 사는 것이 주님을 기쁘게 하는 것이구먼. 고마운 사람들 같으니. 그 나라에서 큰 상급 받아야지. 암, 큰 상급 받아야 하구 말구! 주님 저들이 힘들 터인데 힘주시고 담대함 주셔서 믿음 잃지 않고 끝까지 승리하여 약속하신 상급 받게 하소서! 아멘'

주님께서 다시 오신다는 소식이 두려운 교회가 있습니다.
협박(?)으로 들리는 교회가 있지요.
에베소 교회, 버가모 교회, 두아디라 교회, 사데 교회...
그런데 빌라델비아 교회는 주님을 손꼽아 기다리는 교회네요.
서머나 교회도 그렇구요.
정결한 신부처럼 잘 준비하고 있는 교회랍니다.
복음을 붙잡고 있는 교회
주님을 향한 사랑이 근원되어 믿음을 지키는 교회
일을 하되 주님에 대한 사랑으로 일하고 말씀에 순종하는 교회
그런 교회는 언제 주님이 오실까 기다리는 교회랍니다.

우리 교회가 그런 교회이길 바랍니다!

빌라델비아 교회가 받을 복들 중 하나는
그들을 성전 기둥으로 삼으시겠다는 겁니다.
하나님 나라에서는 물론이지만
이 땅의 교회에서도 기둥같은 성도라는 소리를 들으면
얼마나 좋겠는지요.
복음에 충만하고 주님 사랑함에 충만하여
많은 사람에게 본이 되는 사람이 기둥같은 사람이랍니다.
빌라델비아 교회가 받을 또 하나의 복은
그들 위에 하나님의 이름, 새 예루살렘(하나님 나라)의 이름,
예수의 이름을
새겨주시겠다는 겁니다.
누가 봐도 하나님의 백성인 걸 알겠지요.
이 땅에 사는 동안 우리 교회가
누가 보더라도 하나님이 함께 하시는 교회라는
소리를 들으면 좋겠습니다.
하나님 나라의 지점(branch)이라는 소리를 들으면 좋겠습니다.
그리스도의 향기가 풍겨지는,
예수님이 주인인 교회라는 소리를 들으면 좋겠습니다.

⑩ 계시록 3:14-22

주님이 본 라오디게아 교회

"요한, 라오디게아 교회에 대하여 들어 보았느냐?"

주님의 질문이었습니다.

"예, 주님. 에베소에서 내륙으로 한참 가다 보면 히에라폴리스와 골로새 가까운 곳에 있는 유명한 도시지요. 유대인들이 많이 거하는 곳입니다. 그곳은 무역도 많이 하고 비옥한 땅에서 자란 양들에게서 난 양모털로 양모 산업이 유명합니다. 특히 검은 양모로 유명하지요. 게다가 의사를 만드는 학교도 있었는데 그보다는 귀와 눈병에 좋은 약을 생산하는 곳으로도 잘 알려져 있습니다. 그 도시의 이름은 주께서 오시기 200여 년 전에 안티오쿠스 장군이

가족 중에 한 사람의 이름을 따서 지었다고 들었습니다. 라오디게아는 돈이 많은 지방이죠. 약 40년 전에 큰 지진이 있었을 때도 다른 모든 성읍은 복구 사업을 위해 중앙 정부로부터 지원금을 받았었습니다만 라오디게아는 자체적으로 해결한 도시였으니까요. 아주 풍성한 도시지요. 그런데 한 가지 아쉬운 점이 있다면 물이 없다는 겁니다. 라오디게아 사람들은 자신들에게 결정적인 약점이 물 부족이었기에 물을 얻기 위해서는 수단과 방법을 가리지 않았습니다. 물을 얻기 위해 주변 사람들의 비위 맞추는 일에 숙달이 되어 있다고나 할까요..."

요한은 라오디게아 지방에 대하여 알고 있는 것을 주님 앞에 자세히 말하고 있었습니다.

"그럼 그곳에 세워진 교회에 대해서도 알고 있겠구나."

"그럼요. 확실한 것인지는 모르지만 바울 사도가 세 번째 전도 여행 중에 세운 것으로 알고 있습니다. 아마 에바브라 디도를 통해 세운 것이라는 생각입니다. 그런데 바울 사도가 방문한 적은 없고 단지 편지만 보냈다는 말을 들었습니다."

주님께 라오디게아 지방에 대하여 말씀을 올리고 있던 요한은 주님의 모습을 보면서 사뭇 놀라는 가운데 주님의 음성을 들었지요.

"요한아, 나는 진실한 자이다. 아멘이지. 삶과 죽음에 대하여 충실하게 증거하는 증인이고 우주 만물을 지은 창조자이니라. 내가 라오디게아 지방에 있는 교회를 네게 말할 것이니 잘 기록하여 저들에게 전하거라."

『라오디게아 교회의 사자에게 편지하기를 아멘이시요 충성되고 참된 증인이시요 하나님의 창조의 근본이신 이가 가라사대』(:14)

라오디게아 교회는 바울이 3차 전도 여행중 에베소에 체류하면서
에바브라 디도를 통해 세운 교회인 것 같습니다.
『그리스도 예수의 종인 너희에게서 온 에바브라가 너희에게 문안하니
저(에바브라 디도)가 항상 너희를 위하여 애써 기도하여
너희로 하나님의 모든 뜻 가운데서 완전하고 확신 있게
서기를 구하나니
그(에바브라 디도)가 너희(골로새)와 라오디게아에 있는 자들과
히에라볼리에 있는 자들을 위하여
많이 수고하는 것을 내가 증거하노라』(골 4:11-12)
그러나 방문한 적은 없는 것 같고 편지만 보낸 것 같습니다.

"그들의 신앙행위는 무슨 행위인지를 알다가도 모르겠구나. 영적으로 아무런 유익을 주지 못하는 쓸모없는 일만 하고 있는 거야. 그들이 잘 알고 있는 물을 비유로 말해 보마. 라오디게아 사람들은 물론이고 그들 주변에서도 잘 알고 있는 것처럼 히에라폴리스의 물은 따뜻한 온천물로 병든 사람에게 얼마나 유익이 되고 위로가 되는 물이냐? 반면에 골로새에서 오는 물은

차가워서 식수로 쓰기에 얼마나 유익하냐? 히에라폴리스의 뜨거운 물이든지 골로새의 차가운 물이든지 사람에게 유익을 주고 있건만 물로 말하자면 라오디게아 교회의 사람들은 뜨겁지도 않고 차지도 않는 미지근한 물과 같다는 말이다. 뜨겁든지 차든지 해서 사람들에게 유익을 주어야 할 터인데 뜨겁지도 않고 차지도 않으니 아무런 쓸모가 없는 물이지! 그러니 내가 그 사람들을 토하고 싶지 않겠어?"

『내가 네 행위를 아노니 네가 차지도 아니하고 더웁지도 아니하도다 네가 차든지 더웁든지 하기를 원하노라 네가 이같이 미지근하여 더웁지도 아니하고 차지도 아니하니 내 입에서 너를 토하여 내 치리라 』(:15-16)

종종 이 본문을 이해할 때
뜨거운 것은 신앙적 열정으로 차가운 것은 신앙적 냉정으로 이해하면서
뜨거운 열정의 신앙을 갖아야 한다고 생각합니다.
물론 차가운 신앙은 좋지 않다고 하면서 말입니다.
머리로만 신앙 생활하는 것이라고 표현하기도 하지요.
그런데 역사적인 상황을 잘 알고 있는 저자는 그런 뜻에서
말한 것 같지 않습니다.
뜨거운 것은 뜨거운 대로 유익이 되고 찬 것은 찬대로 유익이 되는데
미지근한 것은 아무 짝에도 쓸 데 없다는 걸 말하고 있는 거지요.
그러므로 『차든지 더웁든지 하라』는 말씀은
하나님과 사람에게 반드시 유익되는 신앙생활을 하라는 말씀으로
해석을 해야지
열정적이 아닐 바에는 아주 믿지 않는 것이 더 낫다라는 말로 해석하면

곤란한 겁니다.

우리의 신앙행위는 하나님께 영광과 기쁨이 되고 있는지요?
주변 사람에게 유익이 되는 행위인지요?
주님을 모르는 세상 사람들의 영혼을 살리는 행위인지요?
주님 모르는 자들로 하여금 주님 영접하는 데
방해가 되는 행위인지요?
영적인 고통 가운데 있는 형제에게 치유를 가져다주는 행위인지요,
아니면 치유는커녕 더 힘들게 하는 행위인지요?
침체 가운데 있는 성도에게 용기를 주는 행위인지요,
아니면 더 힘들게 하는 행위인지요?
뜨거운 물, 사람을 치료하고 피로를 회복시켜 주었답니다.
차가운 물, 목마른 자의 목을 시원케 해 주었답니다.
우리의 행위, 사람을 치료하는 행위가 되길 바랍니다.
지친 영혼을 회복시키고 힘을 주는 행위이길 바랍니다.
사람을 살리는 행위이길 바랍니다.

아무런 유익이 되지 않는 교회는 주님이 내치신답니다.
사람을 살리고 치유하고 힘과 용기를 주는 일을 해야 하는데
그런 일은 전혀 하지 않고 오히려 친목 단체가 되어 있다면
그 교회는 주님이 토하고 싶은 교회지요.
우리 교회를 점검해 보세요.
목마른 영혼이 마셔 갈증을 해소하고 힘을 얻는
말씀의 차가운 물이 넘치고 있는지,

병들고 찌들고 지친 영혼을 치료할
말씀과 사랑의 뜨거운 물이 넘치고 있는지를.
영혼을 살리고 치유하는 행위가 없는 교회는
주님이 아주 싫어하시는, 토하고 싶고 내치고 싶은 교회랍니다.

"요한아, 라오디게아 교회 사람들이 스스로를 어떻게 생각하고 있는 줄 아느냐? 스스로 부자라 하는구나. 스스로가 교회로서 갖출 것은 다 갖추고 부족한 것이 없다고 하는 거야. 그들이 건물을 지어서 그런 건지, 돈이 많아서 그런 건지... 스스로 영적으로도 풍요하다고 생각하지. 교만이야, 교만. 내가 볼 때는 아주 불품없는 사람들인데 말이다. 겉으로는 영적인 모임 같은데 사실은 영적인 곤고함 가운데 있고 영적인 일은 알지도 못하는 가난한 자들이구나. 영적으로 뭘 아는 것처럼 떠들고 있다만 자신들의 영혼이 얼마나 비참한지를 모르고 있는 가련한 자들이란다."

『네가 말하기를 나는 부자라 부요하여 부족한 것이 없다 하나 네 곤고한 것과 가련한 것과 가난한 것과 눈먼 것과 벌거벗은 것을 알지 못하도다』(:17)

스스로 부자라고 하는 라오디게아 교회는
물질적으로 풍부한 부자 교회일 수도 있습니다.
사람이 많이 모이기에 사람 부자일 수도 있습니다.
교회의 행정이 풍족하게 갖추어져 부자일 수도 있습니다.
그래서 영적인 것까지 부자라고 생각할 수도 있습니다.

헌금과 재산 증식으로 인해 교회에 물질이 넘치고
좋은 시설과 풍부한 인적 자원으로 사람이 몰려들고
웅장한 건물과 첨단의 기술이 있어서 하고 싶은 것을 다할 수 있고
아주 괜찮은 프로그램을 제공하는 교회를 보며
앞서가는 교회, 풍부한 교회, 나눠 줄 것이 있는 교회라고
생각할 수 있습니다.
그리고 그것을 영적인 부자라고 착각할 수 있지요.

다 갖추었는데 본질이 빠지면
그 교회는 가난한 교회요 비참한 모임이랍니다.
본질,
초대교회가 가진 것들이지요.
사도의 말씀, 가르침, 성도 간의 사랑, 기도,
그리스도의 재림을 기다리는 마음이 교회의 본질입니다.
라오디게아 교회는 이것만 빼고 다 갖추었답니다.
그러면서 스스로 괜찮은 교회, 부요한 교회라고 여겼던 거지요.
21세기 우리 시대의 교회,
라오디게아 교회가 잘못되었다고 하면서도
어쩌면 그들처럼 되기 위해 몸부림치고 있는 것 같기도 하네요.
무엇이 잘못되었는지를 알지 못하기 때문인 것 같습니다.

착각하는 교인도 있습니다.
돈 많이 버는 것이 축복이라고. 그럴 수도 있긴 합니다만.
자식이 좋은 학교와 직장에 다니는 걸 축복이라고.

그럴 수도 있지만.

건강한 것이 축복이라고. 그럴 수도 있지만.

졸지에 집값이 오르고 주식값이 오르는 걸 축복이라고.

교회에서 직분을 얻는 것을 축복이라고 착각하는

사람들이 많습니다.

진짜 착각이랍니다.

교회에서 중요한 보직(?) 받은 것을 축복이라고 착각하기도 합니다.

그러면서 스스로 괜찮은 사람이라고 여긴답니다.

착각입니다.

그런 건 주님이 주고 싶은 축복이 아닙니다.

진정한 축복과 은혜를 받은 사람은

그리스도로 충만한 사람입니다.

그리스도의 말씀으로 충만한 사람이랍니다.

그리스도와 함께 고난을 받는 사람이 복 있는 사람입니다.

그리스도를 기다리는 사람이 복 있는 사람이랍니다.

그런 사람이 주님께서 인정하시는

진짜 부자랍니다.

"요한아, 가련한 라오디게아 교회에 분명히 말하거라. 그들에겐 나에 대한 믿음이 없어. 그러니 나에게서 불로 연단한 금을 사라고 해! 교회의 믿음이 무엇인지를 찾으라는 말이다. 나에 대한 믿음은 전혀 없으면서도 믿음 있는 교회라고 착각하고 있는 거 아니냐! 그러니 내게 와서 믿음을 얻으라고 해야지. 옷도 사서 입으라고 해. 저들은 스스로 괜찮다고 하고 있다만 생명을 가진 사람들이 보면 벌거벗은 사람들이야. 안약도 사서 바르라고 해라. 그들 스스로는 여러 가지 종교적인 걸 말한다만 실상은 영적 세계에 대하여 무지한 자들이야."

『내가 너를 권하노니 내게서 불로 연단한 금을 사서 부요하게 하고 흰옷을 사서 입어 벌거벗은 수치를 보이지 않게 하고 안약을 사서 눈에 발라 보게 하라』(:18)

당신은 복음의 내용을 알고 그걸 믿고 있나요?
죄 덩어리인 인간,
예수를 십자가에 매달아 그 죄 덩어리를 없이 하신 하나님의 사랑,
이를 믿는 자는 누구든지 하나님의 자녀가 된다는 복음,
죽으시고 부활하신 주님께서 지금 영으로
우리와 함께 계신다는 사실,
주께서 구름타고 다시 오실 거라는 약속.
이 믿음이 없으면 다른 것들이 다 있다 하더라도
주님의 교회가 아니랍니다.
우리 믿음의 도리이지요.

생명없는 종교 행위를 하면서
부끄러운 줄 모르는 시대.
영적인 것을 알지도 못하고 말하지도 않으면서

교회라는 이름을 빌려
하나님 영광 운운하는 시대,
큰 것과 편리한 것을 하나님의 축복이라고 여기는 이상한 시대,
우리가 살고 있는 이 시대는
그리스도 보혈의 옷을 사서 입어야 하는 시대이며
영적 세계를 볼 수 있도록 성령의 안약을 사서
발라야 하는 시대입니다.

"열심을 내라고 해! 회개하라고 해! 내가 그들을 사랑하기에 권하는 말이다. 자기들끼리 히히덕거리면서 신앙 운운하지 말고, 하나님께 영광을 돌리고 사람에게 유익을 끼치는 행위를 하라고 하거라. 내가 그들 앞에서 문을 두드리면서 소리 지르고 있으니 누구든지 내 음성을 듣고 문을 열면 내가 들어가 그로 더불어 먹고 그는 나로 더불어 먹게 될 것이리라."

『무릇 내가 사랑하는 자를 책망하여 징계하노니 그러므로 네가 열심을 내라 회개하라 볼지어다 내가 문밖에 서서 두드리노니 누구든지 내 음성을 듣고 문을 열면 내가 그에게로 들어가 그로 더불어 먹고 그는 나로 더불어 먹으리라』 (:19-20)

말씀 피우는 자를 사랑하신다고 하네요.
사랑하기에 책망하시는 것이고 징계하시는 거네요.
사랑하기에 그들의 고막이 터지도록 큰 소리를 지르시는 거네요.
주의 음성을 들으세요.

주의 마음을 헤아리세요.

그리고 돌아오세요.

그렇지 않으면 주님도 포기하실 수밖에 없을 때가 온답니다.

껍데기 신앙을 회개하세요.

도움이 필요한 세상 사람들의 영혼을 향해

아무런 일도 하지 않으면서

스스로만 재미를 누리려는 신앙을 회개하세요.

우린 자신을 위한 사역자들이 아니라

주님의 마음을 가지고 다른 영혼을 생각하는 사명자들이랍니다.

주님을 마음 중심에 모시고 살아야 한답니다.

주님없는 교회는 죽은 교회입니다.

주님의 마음도 모르고 세워지는 공동체는

더 이상 교회가 아니랍니다.

주님의 탄식 소리를 들어야지요.

우리 마음에, 우리 공동체에 주인이 되고 싶어

문 두드리시고 소리 지르시는 주님의 음성을 들어야지요.

그리고 그분을 모셔야 한답니다.

그래야 은혜와 행복으로 뿌듯한 삶을 살 수 있습니다.

다른 사람에게 천대받지 않는답니다.

신령한 세계를 보게 된답니다.

"반드시 회개하여 신앙을 회복하게 하거라. 그렇게 되면 하늘 나의 보좌에 앉게 될 것을 약속하마. 아니 하나님 아버지 보좌에 앉는 것과 같은 은혜를 누릴 것을 약속하마. 귀 있는 자들은 알아듣겠지...”

『이기는 그에게는 내가 내 보좌에 함께 앉게 하여 주기를 내가 이기고 아버지 보좌에 함께 앉은 것과 같이 하리라 귀 있는 자는 성령이 교회들에게 하시는 말씀을 들을지어다』(:21-22)

2

〉〉 두 번째 이야기 4-5장

하늘 예배 광경

하나님께서 그의 아들 예수께 주신 내용입니다. 이 땅에서 곧 일어날 일들에 관한 것들이지요. 당신의 아들만 알고 있으라고 주신 것이 아닙니다. 예수를 구세주로 전하는 자들, 복음 전하는 자들에게 알리라고 주신 말씀이랍니다. 예수께서 자신을 수종드는 천사를 부르셨습니다. 그리고 천사들에게 앞으로 세상에 일어나게 될 일들을 알려 주신 후에 당신과 함께 있었던 제자들 중에 아직도 살아 있는 요한에게 가서 소상히 알려 주라고 하셨답니다. 천사가 요한을 만났습니다. 요한은 밧모 섬에서 혼자 지내고 있는 나이 많은 노인이었습니다. 천사는 말로 전하기도 하고 환상을 보여 주기도 했답니다. 정말 기가 막힌 말씀들이었고 웅장한 말씀들이었고 놀라운 말씀들[illegible] 해진 비밀스런 말씀에 요한은 예수 믿고 하나님 백성된 것이 얼마나 위대한 축복인 가를 재삼 감사했답니다. 정신을 차릴 수가 없었습니다. 그래서 노환(老患)으로 떨리는 손이지만 가죽 두루마리에 먹물을 묻혀 자신이 듣고 본 것을 정성들여 기록했답니다. 자기가 본 것을 복음을 전하는 전도자들과 복음을 따라 살고 있는 다른 그리스도인들이 본다면 저들 또한 얼마나 행복해 할 것인가를 생각하니 죽기 전에 모든 것을 기록해야겠다는 소명이 생겼던 겁니다.

THE BIBLICAL STORYTELLING BIBLE STUDY

❶ 계시록 4:1–11

하늘의 모습

밧모섬 조용한 곳에서 일곱 교회에 대한 말씀을 듣고 기록하던 요한은 그 마음이 혼돈스러웠습니다. 여기저기 세워진 교회들마다 복음을 잘 전하고 모두가 주님을 기다리고 있는 줄 알았는데 자신이 생각한 것과는 전혀 다른 교회들이었음을 주님으로부터 들었기 때문이었습니다. 사람이 그렇게 말했다면 요한도 반박을 했겠지만 주님이 하신 평가이기에 그것은 사실이었던 겁니다. 문제는 주님께서 곧 오실 거라고 하시는 말씀이었는데 그때까지 교회들이 회복될 수 있을까 하는 염려였지요. 주께서 하신 말씀을 잘 기록하여 얼른 교회들에게 보내야겠다는 생각이 간절했답니다. 그것을 읽으면 분명 달라질 거라는 생각으로 말입니다.

일곱 교회에 대한 주님의 말씀을 정리하면서 많은 생각들이 지나갔습니다. 주님을 처음 만났을 때와 그분을 따라 다녔었지만 그분이 하나님의 아들이라는 걸 모르고 철없이 따라다녔던 젊은 시절이 생각난 거지요. 게다가 형제인 야고보와 손발이 맞아 예수님께 찾아가 훗날 권력 하나 달라고 했던 것을 생각하면 우스웠답니다. 그땐 정말 주님이 누군지도, 무엇을 하시는 분인지도 몰랐는데 이제 생각하니 그분이 이리도 거룩하신 하나님이신 것에 놀랄 뿐인 거지요. 주께서 고난받으시던 모습도 떠올랐고 십자가에 못 박혀 죽으시던 모습도 생생했지요. 다른 제자들은 겁에 질려 하나도 남지 않고 도망갔었는데 무슨 용기로 자신은 십자가 아래까지 가서 주님의 죽음을 끝까지 지켜보았는지 그것도 생각하니 웃음이 나왔습니다.

'주께서 십자가에서 어머니를 나에게 맡기셨는데...'

마리아를 생각하니 요한은 가슴이 미어지는 것 같았습니다.

'지금 어머니께선 주님과 저 하늘나라에 계시겠구먼...'

요한의 생각은 주님의 부활 장면으로 옮겨졌답니다.

'돌아가신 그분을 장사 지낸 것이 끝이 아니었어. 다시 살아나실 줄은 누가 알았겠나. 지금 생각해도 그땐 정말 엄청난 충격이었어. 그분이 죽음에서 살아난 걸 보고서야 우리의 생각이 확 바뀐 거지. 그분은 땅의 왕이 되시는 분이 아니라 온 세상의 왕이신 거야. 그런데 그분을 통해 훗날 권력 하나 얻으려고 했으니... 주님 보실 때 얼마나 답답하셨겠는고.'

요한은 주님을 생각하면서 눈물을 흘리고 있었습니다만 그 눈물은 지금 살아 계신 주님을 감격하는 마음으로 흘리는 눈물이었답니다.

요한의 젊은 제자 프로코로스는 함께 밧모섬에서 지내는 동안 요한을 통해 주님에 대하여 많은 이야기들을 듣고 은혜를 받았답니다.

"프로코로스!"

"예."

"자네는 내가 왜 이리 죽지도 않고 오래 살고 있는 줄 아는가? 다른 형제들은 다 주님을 전하다가 죽었는데 말이야. 내가 죽고 싶어도 죽지 못하고 이곳까지 와 있는 이유가 있다이. 허허!"

요한의 제자 프로코러스는 고개를 갸우뚱하면서 이상하다는 듯이 눈을 크게 뜨고 있었습니다.

"주님이 그럴 거라고 하셨다네. 그 때는 무슨 말씀인지 몰랐지만 세월이 많이 흐른 지금 생각해보니 그 뜻을 알 것 같네."

프로코로스는 점점 더 궁금했습니다.

"무슨 말씀을 들으셨었는데요?"

"주님께서 부활하시고는 어느 날 새벽에 베드로와 나를 찾아 오셨어. 그때 우린 고깃배를 타고 있었지. 우린 어부였거든. 밤새 고기를 잡고 배를 정돈하던 새벽에 주님이 오셔서 잡은 고기를 가지고 아침을 해먹자고 하시더군. 그때 모습이 생생하이. 물가에 숯불을 피워놓고 잡은 고기를 구우면서 주님과 아침을 먹었지. 그때 주님께서 베드로에게 아주 민망한 질문을 하셨다네. 그게 뭔지 아는가?"

프로코러스는 흥미진진하게 듣고 있었습니다.

"뭐라고 하셨어요?"

"베드로야, 네가 날 사랑하느냐? 하셨어. 허허!... 이 질문을 하신 거야. 얼마나 베드로가 놀라던 지. 그것도 세 번이나 반복해서 물으시더구먼. 내가 옆에서 듣기가 민망할 정도였다니깐."

"왜 민망하셨어요? 그리고 베드로께서는 왜 놀라셨어요? 그냥 '사랑합니다' 하면 되지요."

"이 사람아, 주님의 그 질문은 베드로가 까무러칠 질문이었다이. 왠줄 아는가? 주님께서 고난받으실 때 베드로는 주님을 모른다고 하면서 도망갔었거든! 그것도 세 번이나 말이야. 허허. 베드로는 항상 그걸 가슴 아파하고 있었는데 주님이 짓굳게 그걸 물어보시니 얼마나 놀랬겠어. 가슴이 뛰고 얼굴이 빨개졌을 거야."

"그런데 주님께서는 왜 요한 사도가 죽지 않을 거라고 하신 거죠?"

"베드로가 주님께 물어보더군. '요한은 인생이 어떻게 될 겁니까?' 하고. 왜 나에 대해 물어 보았는지 아는가? 주님이 베드로에게 '자네는 자네 마음대로 사는 인생이 아니야. 자네가 원하지 않는 곳으로 내가 데려 갈거야.' 하셨거든. 그런데 나에 대해서는 말씀을 하지 않으시니깐 베드로가 물어 본 거지. 그런데 주님의 말씀이 아주 묘하더구먼. '요한은 내가 올 때까지 머물게 할지도 모르겠다.' 그러시면서 '내가 올 때까지 머물게 한다 한들 너와는 상관없는 일이지?' 하신 거야. 그런데 지금 생각해 보니 주님의 말씀은 나를 죽음으로 데려가지 않고 오래 살게 하실 거라는 말씀을 하신 것 같네."

"아, 그래서 사도께서는 이렇게 오래 사셔서 주님의 말씀을 듣고 계시는군요."

"그런가 보이."

"그건 그렇고 내가 일러 준 말들을 잘 기록하고 보관하고 있는가? 나는 계속 주님의 음성을 듣고 있어. 그분이 살아계실 때 그 목소리라네. 지난 번 일곱 교회들의 말씀을 하실 땐 그분이 행복해 하시기도 했고 아파하시기도 했었음을 나는 안다이. 그분이 우리 인생들을 얼마나 사랑하시는데... 교회들을 얼마나 사랑하시는데... 그런데 교회들이 그분의 마음을 모르고 있는 거야."

요한은 주님의 마음을 이야기하면서 그분에 대한 생각으로 눈물을 멈추지 못했답니다.

"주님이 곧 오실텐데. 교회들이 잘 준비하다가 그분을 맞이해야 할 것이 아닌가! 정결한 신부처럼 말이야."

"요한 사도님, 주님께서 오실 때를 어떻게 준비해야 하는 거예요?"

요한은 프로코러스가 준비한 따뜻한 차를 마시면서 이야기를 시작했습니다.

"프로코러스, 나와 형제들이 주님의 제자가 되기 위해서 3년을 따라 다녔다이. 같이 먹고 마시고 잠도 같이 자고. 그런데 그분이 고난을 받으시기 얼마 전에는 알아들을 수 없는 말씀들을 유난히 많이 하셨다네. 물론 지금은 그 말씀들이 무슨 말씀인지 밝히 알지만 말이야. 내가 한 가지만 자네에게 말하겠네. 자네가 어떻게 준비하는 것이냐고 물었으니 말이야."

요한은 숨을 한번 크게 쉬더니 말을 시작했습니다.

"주님께서 하신 말씀인데... 천국은 마치 등을 들고 신랑을 맞으러 나간 열 처녀 같다는 거야. 우리가 아는 것처럼 신랑은 밤중에 오지 않는감. 그러니 그 긴 밤, 언제 올지 모르는 밤을 위해 불을 항상 켜 두어야하지. 불을 켜고 있으려면 기름을 준비해야 하고. 그런데 미련한 처녀들은 자기들 생각에 신랑이 초저녁에 올 거라고 생각하고는 기름을 준비하지 않은 거지. 반면 슬기로운 처녀들은 기다리는 신랑이 초저녁에 오면 좋겠지만 혹 새벽까지 기다려야 할 경우를 위해 기름을 충분히 준비했던 거였지. 그런데 신랑이 일찍 온 것이 아니라 온 밤을 다 지내고 새벽녘에야 온 것이 아닌가! 신랑을 기다리던 처녀들은 기다리다 지쳐 다 꾸벅꾸벅 졸고 있었지. 그런데 신랑이 왔다는 소리에 얼른들 일어나 등불을 들고 신랑 맞으러 나갔다이. 이때 희비가 엇갈린 거지. 기름을 준비 못한 처녀들은 불을 켤 수가 없었고 기름을 준비한 처녀들은 기쁜 마음으로 불을 켜고 신랑을 맞이하러 나갔던 거지. 주님이 하신 말씀이었다네. 우리 주님이 오실 때 교회들이 슬기로운 처녀들처럼 기름을 준비하고 있어야 한다네. 기름을 준비해야 하는 거야!"

주님이 하신 열 처녀 비유를 들려주던 요한은 얼마 전 주께서 말씀한 교회들을 다시 생각했는지 심란한 표정을 짓고 있었답니다.

"교회가 크고 작고가 문제가 아니라이. 물질이 많고 적은 것이 문제가 아니야. 주님에 대한 사랑을 간직하고 주님을 기쁘게 하기 위해 열심히 복음 전하고 주님 약속을 붙잡고 믿음으로 인내하는 게 중요한 거라네. 자네가 기록한 교회들을 보게나. 겉과 속이 다른 교회가 많다네. 모든 교회가 서머나 교회처럼, 빌라델비아 교회처럼 주님 맞을 준비를 잘 하고 있으면 좋겠네. 모두 그렇게 되어야 할 텐데...”

프로코러스는 바다에서 불어오는 찬 바람이 노사도 요한의 건강을 해칠까 하여 숙소로 모셨습니다.

“선생님, 이제 쉬십시오. 다른 날 또 주님에 관한 말씀을 들려 주시구요.”

“그렇게 하게나. 고맙다이.”

요한은 자신의 방으로 들어가 주님을 생각하면서 무릎을 꿇고 기도하였습니다. 그러다가 그 자리에 누었지요.

“요한, 요한!”

주님의 음성이었습니다. 하늘이 열리면서 그 속에서부터 나오는 큰 소리의 주님의 음성이었습니다.

“예, 주님. 제가 여기 있나이다.”

“이리로 올라오라. 이곳에 와서 앞으로 있을 일을 보거라. 내가 네게 보일 것이니라.”

『이 일 후에 하늘에 열린 문이 있는데 내가 들은 바 처음에 내게 말하던 나팔 소리 같은 그 음성이 가로되 이리로 올라오라 이후에 마땅히 될 일을 네게 보이리라 하시더라』(:1)

요한을 통해서 앞으로의 일들을 알게 된 것이
얼마나 큰 은혜인지요!
예수님과 사람들, 베드로를 비롯한 사도들도, 그 당시 성도들도
이일을 모르고 천국에 갔습니다만
우린 요한 덕분에 앞으로 펼쳐질 하나님의 역사의 기록을
가지고 있으니
큰 은혜와 복을 받은 사람들이랍니다.
이 귀한 은혜의 책을 덮어 두면 안 되지요.
일어날 일들을 알고 하루하루 준비하면서 살아야 하는 거랍니다.
그래서 주님이 말씀하셨답니다.
이 예언의 말씀을 읽고 듣고 이 말씀을 따라
순종하면서 사는 자들이
복이 있는 사람들이라고.

요한은 자신이 성령에 감동되어 있는 것을 느낄 수가 있었습니다. 그리고 자신도 모르게 새로운 세계로 들어가고 있었답니다.

"주님..."

요한은 더 이상의 기쁨을 상상할 수 없을 정도로 감동 가운데 있었고 게다가 그의 눈에 펼쳐지는 일은 설명할 수 없는 엄청난 일들이었습니다.

눈이 부셨습니다. 무엇인가 보이는 것 같은데 설명할 수는 없었습니다. 상상을 해 보지 못한 자리가 보였는데 그야말로 왕의 보좌였습니다. 아무리 로마 황제의 보좌가 좋다고 하기로서니 지금 보고 있는 하늘의 보좌와는 견줄 수 없을 것이라는 생각을 했지요. 그 보좌에는 사람같기도 한 어떤 분이 앉아 계셨습니다. 굳이 모양을 설명하자면 벽옥과 홍보석 같은 보석 같았습니다. 무지개가 그 보석과 같은 분을 두르고 있었습니다. 무지개의 모습은 녹보석을 반사하고 있는 것이 분명했고 보좌의 주인공은 하나님이었습니다.

『내가 곧 성령에 감동하였더니 보라 하늘에 보좌를 베풀었고 그 보좌에 앉으신 이가 있는데 앉으신 이의 모양이 벽옥과 홍보석 같고 또 무지개가 있어 보좌에 둘렸는데 그 모양이 녹보석 같더라』(:2-3)

요한이 하늘 광경을 보았습니다만
그의 몸이 하늘로 올라간 것은 아닙니다.
성령의 감동으로 인해 그의 영적인 세계가 하늘을 보는 경험을 한 것이지요.
오래 전 에스겔도, 미가야 선지자(왕상22:19)도
요한과 같은 영적 감동으로 하늘 광경을 보았답니다.
(그러므로 이 본문을 읽고 요한이 휴거했었다고 생각하면 옳지 않은 겁니다.)

보좌에 앉으신 분은 벽옥(jasper)과 홍보석(carnelian) 모양이었고
보좌를 둘러싼 무지개는 녹보석(emerald) 같았다고 합니다.
(무지개가 녹보석이 아니라 무지개는 녹보석에서 나오는 후광이었을 것

입니다.)

벽옥은 수정이나 다이아몬드같이 투명한 보석이고

홍보석은 사데 지방에서 나는 붉은 자주빛의 보석이랍니다.

녹보석은 푸른색의 보석이지요.

이 세 가지 색깔의 보석은 고대에서 '영광스러운 것'을 상징했답니다.

각각의 보석이 상징하는 의미도 있지요.

벽옥은 순결, 위엄, 거룩을 말하는 것이고

홍보석은 진노나 심판으로 해석이 된답니다.

녹보석은 긍휼을 의미하는 보석이랍니다.

성경을 어떻게 이해할 수 있을까요?

맨 정신으로는 절대(!) 불가능합니다.

영적인 분위기 속에서만 이해가 가능하답니다.

성경은 성령의 감동을 받은 사람들이 쓴 것이기 때문입니다.

모든 성경이 그렇습니다.

『모든 성경은 하나님의 감동으로 된 것으로』(딤후 3:16)

계시록의 말씀 또한

요한이 성령의 감동 가운데 본 것을 기록한 것이기에

성령의 감동없이는 이해가 되지 않으며 은혜가 되지 않는 것이지요.

그러므로 어린 아이처럼 순전한 마음으로 은혜를 사모하고

성령의 감동 가운데 읽고 이해할 수 있도록

마음을 준비해야 한답니다.

우리 주 하나님,

벽옥이 말하듯 거룩하신 하나님,
인류의 죄를 십자가에서 없이 하신 분이시지요.
홍보석이 말하듯 심판하시는 하나님,
인류의 죄를 십자가에서 심판하신 분이시랍니다.
녹보석이 말하듯 긍휼을 베푸시는 하나님,
심판 아래 있는 죄인을 사랑하셔서 아들 예수를
십자가에 못 박으신 하나님
무지개가 말하듯 약속하시는 하나님,
믿음으로만 구원하시겠다는 약속을 신실하게
지키시는 하나님이시랍니다.

요한은 하나님이 앉아계신 보좌 주변에 24개의 또 다른 보좌가 있는 것을 보았습니다. 그 보좌에는 24명의 장로들이 있었는데 흰 옷을 입고, 머리에는 금면류관을 쓰고 있었지요.

『또 보좌에 둘려 이십사 보좌들이 있고 그 보좌들 위에 이십 사 장로들이 흰 옷을 입고 머리에 금 면류관을 쓰고 앉았더라』(:4)

요한이 하늘 광경을 보고 있는데 하나님의 보좌에서 번개가 치고 음성과 우뢰같은 뇌성이 그 사이에서 나오는 겁니다. 말로는 이루 표현하기 어려운 모습이었습니다. 그리고 보좌 앞에는 불이 켜진 등불 일곱이 있었지요. 그것은 분명 하나님의 영들이었습니다.

24명의 장로들;

이들은 하나님 보좌에 둘러 앉아 있는 모습으로 기록되어 있습니다. 그들의 모습 또한 대단합니다. 흰 옷을 입고 머리에는 금면류관을 쓰고 있으니 말입니다. 24명의 장로들은 엎드려서 하나님을 경배하는 일을 합니다.(5:14, 11:16, 19:4) 이들 중 두 장로는 대변인 혹은 해설자 역할을 합니다. 『장로 중에 하나가 내게 말하되 울지 말라 유대 지파의 사자 다윗의 뿌리가 이기었으니 이 책과 그 일곱 인을 떼시리라 하더라』(5:5) 『장로 중에 하나가 응답하여 내게 이르되 이 흰 옷 입은 자들이 누구며 또 어디서 왔느뇨』(7:13) 또한 장로들의 입에서는 찬송과 경배가 쉬지 않고 흘러나옵니다. (4:11, 5:9-10, 11:17-18, 19:4)

이 24명의 장로들은 누구일까요?

첫째는 역대상14:5절을 근거로 해서 아론의 반차에서 나온 제사장들로 해석하기도 합니다. 원래 제사장들은 예배하는 자들인데 이들이 천국에서는 완전한 예배자들이 되었다는 해석이지요. 두 번째 해석은 이스라엘의 12지파 족장들과 예수님의 12제자를 말한다고 합니다. 또 다른 해석은 충성스런 하나님의 백성이라고 하기도 하지요. 그러나 그 어떤 것도 확실하지는 않습니다.분명한 것은 저들이 흰 옷을 입고 머리에 금면류관을 쓰고 있다는 것이며 하나님을 경배하고 있다는 겁니다.

필자의 생각으로는 24라는 숫자와 장로라는 직함에 초점을 둘 것이 아니라 그들의 모습과 하는 일에 초점을 두어야 한다는 생각입니다. 그들이 영광스러운 면류관을 쓴 정결한 모습을 하고 있으니 훗날 천국에 가 있는 모든 성도의 모습과 같습니다. 게다가 그들은 하나님을 예배하고 있는데 천국의 성도들도 그 나라에 가면 종일토록 하나님을 예배하는 일을 하지 않을까요? 그런 의미에서 하나님 주변에 있는 24장로는 (정확하게 24명의 장로들일 수도 있겠습니다만) 하나님의 은혜로 구원받아 하나님의 백성이 된 모든 성도라고 하는 것이 좋겠다는 생각입니다. 많은 경우 계시록의 숫자와 언어는 상징이거든요.

하나님의 보좌 앞은 수정처럼 맑은 유리 바다 같았습니다. 보좌 가운데와 주변에는 네 생물이 있었는데 각 생물마다 앞뒤에 눈이 가득했지요. 요한은 자신이 알고 있는 구약의 책들 가운데 에스겔 선지자의 글에서 이런 생물의 모습에 대하여 읽었던 것을 기억할 수 있었습니다.

네 생물의 모습은 각각 달랐습니다. 하나는 사자같았고 다른 하나는 송아지같았습니다. 세 번째 생물 모습은 사람 얼굴같기도 했고 네 번째 생물은 날아가는 독수리같았지요. 이 네 생물은 각각 여섯 날개를 가지고 있었는데 날개 안에도 눈이 가득하였답니다. 이런 모습들도 지난 날 구약의 책에서 읽었던 것들이었답니다.

『보좌 앞에 수정과 같은 유리 바다가 있고 보좌 가운데와 보좌 주위에 네 생물이 있는데 앞뒤에 눈이 가득하더라 그 첫째 생물은 사자 같고 그 둘째 생물은 송아지 같고 그 셋째 생물은 얼굴이 사람 같고 그 넷째 생물은 날아가는 독수리 같은데 네 생물이 각각 여섯 날개가 있고 그 안과 주위에 눈이 가득하더라』(:6–8상)

「보좌 가운데」 생물이 있다는 말은
보좌 아주 가까운 곳에 있다는 말입니다.
요한이 본 하늘 보좌 생물의 모습은
에스겔 선지자가 본 것과는 약간의 차이가 있습니다만
그건 중요하지 않습니다.
'의미하는 것이 무엇인가'를 생각하면서 읽어야 하는 겁니다.
「눈이 많이 있다」는 말은
어느 누구도 하나님으로부터 숨을 수 없다는 말이지요.

네 생물 가운데 사자는 힘을 상징합니다. (시103:20)
소는 봉사의 능력을 상징합니다. (히 1:14)
사람은 총명을 상징하고(눅 15:10)
독수리는 동작이 날쌘 기민성을 상징하지요. (단 9:21)
하나님을 예배하는 생물들이
그런 능력과 위엄으로 주님을 모시고 있다는 것을 말하는 겁니다.

위엄스러운 생물들이 하나님을 모시고 예배하고 있습니다.
24장로들 또한 그 자리에 있구요.
하나님 나라는 예배하는 곳이랍니다.
사자와 같이 힘을 다해 예배하세요.
소처럼 죽도록 충성하면서 하나님을 섬기세요.
지혜와 지식으로 하나님을 섬기고
독수리의 예리함을 가지고 주님을 기쁘게 해 드리는 겁니다.
하나님 나라에 가면 우리는 예배하는 삶을 살게 될 것입니다
예수님도 하나님은 예배하는 자를 찾으신다고 하셨답니다.

요한의 귀에 노래 소리가 끊임없이 들리고 있었습니다.

"거룩하다 거룩하다 주 하나님 곧 전능하신 이여, 전에도 계셨고 이제도 계시고 장차 오실 자라"

그 노래는 지난 날 구름타고 하늘로 올라가시면서 다시 오시겠다고 하신 주 예수님을 노래하고 있었지요. 다시 오실 자라고 하는 노래가 얼마나 감동이었는지 모릅니다.

"주 하나님께 영광과 존귀와 감사를 드리나이다! 보좌에 앉으셔서 세세토록 사시는 하나님께 영광과 존귀와 감사를 드리나이다!"

네 생물들의 경배였습니다.

『그들이 밤낮 쉬지 않고 이르기를 거룩하다 거룩하다 거룩하다 주 하나님 곧 전능하신이여 전에도 계셨고 이제도 계시고 장차 오실 자라 하고 그 생물들이 영광과 존귀와 감사를 보좌에 앉으사 세세토록 사시는 이에게 돌릴 때에』(:8하-9)

우리가 지금 드리는 예배도
하나님의 거룩하심을 노래해야 하는 겁니다.
하나님의 영광을 찬양하고
하나님께 존귀함을 드려야 하는 거지요.
그리고 하나님께 감사해야 하는 것이랍니다.

우리는 하나님을 예배하기 위해 만들어졌고
이제 그리스도의 이름으로 창조의 원리대로 회복된 존재이기에
하나님을 예배하는 사람들입니다.
예배를 통해 누가 행복한가요?
예배 인도자가 행복하기 위해서도 아니고
예배 자리에 앉아 있는 청중이 행복 하기 위해서도 아닙니다.
예배를 받으시는 하나님이 기뻐하셔야 하는 거랍니다.

하나님의 역사는 예배의 역사이지요.
사람을 만드신 목적도 사람으로 하여금
찬송(예배) 받으시기 위해서였고
인간이 타락한 후에도 예배를 알려 주시면서 예배하게 하셨지요.
출애굽 때에는 사막 한가운데 성막을 만들어 주시면서
예배하라 하셨구요,
가나안에 정착한 후에는 한 장소에서 예배하게 하셨답니다.
왕이 생겼을 때에는 성전을 지어 예배하게 하셨고
예수님 오신 후로는 예수님 모시고 어디서든지
예배하게 하셨답니다.
지금도 천국에서는 천사들과 미리 간 성도들이
하나님을 예배하고 있구요,
얼마 후엔 우리들도 천국에 가서 하나님을 예배할 것이랍니다!
그리스도인이란 예배하는 사람을 말합니다.
혹시... 예배가 지겨우세요?
천국 가는 거, 한번 생각해 보셔야 할 겁니다!

네 생물들이 하나님을 예배하고 있는 모습을 보고 있는데 희한한 광경이 벌어졌습니다. 하나님 보좌 주변에 앉아 있던 24명의 장로들이 자리에서 일어나더니 하나님 보좌 앞에 엎드려 자기들도 하나님을 경배하고 예배하는 겁니다. 그러더니 자신들의 머리에 쓰고 있는 금면류관을 벗어 하나님 보좌 앞에 드리며 큰 소리로 합창을 했지요.

하나님께서는 신실하고 충성되게 살다가 올라온 사람들에게 상으로 금면류관을 씌워주셨는데 상받은 사람들은 그 면류관을 벗어 다시 주님께로 드리고 있는 거였지요. 생각할 필요도 없었습니다. 모든 것이 하나님의 은혜일 뿐이라는 고백의 행위인 겁니다.

"우리 주 하나님이시여, 당신은 영광과 존귀와 능력을 받으시는 것이 합당하시나이다. 이는 당신께서 만물을 만드셨기 때문입니다. 만물이 당신 뜻대로 있고 모든 것이 당신을 통해 지음을 받았나이다!"

『이십사 장로들이 보좌에 앉으신 이 앞에 엎드려 세세토록 사시는 이에게 경배하고 자기의 면류관을 보좌 앞에 던지며 가로되 우리 주 하나님이여 영광과 존귀와 능력을 받으시는 것이 합당하오니 주께서 만물을 지으신 지라 만물이 주의 뜻대로 있었고 또 지으심을 받았나이다 하더라』(:9하-11)

받은 은혜가 얼마나 큰지 모릅니다.
아들을 죽이신 하나님의 사랑으로 인해 구원받아
하나님의 자녀가 되었으니

이 얼마나 큰 사랑이고 은혜인지요.
하나님의 백성으로 삼아 주신 것도 감사한데
일꾼 삼으셨으니 더더욱 감사한 것이구요.
잘한 것 같지도 않은데 잘했다 칭찬하시고 상주시니
몸둘 바를 모르겠는 겁니다.
그래서 감사와 감격의 예배를 드리다가
받은 면류관까지 벗어 주님께 드리는 것이지요.
우리의 예배,
받은 것에 감사하여 모든 것을 드리는
천상의 사람과 같은 예배가 되길 바랍니다.

한 시인의 노래를 소개합니다.
"저 수정같은 길에서 면류관 벗어서
주 예수 앞에 바치며 늘 찬송하겠네"(찬365장 3절)

천상에서 벌어지고 있는 예배,
예배를 받으시는 분은 하나님이십니다.
우리의 예배, 하나님께 드리는 예배여야겠지요.
천상에서 예배드리는 사람들,
깨끗한 옷을 입고 하나님께 예배드렸답니다.
우리도 예배드릴 때 깨끗한 옷 입고 드리자구요.
예배드릴 때 위풍당당한 모습으로 예배드렸답니다.
우리의 예배도 온 정성 다해 드리는 예배이어야지요.
예배드리며 받은 은혜와 축복을 다시 돌려 드렸답니다.

우리의 예배, 모든 것을 드리는 예배이어야지요.

천국 가서 할 일이 예배인데

이 땅에 있는 동안 예배 잘 드려

그 나라 가서 어색한 행동하지 말자구요!

❷ 계시록 5:1-5

봉인(封印)된 책

성령에 감동되어 하나님 계신 보좌와 그 주변에서 예배하는 자들을 보고 있던 요한은 보좌에 앉으신 하나님 오른손에서 특별한 것을 보았습니다. 한 권의 책이었지요. 책이 있다는 것도 궁금했습니다만 그 책이 일곱 인(印)으로 봉해져 있는 것이 더 신기했습니다.

요한은 생각이 복잡해지기 시작했습니다. 일곱 인으로 봉한다는 건 주로 로마 사람들이 유서(遺書)를 쓸 때 하는 방법이기 때문이었지요. 로마에서는 유서를 쓰고 봉인한 다음 그것에 대한 증인으로 일곱 사람이 자기 도장을 찍었었거든요. 일단 봉인된 유서는 당사자가 죽기 전에는 절대로 열어 볼 수 없었고 당사자가 죽은 후에야 도장을 찍은 사람들 앞에서 가족을 비롯한 생존자들이 열어 볼 수 있었답니다.

요한은 그 봉인된 내용이 궁금했습니다. 안팎으로 빽빽하게 글이 쓰여져 있는 것 같은데 뭐라고 쓰여 있는지 궁금한 거였습니다. 그런데 누군가의 음성이 들렸습니다. 천사의 음성같았습니다.

"누가 하나님의 오른 손에 있는 일곱 봉인한 책의 인을 뗄 수가 있겠습니까? 누가 합당한 자입니까?"

천사의 소리에 24장로들은 물론 보좌 주변에 있는 네 생물들도 아무 말을 하지 못하는 겁니다. 하늘에 거하는 모든 사람 중에 어느 누구도, 땅에 거하는 어느 누구도 그 자격이 없는 겁니다. 시간이 한참 지난 것 같은데 그 봉인된 책의 인을 뗄 사람이 전혀 나타나질 않았답니다. 요한은 한참이나 기다리다가 서글픈 마음이 들었는지 메이는 가슴을 참지 못하고 울기 시작했습니다.

'아니 저 봉인된 책의 인을 뗄 사람이 없다니 그게 무슨 말인가? 누군가가 썼을 텐데, 누군가가 자신이 죽으면 열도록 했을 텐데 아무도 저책을 열 수 있는 주인공이 없단 말인가?'

요한은 울음을 참지 못하더니 결국은 통곡을 했답니다. 아주 민망할 정도로.

"이보게나, 울지 말게."

보좌 주변에서 하나님께 경배하던 24장로 중에 한 사람이 다가와 울지 말라고 위로를 하였지요.

“장로여, 하나님 오른 손에 있는 저책을 읽으려면 쓴 사람이 죽든지 아니면 그 자가 직접 인을 떼고 읽어야 하는데 그 자가 누구란 말이요. 아무리 기다려도 지금까지 나타나지 않으니 내 답답하여 견딜 수가 없구려. 하나님의 손에 있는 책은 분명 우리가 알아야 할 내용일 텐데 말이요.”

요한의 서글픈 목소리를 듣고 있던 장로는 얼굴에 미소를 지으며 따뜻한 말을 하였습니다.

“요한, 유다 지파의 사자, 다윗의 뿌리가 죽음을 이기시지 않았소! 그분... 그분이 이책과 이책의 인을 떼실 분이라오.”

『내가 보매 보좌에 앉으신 이의 오른손에 책이 있으니 안팎으로 썼고 일곱 인으로 봉하였더라 또 보매 힘 있는 천사가 큰 음성으로 외치기를 누가 책을 펴며 그 인을 떼기에 합당하냐 하니 하늘 위에나 땅 위에나 땅 아래에 능히 책을 펴거나 보거나 할 이가 없더라 이 책을 펴거나 보거나 하기에 합당한 자가 보이지 않기로 내가 크게 울었더니 장로 중에 하나가 내게 말하되 울지 말라 유대 지파의 사자 다윗의 뿌리가 이기었으니 이 책과 그 일곱 인을 떼시리라 하더라』(:1–5)

‘일곱 인으로 봉인된 책’이라는 말은 당시의 문화로 해석해야 합니다. 당시, 로마시대의 관습으로는 유서(遺書)에 일곱 인(印)을 쳤습니다.

어떤 사람이 자신의 유서를 쓰고 그 유서가 유효하기 위해서는
증인 일곱 명이 필요했습니다.
유서를 쓴 사람이 죽은 후에야 증인 동석 아래 열어
볼 수 있도록 했던 거지요.
당사자 생전에 유서가 떼어지는 경우는
유서 작성자가 일곱 명을 불러 놓은 자리에서만 가능했구요.
이런 문화적 이해 속에서 본문이 이해되는 겁니다.
하나님의 오른 손에 있는 책이 일곱 인으로 인봉되어 있다는 건
그 책을 쓴 사람만이 증인들 앞에서 열어 볼 수 있다는 것이고
그 사람이 죽었을 때 증인들이 열어 볼 수 있다는 거지요.
그런데 예수께서는 그 책의 내용을 작성하신 분이요,
죽으신 분이기 때문에
그 책의 인을 떼시기에 합당하신 분이라는 말입니다.

하늘나라에는 어떤 책이 있을까요?
첫째는 생명책일 겁니다.
『**누구든지 생명책에 기록되지 못한 자는…**』(계 20:15, 21:27, 눅 10:20)
두 번째는 행위를 기록한 책이 있을 겁니다.
『**자기 행위를 따라 책들에 기록된 대로…**』(계 20:12)
세 번째는 기념책이 있습니다.
『**여호와 앞에 있는 기념책에 기록하기를…**』(말 3:16)
그리고 네 번째는 미래를 알리는 인봉한 책이지요. (계 5:1)
그렇다고 이것이 오늘날 말하는 그런 책은 아닐 겁니다.
우리의 언어로는 표현이 불가능한 영적 세계의 책이기 때문입니다.

꼭 이렇게 네 종류로 나눠지는 것은 아닙니다.
단지 성경 여러 곳에서 하늘 나라 책에 관해
말한 것을 분류해 보았을 뿐입니다.

요한이 운 것은 하나님 오른 손에 있는 일곱 봉인한 책을 뗄 분이
예수라는 생각을 미처 하지 못했기 때문이 아닌가 하는 생각입니다.

장로는 예수를 유대 지파의 사자, 다윗의 뿌리라고 설명을 합니다.
둘 다 예수께서 메시야라는 것을 표현하는 말입니다만
두 표현 모두 메시야의 왕권을 말하는 거지요.
왕권을 가지고 승리하신 분이
하나님의 손에 있는 책을 떼시기에 합당한 분이라는 겁니다.

❸ 계시록 5:6–14

경배를 받으시는 어린양

봉인한 책을 뗄 수 있는 사람이 있다는 장로의 말을 들은 요한은 정신이 번쩍 들었습니다. 게다가 유대 지파의 사자요 다윗의 뿌리가 되시는 분이 그 적임자라는 말을 들었을 때 그분이 주님이라는 걸 알 수 있었습니다. 요한의 마음에 기쁨의 빛이 들어왔답니다.

눈물을 닦고 다시 고개를 들어 하나님 계신 보좌를 보고 있는데 그 가운데 어린양이 보였습니다. 그런데 그 모습을 뭐라고 표현을 해야 하는지요? 오래 전에 죽임을 당한 것같은 모습이었습니다. 희생 제물이 된 흔적이 보인 겁니다. 그 어린양 둘레에는 24장로들과 네 생물이 있었구요. 어린양의 모습은 예사롭지 않았습니다. 일곱 개의 뿔을 가지고 있었고 눈이 일곱이었답니다.

그분은 분명 주님이셨습니다. 땅에 계실 때도 그랬지만 하늘에 계신 주님은 능력의 왕이시며 온 세상을 살피는 분이심을 알 수 있었습니다. 그는 당신이 보낸 영들로 세상을 살피시는 거였지요.

『내가 또 보니 보좌와 네 생물과 장로들 사이에 어린양이 섰는데 일찍 죽임을 당한 것 같더라 일곱 뿔과 일곱 눈이 있으니 이 눈은 온 땅에 보내심을 입은 하나님의 일곱 영이더라』(:6)

「어린양」이라는 표현은 예수 그리스도를 말하는 것이 분명합니다.
구약에서는 물론이고 신약에서도 예수님은 희생당하시는
어린양이었으니까요.
그런데 왜 뿔이 일곱이고 눈이 일곱이냐는 겁니다.
사실 일곱 개의 뿔이 달리고 눈이 일곱개나 있는 모습이라면
(우리 생각에) 징그러운 모습이잖아요.
그런데 그건 상징입니다.
성경적인 해석으로, 또한 당시 문화적 이해로 뿔은
항상 능력과 권세를 말했답니다.
또한 일곱(7)이라는 건 완전을 말하는 상징적 숫자였지요.
그러므로 뿔이 일곱이라는 말은 완전한 능력과 권세를 가지고 있다는
표현이랍니다.
눈은 지혜와 통찰력을 상징합니다.
그러므로 일곱 개의 눈이란 완전한 지혜를 가지고 있다는 말이지요.
따라서 오래 전 죽임을 당하신 예수님은
지금은 완전한 능력과 권세, 완전한 지혜를 가지신 분이라는 겁니다.

게다가 일곱 눈은 땅에 보내심을 받은 하나님의 영들이라고 하니 주님은 이 땅에서 일어나는 일은 물론이고 일어날 일에 대한 것에까지도 완전한 지식과 지혜를 가지고 계시는 분이라는 걸 말하고 있습니다.

하나님 보좌와 네 생물과 24장로 사이에 있던 어린양이 나와서 하나님 보좌로 가더니 하나님 오른 손에 있는 책을 취하시는 거였습니다. 요한은 어린양이신 주님이 하나님의 보좌와 네 생물, 24장로들 사이에 계신 것을 보고 생각했습니다. '저분이 땅에 계실 때 우리들을 위해서 그리도 진지하게 중보하시더니 하늘나라에서도 중보하시는구나' 라고. 주님이 계신 곳을 보면서 주님을 생각하고 있는데 주변에 있던 24장로와 네 생물이 일어나 기뻐하면서 엎드려 어린양께 경배를 드리는 겁니다. 멋진 풍경이었습니다. 그들의 손에는 그분을 찬양할 거문고같은 악기를 가지고 있었답니다. 또 다른 무리는 아름다운 향이 담긴 금대접을 가지고 있었구요. 정말 신기했습니다. 거문고는 연주를 위한 것이라는 생각이 들었습니다만 향이 담긴 금대접은 뭔지 금방 이해가 되지 않았답니다. 그런데 가만히 보고 있노라니 금대접의 향은 성도들이 하나님께 드리는 기도들이었습니다. 그 기도들을 주님께 드리면 주님은 그것들을 가지고 하나님 앞에서 변호하겠구나 하는 생각이 들었답니다. 그 대접에는 정말 아름다운 향기가 났습니다.

『어린양이 나아와서 보좌에 앉으신 이의 오른손에서 책을 취하시니라 책을 취하시매 네 생물과 이십 사 장로들이 어린양 앞에 엎드려 각각 거문고와 향이

가득한 금 대접을 가졌으니 이 향은 성도의 기도들이라』(:7-8)

하나님의 보좌와 네 생물과 24장로 사이에 계신 분은
중보자이시네요.
우리의 기도를 가지고 하나님 앞에서 변호하시는
주님의 모습입니다.
기도하세요.
성령 충만한 사람으로 살게 해 달라고 기도하세요.
인생길을 가는 동안 흔들리지 않는 믿음으로
살게 해 달라고 기도하세요.
끊임없는 유혹의 세상에서 시험에 들지 않게 해 달라고 기도하세요.
가정을 위해 기도하시고
하루하루의 양식을 위해 기도하세요.
교우들을 위해 기도하세요.
우리 민족을 위해 기도하세요.
주님 다시 오실 것을 기다린다고 기도하는 겁니다.
그 기도를 담아 우리 주님께 드리면
주님은 그 기도들이 담긴 금대접을 하나님께 드린답니다.
하나님은 금대접에서 풍기는 향내음을
무척이나 좋아하신답니다.

네 생물과 24장로들은 노래하기 시작했습니다. 어린양을 노래하는 거였습니다. 새 노래였답니다.

"책을 가지시고 그 인봉을 떼기에 합당하신 분,

일찍 죽임을 당하심으로

온 족속과 그들의 언어와 모든 백성과 나라들 가운데서

사람들을 피로 사신 분,

그 사람들을 하나님께 드리신 분,

하나님의 백성되게 하시고

하나님의 일꾼, 제사장 만드신 분,

땅에서 왕 노릇하게 하신 분,

그분 어린양을 찬양하노라!"

『새 노래를 노래하여 가로되 책을 가지시고 그 인봉을 떼기에 합당하시도다 일찍 죽임을 당하사 각 족속과 방언과 백성과 나라 가운데서 사람들을 피로

「새 노래」(a new song)라는 의미가 무엇일까요?

역사적인 사실과 그 행위로 되어진 일, 그리고 결과를 노래하는 겁니다. 역사적 사실이란 예수님의 대속적 죽으심입니다. 그의 죽으심은 우리를 하나님께 드린 것이지요. (그의 죽으심이 없다면 우린 하나님이 받아들일 수 없는 존재입니다.) 결과란 우리가 하나님 나라의 시민권을 가진 존재가 되었다는 것이고 하나님의 일꾼이 되었다는 것입니다. 24장로와 네 생물은 이것을 노래하는 겁니다. 전에는 이런 노래가 없었고 할 수도 없었거든요. 그래서 새 노래라고 하는 거랍니다.

사서 하나님께 드리시고 저희로 우리 하나님 앞에서 나라와 제사장을 삼으셨으니 저희가 땅에서 왕 노릇하리로다 하더라』(:9-10)

열심히 찬양하는 것이 얼마나 중요한 일인지요!
그런데 우리가 부르는 찬양이 어떤 내용이고
어떤 것을 찬양하는 건지
깊이 생각하면서 찬양해야 합니다.
곡조도 중요하고 리듬도 중요합니다.
그러나 그 속에 있는 내용을 깊이 묵상하면서 하는 것이
찬양이지요.
잘못하다가는 음악에 취해서
찬양받으시는 대상을 이용하고 있을 뿐
찬양받으실 분은 안중에도 없을 경우가 있답니다.
찬양은 주님을 노래하는 것입니다.

24장로와 네 생물의 아름다운 찬양을 듣고 있는데 또 다른 찬양이 시작되고 있었습니다. 그야말로 우렁찬 찬양이었습니다. 수많은 천사들이 만들어내는 찬양이었지요. 수천인지 수만인지를 셀 수 없는 엄청난 찬양대의 찬양이었답니다.

그들의 찬양 역시 우리 주님, 어린양 예수 그리스도를 노래하고 있었답니다.

"죽임을 당하신 어린양을 찬양하나이다.

그 어린양께 능력과 부와 지혜와 힘과 존귀와 영광과 찬송을 드립니다.

주는 그 모든 것을 받으시기에 합당하시나이다."

천사들의 찬양이 끝날 때쯤 또 다른 찬양이 흘러 들어왔습니다. 이번에는 모든 만물이 드리는 찬양이었습니다. 하나님과 그의 아들 예수님께 드리는 찬송이었습니다.

"보좌에 앉으신 하나님과 어린양에게 찬양을 드리나이다.

찬송과 존귀와 영광과 능력을 세세 무궁토록 돌리나이다!"

찬양은 우렁찼습니다. 천국은 모두 하나님과 어린양되신 주님을 찬양하는 감동의 장소가 되었답니다.

천사와 만물들의 찬송이 끝나자 네 생물들이 「아멘」했습니다. 24장로들도 다시 엎드려 하나님과 어린양께 경배를 드렸답니다. 요한도 그들과 같이 하나님과 어린양을 경배했습니다.

『내가 또 보고 들으매 보좌와 생물들과 장로들을 둘러 선 많은 천사의 음성이 있으니 그 수가 만만이요 천천이라 큰 음성으로 가로되 죽임을 당하신 어린양이 능력과 부와 지혜와 힘과 존귀와 영광과 찬송을 받으시기에 합당하도다 하더라 내가 또 들으니 하늘 위에와 땅 위에와 땅 아래와 바다 위에와 또 그 가운데 모든 만물이 가로되 보좌에 앉으신 이와 어린양에게 찬송과 존귀와 영광과 능력을 세세토록 돌릴지어다 하니 네 생물이 가로되 아멘 하고 장로들은

엎드려 경배하더라』(:11-14)

합당하신 어린양(worthy is the Lamb!)

우리 주님에게 드리는 완전한 찬사입니다.

그분은 완전하신 분이십니다.

능력 자체이신 분,

모든 것을 완벽하게 가지신 분,

모든 것을 알고 계시는 분,

어떤 힘도 그분 아래 있어야 하는 완벽한 힘의 소유자,

절대 가치의 존귀한 분,

영광의 절대자,

찬송받으시기에 흠이 없으신 완전하신 분,

어린양, 하나님의 아들

우리를 위해 죽으시고 부활하시어

우리를 하나님께 드려

하나님 백성으로 제사장으로 삼으신 분

그 주님을 찬양합니다!

3

>> 세 번째 이야기 6-7장

주님 오심으로 가는 분위기

인 재앙을 중심으로

하나님께서 그의 아들 예수께 주신 내용입니다. 이 땅에서 곧 일어날 일들에 관한 것들이지요. 당신의 아들만 알고 있으라고 주신 것이 아닙니다. 예수를 구세주로 전하는 자들, 복음 전하는 자들에게 알리라고 주신 말씀이랍니다. 예수께서 자신을 수종드는 천사를 부르셨습니다. 그리고 천사들에게 앞으로 세상에 일어나게 될 일들을 알려 주신 후에 당신과 함께 있었던 제자들 중에 아직도 살아 있는 요한에게 가서 소상히 알려 주라고 하셨답니다. 천사가 요한을 만났습니다. 요한은 밧모 섬에서 혼자 지내고 있는 나이 많은 노인이었습니다. 천사는 말로 전하기도 하고 환상을 보여 주기도 했답니다. 정말 기가 막힌 말씀들이었고 웅장한 말씀들이었고 놀라운 말씀들 [illegible] 해진 비밀스런 말씀에 요한은 예수 믿고 하나님 백성된 것이 얼마나 위대한 축복인 가를 재삼 감사했답니다. 정신을 차릴 수가 없었습니다. 그래서 노환(老患)으로 떨리는 손이지만 가죽 두루마리에 먹물을 묻혀 자신이 듣고 본 것을 정성들여 기록했답니다. 자기가 본 것을 복음을 전하는 전도자들과 복음을 따라 살고 있는 다른 그리스도인들이 본다면 저들 또한 얼마나 행복해 할 것인가를 생각하니 죽기 전에 모든 것을 기록해야겠다는 소명이 생겼던 겁니다.

❶ 계시록 6:1-8

떼어진 네 인(印)과 말 탄자들

하늘나라의 모습은 감동과 감격 자체였습니다. 하나님과 어린양으로 죽으셨던 주님을 마음껏 예배하고 경배하는 것이 부러웠던 거지요. 이 땅에서는 예수를 주님이라고 부른다든지 주님께 예배드리다가 들키면 매를 맞거나 감옥에 갇히기도 하고 목이 잘리기도 하고 불에 타 죽기도 하며 노예로 살거나 요한 자신처럼 귀향해야 하는데 천국은 그렇지 않은 겁니다. 하나님과 어린양이셨던 주님을 가까이서 뵈옵고 그분들을 마음껏 높이며 예배하고 찬송하는 것을 보고 요한은 너무 좋았답니다.

오래전 예수께서 땅에 계실 때 자신과 베드로와 야고보를 데리시고 산에서 기도하다가 환상을 보았던 일이 생각났습니다. 기도중에 주님께서 모세와 엘리야와 이야기를 나누시는 걸 본 것입니다. 그 광경이 얼마나 아름답고 평화로웠는지... 베드로가 그 광경을 보고 갑작스럽게 주님께 산을 내려가지 않고 그곳에다가 초막을 셋 짓고 살겠다고 했었지요. 그런데 천국은 그보다 더 아름다워 요한은 천국에서 그냥 그렇게 살고 싶었답니다.

어린양이신 주님께서 하나님의 오른 손에 있던 인봉된 책의 인(印) 하나를 떼시는 모습이 보였습니다. 그 광경을 유심히 보고 있던 요한은 가슴이 두근거렸습니다. 그런데 갑자기 함께 보던 네 생물 중의 한 생물이 큰 소리로 뭔가를 부르는 겁니다.

"나오너라!"

요한은 깜짝 놀라 누구를 오라고 하는 건지 둘러보았습니다. 부름을 따라 나오는 것은 말(horse)이었습니다. 흰색 말이었는데 그 말에는 머리에 면류관(στέφανος)을 쓴 사람이 활을 가지고 앉아 있었답니다. 이상한 것은 이 흰 말이 이기려고 앞을 향해 나가려고 하더라는 거였지요.

『내가 보매 어린양이 일곱 인 중에 하나를 떼시는 그때에 내가 들으니 네 생물 중에 하나가 우뢰 소리같이 말하되 오라 하기로 내가 이에 보니 흰 말이 있는데 그 탄 자가 활을 가졌고 면류관을 받고 나가서 이기고 이기려고 하더라』(:1–2)

6장서 주님께서 일곱 인을 떼는 이야기가 시작됩니다.
그리고 여섯 인이 떼어진 것이 기록되어 있습니다.
(일곱 번째 인 떼어진 것은 8장에 기록되어 있습니다.)
그 중에 네 개의 인(印)은 네 말(horses)들에 관한 이야기랍니다.
문제는 그 말들이 무엇을 상징하고 있느냐 하는 것이지요.
본문을 읽으면 두 번째, 세 번째, 네 번째 말들은 나쁜 것을
의미하고 있는 것을 쉽게 알 수 있습니다만
첫 번째 말인 흰 말에 대해서는 이해가 쉽지 않고 학자들마다 의견이 분분하답니다.

흰 말(a white horse)과 그것을 탄 사람에 대한 해석들;
첫째(개혁주의)는 흰 말과 그 탄 사람을 예수 그리스도라고
해석하는 경우입니다.
그러나 예수 그리스도는 아닙니다.
왜냐하면 예수님은 지금 인을 떼고 계시기 때문입니다.
또한 그가 쓴 면류관은 스테파노스(στέφανος)인데
이 면류관은권력자에게 씌워지는 면류관이 아니라
권력자가 아래 사람에게 주는 면류관이거든요.
[왕이나 최고 권력자가 쓰는 면류관은 디아데마(διάδημα)라고 합니다.]
두 번째(세대주의)는 적그리스도라고 하는 해석입니다.
이 해석을 따르는 자들은 7년 대환난의 시작은
적그리스도의 출현으로부터라고 하면서
6장의 첫째 인을 떼는 것이 7년 대환난의 시작이라고
해석하고 있는 거지요.
그러나 적그리스도는 7년 대환난 때 정체가 드러난 것이지

그전에 이미 존재하고 있었을 걸 생각하면
이 해석도 무리라는 생각을 하게 되네요.
또 다른 해석은 하나님의 선한 일꾼이라는 해석입니다.
희다는 걸 하나님의 거룩함으로 연결시킨 것입니다.
이기고 이기려 한다는 표현을 하나님의 선한 일꾼들의 모습이라고
해석합니다.
앞으로 있을 재앙들로부터 성도들을 건지는 사명자라는 해석입니다.
면류관을 받았다는 말은 하나님으로부터 받았다는 해석입니다.
계시록 19:14에 흰 말을 탄 하늘의 군대라는 말을 인용하여
하나님의 선한 일꾼이라고 해석하는 거지요.
그런데 흰 말을 하나님의 선한 일꾼이라 단정짓긴 어렵습니다.
왜냐하면 다른 말들은 모든 재앙을 말하고 있는데
유독 흰 말만을 하나님의 선한 일꾼이라고 말하는 건
흰 색에 대한 선입관에서 나온 것이라 생각되기 때문입니다.
흰 것을 기준으로 해서 검은 쪽으로 향하는 것을 점점 나쁘게 되는 것이라고
생각하는 것은 선입관이지 사실이 아닌 거지요.
또한 그에게 주어진 활이란 권력과 힘을 상징하는 것이고
이긴다는 말도 대상이 분명치 않은 겁니다.

흰 말과 그 탄 사람에 대한 필자의 생각은
세상을 7년 대환난으로 몰고 가도록 사명받은 네 영물들(붉은 말, 검은 말, 청황색 말) 가운데 하나라고 보는 겁니다.
왜냐하면 이 네 말들은 모두
하나님 보좌 주변에 있는 네 생물이 불렀을 때 나온 말들(horses)이거든요.
그리스도께서 생전에 당신이 다시 오실 때의 분위기를 말했었는데(마

24:1-14, 눅 21:34)
이 네 말들과 그 위에 탄 사람들은 그 분위기를 만들기 위해 보냄을 받은 영물들이라는 겁니다.
그들이 나타나면서 세상은 아주 힘들어지고 있는 겁니다.
어떤 해석가들은 본문이 7년 환난의 시작을 말한다고 하나
필자는 7년 환난이 오고 있을 뿐이지 아직 시작은 아니라고 생각합니다.
흰 말 탄 자가 이기고 이기려고 나간다는 것은
세상을 그런 분위기로 만드는 일에 열심을 낸다는 말이 아닐까요?

요한이 흰 말의 출현을 보고 있는데 어린양께서는 두 번째 인을 떼시는 겁니다. 그 인이 떼어지면서 다른 생물이 말하는 또 다른 소리를 들었습니다. 역시 똑같은 말이었습니다.

"나오너라!"

마치 미리 준비하고 있었던 것처럼 사람을 등에 태운 한 마리의 말이 또 뛰쳐나왔답니다. 이번에 나온 말은 붉은 말이었습니다. 이 말에게도 사명이 있었답니다. 세상에 가서 화평을 제하고 서로가 서로를 죽이는 분위기를 만들도록 하는 사명이었지요. 그 상징으로 큰 칼을 받아 가지고 있었답니다.

『둘째 인을 떼실 때에 내가 들으니 둘째 생물이 말하되 오라 하더니 이에 붉은 다른 말이 나오더라 그 탄 자가 허락을 받아 땅에서 화평을 제하여 버리며 서로 죽이게 하고 또 큰칼을 받았더라』(:3-4)

큰 칼을 받았다는 건 싸움을 상징하는 것이며
땅에서 화평을 제하여 버리는 일을 한다는 건
전쟁을 의미하는 것임을 알 수 있습니다.
주님의 재림이 무르익어 마지막 환난의 때가 오면
살벌한 싸움의 분위기로 될 것이라는 말이지요.
그 분위기는 마음은 물론 실질적으로 화평이 없는 분위기일 겁니다.

어린양께서 세 번째 인을 떼셨습니다. 그랬더니 세 번째 생물의 소리가 들렸습니다. 역시 무엇인가를 부르는 소리였습니다. 이번에는 검은 말이 사람을 태우고 나왔답니다. 그런데 그 사람은 손에 저울을 가지고 있었습니다. 그 역시 자신의 입으로는 아무런 말도 하지 않았습니다. 네 생물들 사이에서 말이 흘러나왔지요. 어린양의 목소리인 것 같았습니다.

"한 데나리온에 밀 한 되요. 한 데나리온에 보리 석 되로다. 그렇지만 감람유와 포도주는 해치 말라."

요한은 무슨 그런 세상이 있을까 하면서 놀랐습니다. 아니 하루 일해서 번 돈으로 밀을 겨우 한 되 사고, 보리는 석 되만 살 수 있다면 세상 경제가 어떻게 된다는 말인지 납득이 안갔습니다. 보통 때보다 물가가 10배나 오른다는 말이기 때문이었습니다. 식량의 값이 그리도 오른다면 세상에 엄청난 기근이 온다는 말인데... 만일 그런 세상이 온다면 세상은 정말 아귀다툼일 것이라는 생각이 들었답니다.

'그런데 왜 감람유와 포도주는 해치지 말라고 하시는 걸까?'

요한은 궁금했습니다.

'세상이 경제적 어려움으로 난리가 날 때라도 주님의 백성들에겐 피할 길을 내어 주라는 말씀인가?'

『셋째 인을 떼실 때에 내가 들으니 셋째 생물이 말하되 오라 하기로 내가 보니 검은 말이 나오는데 그 탄 자가 손에 저울을 가졌더라 내가 네 생물 사이로서 나는 듯 하는 음성을 들으니 가로되 한 데나리온에 말 한 되요 한 데나리온에 보리 석 되로다 또 감람유와 포도주는 해치 말라 하더라.』(:5–6)

검은 말과 그 말을 탄 사람은
마지막 때 (7년 환난)의 분위기로 가기 위해서
경제적인 공황을 가지고 오는 역할을 하는 것으로 해석합니다.
저울은 물가를 조절하는 기관을 상징이지요.
데나리온은 화폐 단위인데
한 사람이 하루 일하면 벌 수 있는 정도의 돈입니다.

감람유와 포도주를 해치 말라는 해석은 분분합니다.
어떤 해석가는 감람유와 포도주는 부자들의 기호 식품이기에
경제적 고통중에서도 있는 사람들은 고통을 겪지 않을 것이라는
해석을 하기도 하고
또 다른 해석가는 믿는 사람들에 대한 말이라고 하면서
성도는 극심한 경제적 어려움 가운데 에서도 어떻게든 보호받을 것이라

고 말합니다.

세 번째 검은 말이 보인 후에 어린양이 네 번째 인을 떼자 보좌 주변에 있던 네 생물들 가운데 하나가 또 소리를 내었습니다.

"나오너라!"

이번에 나오는 말은 청황색 말이었고 역시 그 위에 사람이 타고 있었습니다. 그런데 그 사람에겐 이름이 있었습니다. 「사망」이라는 이름입니다. 그 말과 말 탄 사람 뒤에는 음산한 것, 음부같은 것들이 따라 붙어 왔답니다. 이상하기도 하고 끔찍하기도 하고 아주 기분 나쁜 모습이었습니다. 아니나 다를까 그가 지나가는 곳마다 죽음이 따랐는데 죽은 자들을 보니 칼에 죽은 자, 먹지 못해 죽은 자, 병으로 죽은 자, 자연 재해로 죽은 자들이 줄을 잇고 있었습니다. 그는 세상의 1/4을 마음대로 할 권세를 가지고 있었지요.

『넷째 인을 떼실 때에 내가 넷째 생물의 음성을 들으니 가로되 오라 하기로 내가 보매 청황색 말이 나오는데 그 탄 자의 이름은 사망이니 음부가 그 뒤를 따르더라 저희가 땅 사분 일의 권세를 얻어 검과 흉년과 사망과 짐승으로써 죽이더라.』(:7-8)

이름이 사망인 사람이 청황색 말을 타고 나타난 겁니다.
이 말 탄 사람은 죽음을 가지고 와서
세상에 많은 사람들을 죽게 할 거랍니다.
검으로 죽는다는 말은 전쟁이나 테러로 죽는 것이고

흉년으로 죽는다는 말은 말 그대로 지상에 먹을 것이 없어
굶어 죽는다는 거지요.
사람들의 주식인 밀과 쌀, 콩 등 여러 식량과 마실 물 등이
바닥난다는 겁니다.
이유는 여러 가지일 겁니다.
기근으로 혹은 기후 변화나 땅의 오염으로...
사망으로 죽는다는 말은 재앙이나 질병으로 인한 죽음일 수 있습니다.

요한은 숨을 죽이고 있었습니다. 어린양이 인을 떼실 때마다 네 생물의 소리가 준비된 것처럼 바로 나오더니 그 소리에 따라 말이 등장하는 걸 보고 놀라고 있었지요. 게다가 말 탄 사람이 나올 때마다 세상의 분위기를 만들어 가도록 명령을 받은 것에 놀랐던 겁니다. 요한은 하나님의 위대하심을 느꼈습니다. 세상은 자기 마음대로 잘 살아보겠다고 발버둥을 치지만 하나님을 거부한 사람들의 생각조차도 하나님이 주장하신다는 것과, 아무리 그들이 세상을 지키고 아름답게 만들며 세상을 보존하려 노력한다 하더라도 세상은 그들의 뜻대로 될 수 없다는 것을 발견한 거지요. 확실하게 눈으로 보며 경험한 겁니다.

요한은 주님께서 세상에 계실 때, 마지막 때에 대해 말씀하신 걸 기억했습니다.

'주님께서 그 때에 분명히 말씀하셨어. 세상 끝에는 많은 미혹이 있을 것이니 조심하라고 말이야. 사는 것이 힘들어 질수록 사람들을 미혹하려는

악인들이 얼마나 판을 치겠는고. 그걸 아시고 미혹받지 말라고 하신 거로구먼... 수많은 사람이 자신이 메시아라고 하겠고 구원자라고 하겠구먼. 사기꾼들이 나타나겠어, 암. 우리 형제들이 미혹을 받지 말아야 할텐데... 처처에 기근과 지진이 있을 거라 말씀하셨던 것도 이해가 되이. 그런 날이 다가오고 있구먼. 주님께서 말씀하신 그 때가 말이야.'

요한은 주님 생전에 하셨던 말씀들을 기억하면서 그 말씀하신 일들이 꼭 일어나게 될 거라고 확신하게 된 겁니다. 하나님을 버린 인간들을 하나님께서 움직이고 계신다는 것을.

❷ 계시록 6:9-11

떼어진 다섯 번째 인과 순교자들의 기도

요한이 한참이나 생각에 빠져 있을 때 어린양은 또 다시 책의 인을 떼셨습니다. 다섯 번째 인이었습니다. 그런데 이번에는 조금 전까지 보지 못했던 광경이 펼쳐졌습니다. 한 제단이 보이는데 그 아래 수많은 사람들이 탄식하고 있는 모습이었죠. 그 사람들은 비록 탄식을 하고 있었지만 그 모습은 아주 신실해 보였고 그들은 존귀한 자들이 틀림없어 보였습니다. 하나님의 말씀으로 충만한 사람들이었고 그 말씀의 증인으로 살다가 악인들에게 죽임을 당한 순교자들인 겁니다. 아니나 다를까 그들의 탄식 소리를 들으니 기가 막혔습니다.

"거룩하시고 진실하신 하나님, 당신은 온 세상의 주인이시나이다. 그런데 악한 자들이 우리를 죽이는데도 가만히 계시나이까? 저들은 우리를 죽이면서 당신을 조롱하고 대적하나이다. 어느 때까지 참고 계시려나이까? 당신의 이름이 모욕을 당하나이다."

순교자들의 탄식은 자신들은 억울하게 죽었음을 원통해하는 게 아니었습니다. 힘없이 죽어가는 자신들을 보면서 하나님이 어디 있느냐고 주를 조롱하고 대적하는 자들의 교만을 그치게 해 달라는 거였습니다. 신앙인들을 죽이며 하나님을 모욕하는 자들로 인해 하나님의 이름이 더 이상 모욕받지 않게 해달라는 간구였습니다.

『다섯째 인을 떼실 때에 내가 보니 하나님의 말씀과 저희의 가진 증거를 인하여 죽임을 당한 영혼들이 제단 아래 있어 큰 소리로 불러 가로되 거룩하고 참되신 대주재여 땅에 거하는 자들을 심판하여 우리 피를 신원하여 주지 아니하시기를 어느 때까지 하시려나이까 하니』(:9–10)

하늘에 제단이 있답니다.
그 제단이 어떤 것인지는 중요하지 않습니다.
그것이 구약 성경에 나오는 번제단인지 향단인지
아니면 언약궤 앞인지는 아무도 모릅니다.
단지 요한이 표현할 수 있는 말이 제단이라는 거지요.

10절에 나오는 순교자들의 기도는 자신들이 억울하게 죽은 것에 대한
원수를 갚아 달라고 하는 것이 아닙니다.
하나님의 말씀과 그에 대한 증인으로 살다가

자신들의 말을 거부하는 자들에 의해 죽었는데
오히려 자신들이 힘없이 죽는 모습을 보고 하나님을 모욕하더라는 겁니다.
그런데 순교자들은 하나님이 그렇게 조롱당하는 게 싫은 겁니다.
그래서 이제 그만 조롱당하시고 저들을 심판하시라는
탄원을 하고 있는 거지요.
하나님에 대한 사랑이 넘쳐서 하는 기도랍니다.

순교자들의 탄원을 듣고 있던 요한에게 많은 생각이 떠올랐습니다. 얼마 전 하나님의 말씀과 그 말씀이 주님에게서 다 이루어진 것을 증거하다가 로마 사람들에게 죽임당한 베드로 사도가 생각났습니다. 그는 사람들을 불쌍히 여기면서 복음을 전했는데 사람들은 그를 십자가에 거꾸로 매달아 죽였던 거지요. 바울 사도도 복음을 전하다가 목이 잘려 죽었던 겁니다. 자신은 이리도 오래 살아 있지만 주님을 함께 따르던 형제들이 모두 순교한 것이 생각났답니다. 야고보 형제도 생각났습니다. 주님 때문에 최초로 순교한 형제였지요. 얼마 전에는 스데반 집사가 유대인들의 돌에 맞아 순교했다는 말도 들었구요. 요한의 머리에는 주님의 형제들이 주님 때문에 죽었던 것이 주마등처럼 지나갔답니다.

'저 탄식하는 자들 가운데 나의 형제들도 있겠지...'

요한은 생각했습니다.

'나와 함께 지낸 형제들만 그렇게 죽은 것은 아니지. 오래 전, 주님 오시기 전에도 많은 하나님의 선지자들이 죽임을 당하지 않았던가! 저들이 하나님의 이름 때문에 죽었는데 지금도 하나님의 이름이 모욕받을까 하여 기도하는구먼.'

주님 때문에 당하는 억울함이 있습니다.
복음 때문에 받는 조롱도 있습니다.
하늘나라 때문에 당하는 불이익도 있습니다.
신앙 때문에 왕따당하는 경우가 얼마나 많은지요.
그리고 죽은 사람도 있지요.
억울하다고 하지 마세요.
우리가 그렇게 당하고만 있기에
나쁜 사람들은 주님께 더 악한 일을 한답니다.
우리 주님이 더 모욕받고 있음을 억울해 하세요.
나 하나 왕따당하고 조롱받는 것,
불이익당하고 무시당하는 건 괜찮답니다.
주님이 그렇게 되는 것 때문에 마음이 아픈 겁니다.
'주님, 언제까지 무시당하시고 모욕을 당하실 건지요!'

순교의 신앙을 가지세요.
아주 영광스런 일이랍니다. 하늘나라에서 상이 크구요!
그러나 상을 위해서 목숨을 내놓는 건 순교가 아니라
상술(商術)입니다.
오직 주님을 사랑하기에 목숨을 아끼지 않는 것을

순교라고 하는 겁니다.
순교는 마음먹는다고 되는 것이 아닙니다.
저절로 되는 것이 순교랍니다.
그런 신앙으로 살기 위해서는
우선 하나님의 말씀으로 충만해야 합니다.
그 말씀에 대한 확신으로 주 예수 그리스도를
분명히 알아야 합니다.
다시 오시는 주님을 생각해야 합니다.
하늘나라의 영원한 삶에 대한 확고한 소망을 가지고
살아야 하는 거지요.
아름답고 영광스러운 순교자의 죽음을 꿈꾸는 것도 중요하지만
주님을 사랑하는 마음 때문에 죽음을 초월한 삶을
사는 것이 더 중요하지요.
순교하느냐 그렇지 않느냐가 중요한 것이 아니라
주님 사랑하느냐 그렇지 않느냐가 중요한 거랍니다.
그게 진짜 순교랍니다.

순교자들이 탄원을 하고 있는데 누군가가 그들 각각에게 흰 두루마기를 주었습니다.(하나님이신지 어린양이신지는 모르겠습니다.) 아주 정결하고 깨끗한 옷이었습니다. 요한은 그 흰 두루마기가 영광스런 옷임을 알 수 있었답니다. 말씀하시는 소리가 들렸습니다.

"아직은 아니니라. 너희들은 잠시 쉬도록 하고 많은 내 종된 너희 형제

들도 너희들처럼 순교할 것이니 그 수가 차면 너희의 기도대로 될 것이야."

『각각 저희에게 흰 두루마기를 주시며 가라사대 아직 잠시 동안 쉬되 저희 동무 종들과 형제들도 자기처럼 죽임을 받아 그 수가 차기까지 하라 하시더라』(:11)

순교자의 숫자가 채워져야 한다는 말은
산수 개념의 숫자를 말하는 것이 아닙니다.
아직 하나님이 계획하신 때가 아니라는 말이지요.
다른 의미로는 아직도 주의 종들로 하여금
복음 전파가 계속되어야 한다는 말이기도 하고
한 영혼이라도 더 구원을 받아야 한다는 말이기도 하지요.

❸ 계시록 6:12-17

여섯 번째 인과 재앙

제단 앞의 순교자들의 모습을 보면서

하나님 하시는 말씀을 듣고 있는데 어린양께서 또 인을 떼셨습니다. 여섯 번째 인이었습니다. 그 인이 떼어지자 새로운 광경이 보였답니다. 무섭고 놀랄 만한 일이었습니다.

땅이 흔들리며 무서운 지진이 있는 겁니다. 해는 검어지고 다른 쪽에 있는 달은 피색깔로 변하고 있었습니다. 하늘에 걸려 있던 별들은 땅으로 모두 비같이 떨어지고 하늘은 마치 종이가 말리고 구겨지는 것처럼 끔찍하게 변하고 있었죠. 지진은 얼마나 컸는지 산은 없어지고 바다의 섬들 또한 물속으로 사라지고 있었답니다. 온 세상에 대재앙이 임하는 걸 본 것이지요.

그것만이 아니었습니다. 세상의 정치적 지도자들이 이 재앙을 보고는 문제를 해결하는 척 하면서 오히려 자신들의 피난처를 찾고 있는 겁니다. 나라의 국왕들도 그랬습니다. 군사를 움직이는 장군들도 그랬습니다. 돈 많은 사람들은 자신들이 비밀스럽게 파놓은 산 속과 땅 속의 은신처로 숨어 들어갔습니다.

소위 요새라고 하는 은신처는 권력이나 돈이 있는 자들만의 장소였습니다. 밖에서는 재앙으로 인해 수많은 사람들이 죽어가고 있었지요. 은신처에 숨어 있던 자들은 절규했습니다.

"신이 우리를 저주하는가보다! 기독교인들이 말하지 않았던가. 하나님이 심판을 내린다고 했는데 그 심판인가? 예수쟁이들이 자신들의 메시아인 그가 다시 온다고 했는데 지금이 그때인가? 여기 숨으면 언제까지 버틸 수 있는 건가? 언제까지 숨어 있을 수 있단 말인가?"

『내가 보니 여섯째 인을 떼실 때에 큰 지진이 나며 해가 총담같이 검어지고 온 달이 피같이 되며 하늘의 별들이 무화과나무가 대풍에 흔들려 선 과실이 떨어지는 것 같이 땅에 떨어지며 하늘은 종이 축이 말리는 것 같이 떠나가고 각 산과 섬이 제자리에서 옮기우매 땅의 임금들과 왕족들과 장군들과 부자들과 강한 자들과 각종과 자주자가 굴과 산 바위틈에 숨어 산과 바위에게 이르되 우리 위에 떨어져 보좌에 앉으신 이의 낯에서와 어린양의 진노에서 우리를 가리우라 그들의 진노의 큰 날에 이르렀으니 누가 능히 서리요 하더라』(:12-17)

총담이란

산양이나 약대의 털로 짠 검은 천을 말합니다.(black as sackcloth of hair)
하늘이 그렇게 검게 바뀐다는 말이지요.
달의 색도 피같이 된다고 하고 있습니다.
대기권의 총체적인 변화입니다.
게다가 별이 땅으로 떨어진다고 했는데
오늘날 운석이 떨어지는 걸 상상하면 되겠지요.
산이 없어지고 섬이 사라지는 지진이란 얼마나 대단한 것일까요?
그야말로 무서운 재앙입니다.
게다가 이런 일을 해결 못하는 지도자들은 스스로 미리 준비한
요새에 숨을 것입니다.
요한이 노골적이고 사실적인 표현을 하지 못한 것은
단지 자신의 언어의 한계 때문이었습니다.
유대를 배경으로 대부분 자신이 본 것을
구약성경에서 나온 표현으로만 기록한 것이죠.

❹ 부록
7년 대환난에 대하여

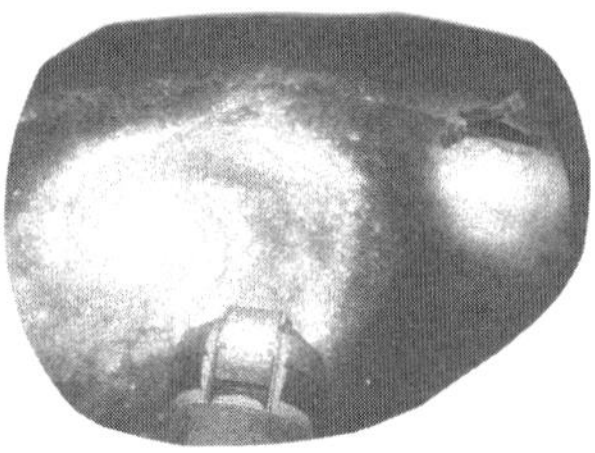

그리스도의 재림에 관하여 성경을 공부하다보면 7년 환난에 관한 용어를 듣습니다. 또한 7년 환난을 반으로 나눈 전 3년 반과 후 3년 반이라는 말도 나옵니다. 그렇다면 7년 환난이란 무엇일까요? 먼저 「7년 환난」이란 용어는 성경 어느 곳에도 나타나지 않습니다. 단지 다니엘서에 「이레」라는 용어가 나오는데 한 이레를 7년으로 본다는 것에서 아이디어를 얻어 종말의 때를 말할 때 7년 환난이라는 말을 쓰고 있는 것뿐입니다.

다니엘서는 유대인을 대상으로 쓴 책으로 세상의 전(全)역사에 대하여 기록이 되어 있는데 그 역사를 70이레로 말하고 있답니다. 다니엘서 9장 24절입니다.

『네 백성과 네 거룩한 성을 위하여 **칠십 이레로 기한을 정하였나니** 허물이 마치며 죄가 끝나며 악이 영속되며 영원한 의가 드러나며 이상과 예언이 응하며 또 지극히 거룩한 자가 기름부음을 받으리라』

70이레가 끝나면 허물과 죄가 끝나고 악이 영원히 없어지며 영원한 의가 드러나고 이상과 예언이 성취되며 지극히 거룩한 자가 기름부음을 받는답니다. 쉽게 말하면 이 땅의 역사가 끝난다는 말이지요.

이어지는 25절은 70이레를 구분해 놓고 있답니다.

『그러므로 너는 깨달아 알지니라 예루살렘을 중건하라는 영이 날 때부터 기름부음을 받은 자 곧 왕이 일어나기까지 **일곱 이레와 육십 이 이레**가 지날 것이요 그때 곤란한 동안에 성이 중건되어 거리와 해가 이룰 것이며』

여기서 흥미로운 것은 '예루살렘을 중건하라는 영이 날 때'라는 구체적인 시간이 기록되었다는 거지요. 역사적으로 고레스 왕 원년(B.C. 536년)에 성전 중건 영이 있었고 아닥사스다 왕 7년(B.C. 445년)에 아닥사스다가 느헤미야에게 예루살렘을 중건하라고 했지요. 그러므로 B.C. 445년을 그때로 하고 이때부터 7이레와 62이레가 지나면 기름부음 받은 왕이 나타난답니다.

계산하면 69이레가 지난 후에 왕이 나타난다는 말이지요.

또 흥미로운 구절이 나옵니다. 26절인데요,

『**육십 이 이레 후에** 기름부음을 받은 자가 끊어져 없어질 것이며...』라는 구절이지요.

이 말씀들을 보면 무척이나 헛갈리는데 62이레 후라는 말은 앞의 7이레라는 말 다음의 62이레를 말합니다. 그러므로 62이레 후라는 말은 7이레가 지나고 62이레가 지난 다음을 말하는 거지요. 즉, 69이레가 지난 다음에는 기름부음 받은 자가 없어질 것이라는 말입니다.

「이레」는 실제적으로 7일을 말합니다만 본문에서의 이레는 상징입니다. 사실적인 7일을 말하는 것이 아니고 7년을 상징하고 있는 것이지요. 그렇다면 역사의 시간표가 나옵니다.

69이레는 483년입니다. 성전을 중건하라고 한 때는 B.C. 445년이므로 거기서 483년을 더하면 A.D. 38년입니다. 그때가 기름 부음 받은 자, 곧 메시야가 나는 해인 것입니다. 예수께서 태어나 30년은 일반 생활을 하시고 3년은 공생애를 사셨다면 그가 이 땅에 오셔서 기름 부음 받은 왕으로 드러나신 때(필자의 생각으로는 요한에게 세례를 받으실 때나 혹은 부활하셔서 만왕의 왕으로 드러나실 때)와 거의 일치한다는 거지요. 그리고 주께서 승천하신 후에는 다니엘서에서 말한대로 기름 부음 받은 자가 끊어진 겁니다.

더 정확한 계산도 있습니다.
예루살렘 성이 중건된 때를 아닥사스다 왕 20년(445년)
니산월 첫날(3월 15일)로 하고
69 이레가 지나는데 (69 7), 유대 계산대로 한 달을 30일로 계산하면
476년이지요.
그렇다면 정확하게 A.D 32년 4월 6일이 된답니다.
이날은 예수께서 예루살렘으로 입성하신 날이구요,
예수가 왕으로 대접받는 날입니다.
이런 주장을 그대로 받아들이는 것은 약간의 무리가 있겠지만
오차의 범위를 감안해보면 거의 정확합니다.

그 후의 사건은 이렇게 기록되어 있습니다.

『장차 한 왕의 백성이 와서 그 성읍과 성소를 훼파하려니와 그의 종말은 홍수에 엄몰됨 같을 것이며 끝까지 전쟁이 있으리니 황폐할 것이 작정되었느니라 그가 장차 많은 사람으로 더불어 한 이레 동안의 언약을 굳게 정하겠고 그가 그 이레의 절반에 제사와 예물을 금지할 것이며 또 잔포하여 미운 물건이 날개를 의지하여 설 것이며 또 이미 정한 종말까지 진노가 황폐케 하는 자에게 쏟아지리라 하였느니라』(단 9:26-27)

여기에서 나오는 말 가운데 궁금한 단어가 있습니다. 「장차」라고 하는 말입니다. 이 '장차'가 언제냐는 거지요. 종말론을 연구하는 사람들은 그리스도가 재림하실 때까지의 기간이라고 주장합니다. 즉, 그리스도가 승천하신 후까지가 69 이레이고 그 후로는 공백기이며 그 공백기를 지난 후를 장차라고

하는 겁니다. 공백기가 끝나고 그리스도의 재림 직전 7년을 '한 이레'라고 한답니다. 그런 맥락에서 본문의 '한 이레'를 해석하는 겁니다.

여기에 한 이레 동안 일어날 일이 기록되어 있습니다. 한 왕이 나타납니다. 그는 유대인에게 무척이나 고통을 줄 겁니다만 그의 최후는 전쟁중에 비참하게 맞이할 거라는 말이지요. 그가 유대인과 계약을 맺는 기간은 한 이레입니다. 그러나 그는 3년 반이 지난 후 계약을 파기하여 유대인에게 고통을 줄 거라는 말이랍니다. (다니엘서에서는 유대인에게 일어날 일들에 관해서만 기록되어 있습니다만 요한계시록에서는 전 세계적으로 일어날 일들이 기록되어 있답니다.)

다니엘서의 이런 마지막 한 이레 사상에서 7년 그 기간이 유대인과의 계약 기간이기에 그 기간이 평화 계약 기간이건 계약 파기 기간이건 간에 못된 왕(적그리스도)이 지배하는 '7년 환난'이라는 용어를 쓰는 것이지요.

7년 환난 동안에는 어떤 일들이 일어나는지요?

우선은 유대인과 관련된 사건입니다. 7년 환난은 화약고인 중동의 문제가 해결되는 것으로부터 시작합니다. 중동 문제의 시발점인 예루살렘 문제가 해결되는 것이지요. 누군가가 나타나 이스라엘 사람들에게 평화를 약속하면서 시한부적인 평화 계약을 체결하는 일이 일어날 것입니다. 그 평화 계약 기간은 정확하게 7년이라고 성경은 말합니다. 그 누군가는 당시의 최고 영향력자라고 할 수 있는 연합국의 수장일 가능성이 높습니다. 그 결과 세상에는 놀라운 평화가 올 것이고 이 일을 해낸 연합국가의 수장은 세계적인 영웅으로 떠오를 겁니다. 그러나 어느 순간 그 수장이 이스라엘과 맺은 계약을 일방적으로 파기하면서 국제적인 문제가 발생할 것입니다. 이스라엘의 성지인 예루살렘과 성전을 무례히 짓밟으면서 자신이 신인 것처럼 횡포를 부릴 것이지요. 이때 이스라엘 사람들은 엄청난 배신감과 더불어 고통을 받게 될 것입니다. 이 연합체의 수장을 적그리스도라고 하는 겁니다.

유대인이 아닌 사람들에게는 어떤 일이 일어날까요? 소위 말하는 연합국가의 수장이 명백하게 드러나 전세계를 지배하고 막강한 영향력을 행사합니다. 정치적으로는 물론 경제적으로도 대단한 영향력을 끼칠 것이지요. 이스라엘의 문제를 해결한 것은 물론이고 전세계가 그의 강력하고도 탁월한 통솔력 안에 들어가는 것이지요. 세상은 그를 아주 좋아할 것이고 그를 세상의 구세주로 인정할 것입니다. 그는 경제적인 문제를 해결하기 위하여 생체칩(짐승의 표)을 받도록 강요할 것이고 결국에는 그 생체칩을 받지 않고서는 살 수 없도록 할 것입니다.

이때 교회는 십자가의 복음을 버리고 종교다원주의를 추종하면서 영적인 음란에 빠집니다. 그리스도를 뒤로 감추고 모든 우상과 연합하는 일을 할 것이지요.

적그리스도가 강력한 힘을 가지고 세상을 지배합니다만 그것이 계속되지는 않습니다.

이런 일들이 우리가 말하는 7년 환난 때 일어날 일들이랍니다. 이러한 일들이 언제 시작될까요? 이것이 궁금해집니다. 그러나 7년 환난이 언제 시작되느냐 하는 것보다 중요한 것이 있습니다. 7년 환난의 시작을 향해 세상은 지금도 달려가고 있다는 겁니다. 정치적으로도 경제적으로도 군사적으로도 종교적으로도 그렇습니다. 역사는 이 일을 향해 여기까지 달려 온 겁니다.

그리스도인들은 이런 7년의 환난을 기다리는 사람들입니다. 이 일이 두렵기도 하지만 이 일이 지나야 우리의 신랑되신 그리스도께서 재림하시기 때문입니다. 그러면서도 우리가 궁금한 것은 우리가 그 환난을 통과하느냐 아니면 그 환난이 있기 전에 소위 말하는 휴거(rapture)를 하느냐 하는 것이지요. 좀더 구체적으로 말하면 7년 계약 후반부의 끔찍한 환난을 피할 것인가, 아니면 그때의 고통을 겪은 후에 휴거될 것인가 궁금해지지요.

성경은 그것에 대해 애매모호한 정보를 주고 있을 뿐입니다. 그러나 분명한 것은 거듭난 그리스도인은 환난의 시기를 다 지난다 하더라도 주님께서 보호해 주신다는 말씀입니다. 또한 환난의 때를 지나는 동안 마지막 복음 사명자로, 영혼을 구원할 추수꾼으로 살게 될 것이라는 말씀입니다.

5 계시록 7:1–8
특별히 선택된 사람들

어린양이 여섯 번째까지 인(印)을 떼실 때마다 요한은 앞으로 세계가 어떻게 바뀔 것인지를 짐작할 수 있었습니다. 전쟁과 싸움이 있을 것이고 경제적으로 극심한 환난이 올 것이며 끔찍한 죽음이 세상을 뒤덮을 것임을 알 수 있었지요. 하늘에서는 주의 재림을 독촉하는 순교자들의 탄식 기도가 계속되고 있는 것도 본 겁니다. 게다가 세상에 내릴 자연 재앙도 생생히 보았고 이를 피하기 위한 정치적인 노력과 그로 인해 겪게 될 혼란도 본 거지요. 요한은 이런 일을 하시는 하나님이 무섭기도 했지만 반면에 자신이 생각한 것보다 하나님은 더 위대하신 분이라는 걸 체험하고 있었답니다.

요한은 어린양이 마지막 인을 떼실 때에 또 어떤 끔찍한 것(?)을 보여 주실지 마음을 조아리고 있었지요. 그런데 인을 떼시기 전에 다른 것을 보여 주시는 겁니다.

네 천사가 땅 네 모퉁이에 서 있었습니다.(당시 사람들은 지구가 둥글다고 생각하지 않고 평면이라고 생각했습니다.) 그 모퉁이에 서서 땅으로 불고 있는 바람을 붙잡고 있는 겁니다. 때문에 세상은 아주 잠잠하고 조용했습니다. 그들이 붙잡고 있는 바람은 땅을 해롭게 하는 바람이 분명했습니다.

『이 일 후에 내가 네 천사가 땅 네 모퉁이에 선 것을 보니 땅의 사방의 바람을 붙잡아 바람으로 하여금 땅에나 바다에나 각종 나무에 불지 못하게 하더라』(:1)

세상에서 일어나는 일들
사람이 하는 것 같은 데 사람을 움직이시는 건 하나님이시지요.
자연 재앙 같은데 그 재앙을 임하게 하는 분은 하나님이시랍니다.
반면에 세상을 조용하게 하시는 분도 하나님이시구요!

하나님 앞에 겸손해야 합니다.
하나님이 하시는 일에 경이를 표해야 한답니다.
하나님께 모든 걸 맡겨야 하는 거랍니다.
하나님께서 당신의 일을 자유롭게 하시기 때문이지요.

그런데 해 돋는 쪽에서 다른 천사가 나타나는 겁니다. 그 천사는 도장 하나를 가지고 있었지요. 하나님의 인(印)이었습니다. 그리고는 큰 소리로 외쳤답니다.

"이보게들, 우리가 하나님의 종들의 이마에 인을 치기까지 바람을 꼭 붙잡고 있게나. 그래야 땅이건 바다건 나무건 간에 해를 입지 않을 것이거든!"

하나님의 인을 가진 천사는 바쁘게 움직이더니 많은 사람들 가운데서 사람들을 선택해 그들의 이마에 하나님의 인을 찍어 주었습니다. 인을 치던 천사들은 서로 그 숫자를 말하며 일을 해나갔습니다. 그 숫자가 제한되어 있었는가 봅니다. 아니나 다를까 144,000명이 되었다고 하니깐 인 치는 일을 그쳤답니다. 그 숫자는 기억하기 쉬웠지요.

"유다 지파에 인 맞은 자가 12,000명이요, 르우벤 지파에서는 12,000명이요, 갓 지파에서도 12,000명이요, 아셀 지파도 12,000명이요..."

천사들은 자신이 맡아 인친 숫자를 큰 소리로 보고하고 있었답니다.

"납달리 지파도 12,000명이요, 므낫세 지파도 12,000명이요, 시므온 지파도 12,000명이요, 레위 지파도 12,000명이요, 잇사갈 지파도 12,000명이요, 스불론 지파도 12,000명이요, 요셉 지파도 12,000명이요, 베냐민 지파도 12,000명이요... 도합이 144,000명이요!"

『또 보매 다른 천사가 살아 계신 하나님의 인을 가지고 해 돋는 데로부터 올라와서 땅과 바다를 해롭게 할 권세를 얻은 네 천사를 향하여 큰 소리로 외쳐 가로되 우리가 우리 하나님의 종들의 이마에 인치기까지 땅이나 바다나 나무나 해하지 말라 하더라 내가 인 맞은 자의 수를 들으니 이스라엘 자손의 각 지파 중에서 인 맞은 자들이 십사만 사천이니 유다 지파 중에 인 맞은 자가 일만 이천이요 르우벤 지파 중에 일만 이천이요 갓 지파 중에 일만 이천이요 아셀 지파 중에 일만 이천이요 납달리 지파 중에 일만 이천이요 므낫세 지파 중에 일만 이천이요 시므온 지파 중에 일만 이천이요 레위 지파 중에 일만 이천이요 잇사갈 지파 중에 일만 이천이요 스불론 지파 중에 일만 이천이요 요셉 지파 중에 일만 이천이요 베냐민 지파 중에 인 맞은 자가 일만 이천이라』(:2-8)

요한은 인침 받은 사람들의 이마를 유심히 보았습니다. 무슨 말이 쓰여져 있을까 궁금해서였지요. 그걸 읽은 요한은 감탄했답니다. 다름 아닌 어린양의 이름과 그의 아버지의 이름이 적혀 있었기 때문이었지요. 어린양 예수 그리스도, 그분의 아버지... 여호와 하나님...

하나님의 인을 맞은 십사만 사천 명(144,000)...
본문은 그들 모두가 이스라엘의 12 지파에서 12,000명씩 뽑힌 사람들이라고 말합니다.
세대주의 학자들은 그들을 글자 그대로 유대인, 이스라엘 사람들이라고 해석합니다만
그렇지 않습니다.

이스라엘이라는 말은 일반적으로 혈통이 아닌 영적 공동체를
의미하기 때문입니다.
즉 예수를 그리스도로 영접하여 하나님의 백성 된 모든 사람들을 말하지요.
혈통적 이스라엘이 아니라 영적 이스라엘인 모든 성도를 말하는 겁니다.
그렇다면 이 144,000명이 구원받은 모든 사람을 말하는 숫자인가요?
그렇게 해석하기도 합니다만(개혁주의 해석)
그렇지 않을 것이라고 생각합니다.
모든 구원받은 사람들이라면 이마에 인을 받는 것이 아니라
마음에 인치심을 받지요.(고후1:22, 엡1:13)
144,000명은 구원받은 사람에 대한 상징적 숫자가 아니라
어느 한정된 기간 동안 사역할 사람들을 상징하는 숫자일 겁니다.
본문은 이들을 '하나님의 종들'이라고 말하고 있는데
분명 일반 성도는 아닙니다.
또한 이스라엘 각 지파라고 하지 않고 이스라엘 각 지파 '중에서'라고 표현하고 있지요.
『144,000 from all the tribes of Israel』(NIV)
영적 이스라엘 백성들(성도들) 가운데 특별히 선택된 사람들이라는 말입니다.
그러면 144,000명이 실질적인 숫자일까요?
그렇지가 않습니다.
이는 명확한 숫자가 아니라 상징적인 숫자라고 생각하는 것이 바람직하답니다.

그렇다면 어떤 사람이 사명자로 선택될 수 있는가요? 자격 말입니다.
선택받은 사람들이 어떤 사람들이었는지가 14장4-5절에 기록되어 있답니다.
『이 사람들은 여자로 더불어 더럽히지 아니하고 정절이 있는 자라
어린 양이 어디로 인도하든지 따라가는 자며

사람 가운데서 구속을 받아 처음 익은 열매로 하나님과

어린 양에게 속한 자들이니

그 입에 거짓말이 없고 흠이 없는 자들이더라』

첫째는 '여자로 더불어 더럽히지 아니하고 정절이 있는 자'입니다.
여기서 말하는 여자는 요한계시록17장에 나오는 '음녀(淫女)'를 말하는데
음녀는 진리에서 떠난 교회 집단(협의체)을 의미합니다.
즉 사명자는 오염되지 않은 성경말씀을 가진 사람을 말합니다.

둘째는 '어린양이 어디로 인도하든지 따라가는 자'라고 했습니다.
사람이 듣기에 좋은 말을 하는 것이 아니고
사람이 만든 교회의 강령이나 제도를 따르는 것이 아니라
성경 말씀을 가지고 복음을 전하도록 하시는 성령을 따라 일하는
사람을 말합니다.

셋째는 '사람 가운데서 구속을 받아 처음 익은 열매로 하나님과 어린양에게 속한 자들' 이라고 했습니다. 여기서 사람이란 죄인들을 말합니다.
구속을 받았다는 것은 십자가의 보혈로 죄를 용서받아
의인이라 칭함을 받은 사람들을 말하지요.
'처음 익은 열매'란 헌신자를 의미는 것이구요.
구약 성경에 첫 열매를 하나님께 드리라고 기록되어 있는데
이 말은 헌신자가 되게 하라는 말씀이랍니다.

네 번째, 다섯 번째는 윤리를 말하는데
그 입에 거짓말이 없는 사람, 생활에 흠이 없는 사람이라고 했지요.

말과 행실에 있어서 사람들에게 인정받은 사람들이라는 거지요.
그래야만 마지막 시대에 복음 전도가 먹혀들어갈 뿐 아니라
적그리스도와 싸울 때 흠잡히지 않고 담대할 수 있기 때문입니다.

사명자로 인침을 받은 사람들을
온 천하가 알게 된답니다.
숨겨진 사역자가 아니라 누구나가 알 수 있는 사역자라는 거지요.
분명히 그럴 것이라는 추측을 하게 하는 구절이 있습니다.
14장 1절에 기록되어 있지요.
『**십사만 사천이 섰는데**
그 이마에 어린 양의 이름과 그 아버지의 이름을 쓴 것이 있도다』
그들의 이마에 인 쳐진 내용이 하나님과 어린양의 이름이라는 것은
하나님의 일을 하는 사역자라는 걸 공공연하게 알게 될 것이라는 말입니다.

⑥ 계시록 7:9-17

천국에 있는 성도들

또 다른 모습이 보였습니다. 이번엔 셀 수 없이 많은 사람들이 보좌와 어린양 앞에 서 있었습니다. 피부색이 달랐습니다. 언어도 달랐고, 혈통도, 살던 지역도 분명 다르다는 걸 알 수 있었습니다. 그런데 모든 사람들의 얼굴이 그야말로 천사 같은 겁니다. 저들은 오래 전 예수께서 예루살렘에 입성하실 때 사람들이 흔들던 종려나무가지 같은 것을 쥐고 있었습니다.

저들이 큰 소리로 부르는 노래가 들렸습니다. 듣던 그 노래가 얼마나 아름다웠는지요. 게다가 노랫말도 감동이었답니다. 조금 전에 본 24 장로와 네 생물들, 천사와 피조물들이 부른 노래와 같았지요. 하나님과 어린양을 찬양하는 노래였답니다.

“구원하심이 보좌에 앉으신 우리 하나님에게 있나이다! 구원하심이 어린양에게만 있나이다!”

노래하는 사람들은 자신들이 하나님의 사랑과 예수의 어린양으로서의 희생 때문에 하늘나라에 와 있음을 깨닫고 그 은혜에 감격하여 찬양을 하고 있었죠. 장엄했습니다. 아니 요한에게도 장엄했지만 보좌와 어린양 주변에 있던 천사들과 장로들 그리고 네 생물들도 그 찬양에 감동하였는지 아멘으로 화답하면서 다시 하나님과 어린양 앞에 엎드려 경배하고 있었답니다.

“아멘! 찬송과 영광과 지혜와 감사와 존귀와 능력과 힘이 우리 하나님께 세세토록 있을지니이다. 아멘!”

『이 일 후에 내가 보니 각 나라와 족속과 백성과 방언에서 아무라도 능히 셀 수 없는 큰 무리가 흰 옷을 입고 손에 종려 가지를 들고 보좌 앞과 어린 양 앞에 서서 큰 소리로 외쳐 가로되 구원하심이 보좌에 앉으신 우리 하나님과 어린 양에게 있도다 하니 모든 천사가 보좌와 장로들과 네 생물의 위에 섰다가 보좌 앞에 엎드려 얼굴을 대고 하나님께 경배하여 가로되 아멘 찬송과 영광과 지혜와 감사와 존귀와 능력과 힘이 우리 하나님께 세세토록 있을지로다 아멘 하더라』(:9–12)

요한이 4-5장에서 천국에서 일어나는 일들을 보았습니다.

하나님과 어린양 되신 예수님께 드리는 예배와 경배였습니다.
그런데 4-5장의 예배자들을 주의깊게 보면
네 생물들과 24장로들과 반물들(피조물들)이었답니나.
또한 그들은 하나님과 어린양께서 사람들을 구원하신 일에 대해
찬양과 경배를 드렸지요.
그런데 7장 9-17절의 예배와 경배 광경은 약간 다릅니다.
찬양하고 경배는 주체가 「구원받은 당사자들」이라는 거지요.
이 땅에서 힘들게 신앙을 지키다가 승리한 사람들이라는 겁니다.
요한은 예배하고 있는 천사, 24장로, 네 생물, 만물
그리고 사람들까지도 다 본 겁니다.
그런데 4-5장과 7:9-17의 공통점이 있습니다.
그것은 구원에 관한 하나님의 사랑과
그 일을 위해 희생하신 예수님을 찬양하고 있는 겁니다.

그대는 하나님의 사랑을 아시는지요?
당신의 독생자를 이 땅에 보내서 고난받게 하시고
비참하게 죽이면서
우리를 구원하신 사랑 말입니다.
우리가 선해서가 아닙니다.
우리에게 가치가 있어서도 아니고
우리에게 가능성이 있어서도 아닙니다.
오히려 우리는 하나님을 원수로 알고 있었거든요.
그런 우리를 위해 하나뿐인 아들을 십자가에서 죽이셨답니다.
우리를 긍휼히 여기시고 불쌍히 여기시다가 말입니다.

그대는 예수님의 희생을 아시는지요?
하늘 왕자의 자리를 버리시고 이 땅에 오셨답니다.
죄를 알지도 못하시는 분이 죄인 되셨답니다.
우리 대신 고난 받으시고 죽으셨지요.
우리를 구원하라는 하나님의 뜻에 따라 말입니다.

그 사랑과 그 희생을 아시는지요?
그리고 그 은혜에 감동하며 감사하는지요?
우린 그 은혜를 가지고 하늘나라 가서
천국에서 예배드리는 무리 중에 하나가 될 것이랍니다.

요한이 이 놀라운 예배 광경을 지켜보면서 감격하고 있을 때 함께 보았던 장로 중 하나가 짓궂게 요한에게 물었습니다.

"요한, 흰 옷을 입고 하나님과 어린양을 찬양하는 사람들이 누군 줄 아십니까? 어디서 온 사람들인 줄 아세요?"

요한은 장로의 질문에 웃으며 대꾸했습니다.

"아시면서 뭘 물어 보십니까? 어디 한번 말씀해 보시지요? 이 사람들이 누구며 어디서 온 사람들인지 말입니다."

"세상에서 신앙 지키다가 핍박과 환난을 모질게 받았지만 잘 견디고 승리한 사람들입니다. 오직 주 하나님과 어린양의 은혜를 붙들고 살다가 온 사람들이지요."

"그렇습니다. 세상에 수많은 성도들이 믿음을 지키며 살다가 견딜 수 없는 어려움을 겪기도 하고 핍박을 받으며 또 끔찍하게 목숨을 잃기도 하지요."

요한은 지금도 소아시아 지방에서 신앙 때문에 고통을 받고 있는 형제들이 생각났습니다.

"요한, 신앙의 절개를 지키고 이곳에 온 사람들은 하나님 보좌 앞에서 영원히 살 겁니다. 주님께서 저들이 살 곳을 예비하셨거든요. 세상에서는 그리도 힘들게 살았습니다만 이제 저들은 배고프지도 않을 것이고 목마르지도 않을 것이고 끔찍한 재앙 같은 것도 다시는 겪지 않을 겁니다. 어린양이 친히 목자가 되셔서 늘 생명수 샘으로 인도하실 것이고 하나님은 저들이 땅에서 흘린 눈물들을 직접 씻어 주실 겁니다."

『장로 중에 하나가 응답하여 내게 이르되 이 흰옷 입은 자들이 누구며 또 어디서 왔느뇨 내가 가로되 내 주여 당신이 알리이다 하니 그가 나더러 이르되 이는 큰 환난에서 나오는 자들인데 어린양의 피에 그 옷을 씻어 희게 하였느니라 그러므로 그들이 하나님의 보좌 앞에 있고 또 그의 성전에서 밤낮 하나님을 섬기매 보좌에 앉으신 이가 그들 위에 장막을 치시리니 저희가 다시 주리지도 아니하며 목마르지도 아니하고 해나 아무 뜨거운 기운에 상하지 아니할지니 이는 보좌 가운데 계신 어린 양이 저희의 목자가 되사 생명수 샘으로 인도하시고 하나님께서 저희 눈에서 모든 눈물을 씻어 주실 것임이러라』

(:13-17)

천국은 흰 옷 입은 사람만 들어가는 곳이랍니다.
하얀 천으로 만든 옷을 입고 있는 사람들이 아니라
그리스도께서 흘린 보혈로 죄악들이 씻어졌음을
믿는 사람들을 말합니다.
그들을 흰 옷을 입고 있다고 말하는 겁니다.
그 은혜, 보혈로 용서받은 은혜를 붙잡고
하루하루 살아가야 한답니다.
환난이 있어도 받은 사랑을 기억하면서 이기세요.
억울한 일이 있어도 예수님을 생각하면서 이기세요.
약속받은 하늘나라의 영광스러운 삶을 기대하면서 잘 견디세요.
그 나라에는 서러움도 없답니다.
고통도 환난도 없답니다.
늘 목자되신 예수님의 인도따라 생명수 샘에 거하며
하나님의 위로 속에서 행복을 누릴 거랍니다.

7장은 6장 다음에 일어날 일들에 대한 순서적 나열이 아닙니다.
계시록은 순차적으로 일어날 일들을 나열한 것이 아니고
동시에 일어날 일들을 기록한 겁니다.
한정된 지면에 글로 적어놓은 그일들을 읽다보면
우리는 마치 일어날 순서대로 기록된 것이라는 착각을 하게 되는 것이지요.
7장도 그런 맥락에서 보아야 합니다.
요한은 이런 일이 있고 동시에 저런 일도 있을 것을 보고 있을 뿐입니다.

그 본 것을 기록하다 보니 두 부분으로 나눠진 것이지요.
마지막 시대에 하나님의 종으로 특별한 사명을 받은 자들에 대한 이야기는
1-8절에 기록한 것이고
9-17절은 훗날 천국에서 일어날 일들을 보고 기록한 내용입니다.

하늘나라에 가면 예수를 그리스도로 영접한 온 세상의 사람들이 있습니다.
피부색도 다르고 언어도 다르고 혈통도 다른 수많은 사람들입니다.
그들은 예수님으로 인해 구원받은 사람들이지요.
그들은 예수께서 이 땅에 계시면서 예루살렘으로 입성하실 때
사람들이 종려나무가지를 흔들며 환영했던 것처럼
손에 종려나무가지를 들고 하나님과 예수님을 기뻐하고
찬양할 것이라는 말입니다.

그들이 부르는 찬양은 구원의 은총에 대한 찬양입니다.
구원이 오직 하나님과 어린양되신 예수께로부터 나왔음을 노래하는 거지요.
보고 있던 천사들도 위대하신 하나님께 같이 경배를 하는 겁니다.
그 천사들은 장로들과 네 생물들 주위에 있었던 천사들이랍니다.
아마 천사들의 찬송은 하나님의 모든 위대하심을 찬양하는 것이었겠지만
그 구원을 이루신 하나님의 위대하심과
그일에 순종하신 예수님을 찬양하는 것입니다.

흰 옷을 입고 천국에서 하나님과 어린양께 경배와 찬양하는 사람들을
7년 환난중에 신앙을 잘 지킨 사람들이라고 단정짓는 해석도 있습니다.
14절에 '큰 환난'이라고 표현되어 있기 때문입니다.
그러나 천국에서는

그 사람들 뿐 아니라 모든 성도들이 예배드릴 수 있습니다.

환난도 마찬가지로 봅니다.

7년 환난 기간에 환난을 겪은 사람도 있겠지만

주님 재림 직전 7년 환난 이전에도 환난을 겪은 사람들이 많답니다.

그러므로 본문에 대한 필자의 해석은

하늘나라에 있는 사람들의 예배 모습이라고 하고 싶습니다.

4

네 번째 이야기 8-11장

경고로 불어지는 나팔들

나팔 재앙을 중심으로

하나님께서 그의 아들 예수께 주신 내용입니다. 이 땅에서 곧 일어날 일들에 관한 것들이지요. 당신의 아들만 알고 있으라고 주신 것이 아닙니다. 예수를 구세주로 전하는 자들, 복음 전하는 자들에게 알리라고 주신 말씀이랍니다. 예수께서 자신을 수종드는 천사를 부르셨습니다. 그리고 천사들에게 앞으로 세상에 일어나게 될 일들을 알려 주신 후에 당신과 함께 있었던 제자들 중에 아직도 살아 있는 요한에게 가서 소상히 알려 주라고 하셨답니다. 천사가 요한을 만났습니다. 요한은 밧모 섬에서 혼자 지내고 있는 나이 많은 노인이었습니다. 천사는 말로 전하기도 하고 환상을 보여 주기도 했답니다. 정말 기가 막힌 말씀들이었고 웅장한 말씀들이었고 놀라운 말씀들 [illegible] 해진 비밀스런 말씀에 요한은 예수 믿고 하나님 백성된 것이 얼마나 위대한 축복인 가를 새삼 감사했답니다. 정신을 차릴 수가 없었습니다. 그래서 노환(老患)으로 떨리는 손이지만 가죽 두루마리에 먹물을 묻혀 자신이 듣고 본 것을 정성들여 기록했답니다.

자기가 본 것을 복음을 전하는 전도자들과 복음을 따라 살고 있는 다른 그리스도인들이 본다면 저들 또한 얼마나 행복해 할 것인가를 생각하니 죽기 전에 모든 것을 기록해야겠다는 소명이 생겼던 겁니다.

THE BIBLICAL

THE BIBLICAL

STUDY BIBLE STUDY

❶ 계시록 8:1-6
일곱 번째 인이 떼어지면서

어린양이 일곱 인으로 봉해진 책의 여섯 인을 떼셨습니다. 요한은 잠시 이마에 인 맞은 하나님의 사람들과 천국에서 예배하는 성도들의 모습을 보았지요. 어안이 벙벙했습니다. 그러나 분명 그 광경들을 보면서 표현할 수 없는 기쁨이 흐르고 있었답니다. 그냥 그렇게 천국에 있었으면 좋겠다고 생각했습니다.

어린양께서 일곱 번째 인을 떼시는 걸 보았습니다만 이상하게도 조용했습니다. 충격적인 것을 보면서 긴장하고 있는 요한을 진정시키기 위해서인지 오랜 시간 동안 아주 고요하고 조용했답니다. 느낌으로는 반 시간 정도 지난 것 같았지요.

하나님 앞에 일곱 천사가 서 있었습니다. 천사들은 각각 나팔을 가지고 있었지요. 궁금했습니다만 아무런 말도 못하고 보고만 있었답니다.

'천사들이 나팔로 뭘 하려고 할까? 연주를 하려나?'

요한은 조금 전에 본 예배의 모습을 상상하며 이번에는 또 다른 경배가 있을지도 모르겠다는 생각을 하고 있었습니다. 그래서 천사들이 나팔을 불며 신나는 찬양을 하리라 기대하고 있는데 찬양은커녕 뜻밖의 다른 천사가 등장했습니다. 이 천사는 금향로를 가지고 하나님 앞에 있는 제단으로 다가오고 있었지요. 금향로에는 진한 향이 듬뿍 담겨 있었습니다.

"성도들의 기도입니다."

금향로에 향을 가득 담아 제단 앞에 나타난 천사의 말이었습니다.

성도들의 기도를 담은 금향로를 하나님께 드리는 모습이 얼마나 감동이었는지요. 요한은 마음이 뭉클했답니다.

'성도들이 드린 기도라구? 천사가 하나님께 드리는 성도들의 기도는 무얼까?'

요한은 향기로 드려지는 성도들의 기도 내용이 궁금했습니다만 이내 한 가지 힌트를 얻었습니다.

'그래. 얼마 전에 어린양이 다섯 번째 인을 떼실 때 영혼들이 했던 기도가 있었지. 그래. 그 기도일지도 모르겠군. 세상을 얼른 심판하시라는 기도일지도 몰라. 하나님의 심판이 지체될수록 악한 사람들이 하나님을 조롱하면서 신실한 하나님의 사람들을 더욱 괴롭히고 있으니 그렇게 기도할 만도 하지.'

요한은 금향로에 담긴 성도들의 기도가 하나님께 드려지는 걸 보려고 하는데 웬걸 이상한 일이 벌어졌답니다. 천사가 금향로를 하나님께 드리는 것이 아니라 단에서 불씨를 지펴 금향로를 태우더니 그걸 땅에다가 쏟는 겁니다. 요한이 얼마나 놀랐는지요! 분명 하나님께 드리는 성도들의 기도라고 했는데 그걸 땅에다가 쏟아 버리니 황당했던 겁니다. 이상한 건 그것만이 아니었습니다. 금향로가 쏟아지자 땅에서는 갑작스럽게 천둥이 치면서 큰 음성이 있었고 번개가 치면서 지진이 일어나는 거였습니다. 뭔가 심상치 않았습니다. 요한은 오금이 떨리면서 초긴장이 되었답니다. 하나님 앞에 나팔을 들고 있던 천사들은 나팔을 불 준비를 하기 시작했답니다.

'지금 나팔을?'

요한은 천사들이 나팔을 불려는 자세를 취하자 갑자기 머릿속에 스쳐지나가는 것이 있었습니다.

'나팔은 파숫꾼이 가지고 있다가 무슨 급작스러운 일이 일어나면 백성들로 하여금 뭔가를 준비하도록 하기 위해 부는 게 아닌가? 그렇다면 천사들이 나팔을 불어 사람들로 하여금 뭔가를 깨우치게 하려는 건?'

『일곱째 인을 떼실 때에 하늘이 반시 동안쯤 고요하더니 내가 보매 하나님 앞에 시위한 일곱 천사가 있어 일곱 나팔을 받았더라 또 다른 천사가 와서 제단 곁에 서서 금향로를 가지고 많은 향을 받았으니 이는 모든 성도의 기도들과 합하여 보좌 앞 금단에 드리고자 함이라 향연이 성도의 기도와 함께 천사의 손으로부터 하나님 앞으로 올라가는지라 천사가 향로를 가지고 단 위의 불을 담아다가 땅에 쏟으매 뇌성과 음성과 번개와 지진이 나더라 일곱 나팔 가진 일곱 천사가 나팔 불기를 예비하더라』(:1-6)

어린양은 일곱 번째 인을 떼시면서
다섯 인에서 말했던 끔찍한 일들이(다섯 번째 인이 떼어지면서는
성도의 기도뿐이었음)
구체적으로 어떻게 나타날 것인지를 소개하고 있답니다.
그리고 그런 끔찍한 일들이 왜 일어나는지를 8장 3-5절을 통해
힌트를 주고 있지요.
성도들의 기도가 땅에 쏟아지면서
하나님 주변에서 나팔을 갖고 있던 천사들이 나팔을 불었고
그때마다 엄청난 일들이 일어났거든요.

기도는 하나님의 계획을 바꾼답니다.
인간이 하나님을 움직일 수 있는 유일한 건 기도입니다.
소돔과 고모라를 완전히 멸망시키려고 계획하신 하나님이셨지만

아브람의 기도 때문에 롯의 가족을 구원하셨잖아요.
불순종의 이스라엘 사람들을 모두 죽이시고
새 민족을 계획하신 하나님이셨는데
모세의 기도 때문에 자신의 계획을 취소하셨잖아요.
히스기야를 일찍 데리고 가시려던 것이 하나님의 계획이셨는데
그의 기도는 하나님으로 하여금 그를 15년 더 이 땅에
머물게 하셨구요.
성도의 기도는 하나님을 움직이는 무기랍니다.

나팔을 부는 목적은 보복을 위한 재앙을 쏟는 신호가 아닙니다.
재앙이 가까이 왔으니
얼른 피할 준비를 하라는 사랑의 신호입니다.
하나님이 주시는 마지막 사랑의 기회라는 걸 말하는 겁니다.
세상 멸망이 눈 앞에 가까이 있으니
이젠 회개하고 예수 믿어 하나님이 마련한
구원을 받아들이도록 하기 위한
마지막 경고인 겁니다.
우리에게 종종 경종의 사건들이 있을 겁니다.
버티지 마십시오.
하나님이 주시는 회개의 기회인 줄 알고
곧바로 돌이켜야 하는 겁니다.
그렇지 않으면 모든 기회를 놓치고
돌이킬 수 없는 심판을 받게 된답니다.
혹시 당신에게 지금 나팔 소리가 들리고 있지는 않은지요?

❷ 계시록 8:7-13
자연재앙을 가지고 온 나팔 소리

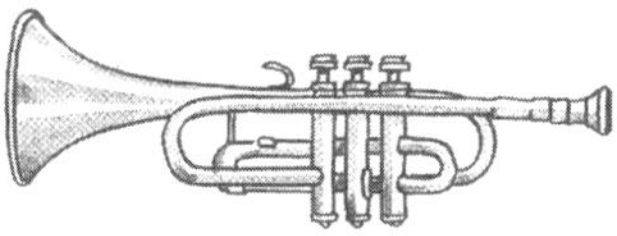

"삐방빵~ 삐방빵~뚜뚜~"

하나님 앞에 있던 나팔든 천사들 가운데 한 천사가 나팔을 치켜들더니 힘차게 나팔을 불었습니다. 그 소리가 얼마나 우렁찼던지요. 나팔 소리와 함께 요한의 눈에 땅이 보였습니다. 분명 나팔 부는 천사를 보고 있었는데 땅이 보이는 겁니다.

우박이 쏟아지고 있었습니다. 그렇게 큰 우박은 본 적이 없었습니다. 마치 돌 같았습니다. 우박과 함께 불도 쏟아지고 있었지요. 우박은 피가 섞여 있는 것 같이 색깔과 모양이 흉측했습니다. 우박은 세상의 온 삼림을 사정없이 망가뜨렸습니다. 큰 나무건 작은 나무건 우박에 맞아 쓰러지고 부러졌지요. 게다가 하늘에서 떨어지는 불은 순식간에 나무들에 붙어 상상할 수 없는 산불이 여기저기서 나고 있는 거였습니다. 요한은 사지가 떨렸습니다. 우박과 불이 끔찍해서 그렇기도 했지만 온 세상이 불바다가 되어 있는 것 같았기 때문입니다. 분명 세상 1/3의 삼림이 타버린 것 같았습니다. 풀도 타버렸지요.

『첫째 천사가 나팔을 부니 피 섞인 우박과 불이 나서 땅에 쏟아지매 땅의 삼분의 일이 타서 사위고 수목의 삼분의 일도 타서 사위고 각종 푸른 풀도 타서 사위더라』(:7)

불을 동반한 우박이 쏟아지면서 세상이 황폐된 걸 보고 있는데 또 나팔 소리가 들렸습니다. 이번에도 나팔 소리와 함께 엄청난 게 보였습니다. 거대한 산에 통째로 불이 붙은 겁니다. 아니, 그런 불덩이가 바다로 던져지는 겁니다. 어디서 나타난 불덩이인지 모르겠습니다. 하늘에서 날라 온 것 같기도 했지요. 얼마나 무서웠는지요... 바다는 높게 출렁였고 어찌된 일인지 바다의 1/3 가량이 피로 변하는 것 같았습니다. 물론 바다의 생물 1/3이 죽어 썩은 것들이 떠다니고 있었으며 무역선들을 비롯한 바다의 배들 또한 1/3이 파선된 겁니다.

요한은 20여 년 전 베스비우스(vesuvius) 화산이 폭발을 해서 폼베이(pompeii)와 헤르클리니움(Herculaneum)을 뒤덮은 사건이 떠올랐습니다. 사람들은 그 화산이 하나님의 심판이라고 해석했습니다. 그런데 지금 보고 있는 건 화산이 폭발하는 것도 아니고 어디선가 날아온 산 만한 불덩이가 바다에 던져진 것이니... 끔직하고 두려웠던 겁니다.

『둘째 천사가 나팔을 부니 불붙는 큰 산과 같은 것이 바다에 던지우매 바다의 삼분의 일이 피가 되고 바다 가운데 생명 가진 피조물들의 삼분의 일이 죽고 배들의 삼분의 일이 깨어지더라』(:8-9)

세 번째 나팔 소리가 들렸습니다. 이번에도 하늘로부터 불이 떨어지는 겁니다. 불의 모습은 횃불 같았는데 분명 별이 떨어지는 거였지요. 불덩이들이 떨어지면서 강과 샘이 오염이 되었습니다. 사람들이 식수로 사용하는 강물은 물론 저수지의 물까지 먹을 수 없는 상태가 되어 버렸답니다. 물을 먹는 사람들마다 병에 걸리기도 하고 어떤 이는 물을 마시자마자 죽기도 했답니다. 강과 샘, 사람과 짐승이 마시고 살아야 하는 물의 1/3이 오염된 겁니다. 이로 인해 얼마나 많은 사람이 목숨을 잃고 있는지요!

『셋째 천사가 나팔을 부니 횃불 같이 타는 큰 별이 하늘에서 떨어져 강들의 삼분의 일과 여러 물샘에 떨어지니 이 별 이름은 쑥이라 물들의 삼분의 일이 쑥이 되매 그 물들이 쓰게 됨을 인하여 많은 사람이 죽더라』(:10-11)

요한은 일어나는 광경을 보면서 온 몸이 떨리고 있었습니다. 가슴이 철렁 내려앉기도 했구요. 주위를 돌아보니 아직도 세 천사가 남아 있는 겁니다.

네 번째 나팔 소리가 나자 하늘 해의 1/3과 달의 1/3, 별들 가운데 1/3이 가려지고 있었습니다. 해도 빛을 내지 못하고 달도 이상한 형태가 되었고 하늘의 별도 추한 모습이 되면서 빛이 없는 세상이 되는 겁니다. 뭔가 하늘에 이상이 생긴 것이 분명했습니다. 그러더니 완전한 흑암이 계속되었습니다. 그야말로 완전한 흑암이었습니다. 공포스러웠습니다. 분명 낮 시간인데 완전히 깜깜한 겁니다. 그러더니 다시 빛이 들어왔답니다. 아주 희미한 빛이었습니다. 조금 지나자, 분명 밤이었는데 달빛도 별빛도 완전히 사라지는 겁니다. 그리고는 아까처럼 완전한 어둠이 온 거지요. 무서웠습니다. 그러더니 얼마 후 다시 빛이 들어왔답니다. 어두움이 이렇게 무서운 건지는 요한도 몰랐었습니다. 듣기만 했던 지옥이 이럴 수 있겠다는 생각을 했답니다.

『넷째 천사가 나팔을 부니 해 삼분의 일과 달 삼분의 일과 별들의 삼분의 일이 침을 받아 그 삼분의 일이 어두워지니 낮 삼분의 일은 비췸이 없고 밤도 그러하더라』(:12)

요한은 땅에 쏟아진 재앙들로 인해 황폐해진 세상을 보면서 두려워하고 있었습니다. 그러면서도 아직 나팔을 불지 않고 있는 천사가 셋이나 남아 있다는 생각에 가슴이 두근거렸지요. 이제 또 나팔이 불어질 걸 생각하니 어떤 일이 일어날 것인지에 대한 궁금함과 공포가 밀려왔답니다. 그런데 기대하고 있는 나팔 소리는 들리지 않고 독수리의 울음소리가 들렸습니다. 이상해서 고개를 들어 보니 한 마리의 독수리가 공중을 날아가면서 큰 소리로 말하는 거였습니다.

"땅에 거하는 사람들에게 화, 화, 화가 있으리로다! 이제 또 세 천사가 나팔을 불 것이니 그 소리로 인해 화가 있으리로다!"

요한은 섬뜩했습니다. 지금까지도 엄청난 재앙이 땅에 쏟아지는 걸 보았는데 나머지 재앙은 지금과는 비교도 안 될 만큼의 재앙이라는 걸 말하는 거였기 때문이었죠.

『내가 또 보고 들으니 공중에 날아가는 독수리가 큰 소리로 이르되 땅에 거하는 자들에게 화, 화, 화가 있으리로다 이 외에도 세 천사의 불 나팔소리를 인함이로다 하더라』(:13)

나팔이 불어질 때마다 재앙이 일어나고 있는 걸 보고 있습니다만
나팔이 순차적으로 불어진다고 생각하면서 재앙도
순차적으로 임할 것이라고 생각하면 옳지 않습니다.
우리의 이해를 돕기 위해 차례로 기록한 것뿐입니다.
첫 번째부터 네 번째의 나팔이 불어지면서 자연재앙이 나타났는데
이 재앙들은 사람이 만들 수 있는 게 아니라는 특색이 있습니다.
절대자, 하나님만이 내릴 수 재앙들이지요.
그 것은 위에서 말한 것처럼 마지막 심판으로
돌이킬 수 없는 때가 오기 전에
하나님을 깨닫고 하나님께로 돌아오라는 경고와 사랑의 메시지인 겁니다.
그래서 '나팔'이라는 것을 수단으로 재앙을 내리시는 거지요.(필자 주)

자연 재앙은 세계적으로 일어날 겁니다.
계시록에 기록된 것을 보면 인간이 막을 수 있는 재앙들이
전혀 아닙니다.
아무리 인간이 대비를 한다 해도 대비할 수 없는 재앙들이지요.
속수무책으로 당해야 하는 재앙입니다.
필자의 생각으로는
운석이 소나기처럼 내릴 수 있다는 생각도 합니다.
우박, 얼음 덩어리가 그렇게 내릴 수도 있구요.
얼마 전에 쓰나미 현상을 겪으면서 느낀 것은
바다 속에서 일어나는 큰 지진이 바다를 뒤집을 수 있겠다는 것입니다.
이미 지구의 온도가 상승하면서 빙하가 녹기 시작해
생태계가 파괴되고 있다는 것은 놀랍거나 새로운 뉴스가 아닙니다.
나팔 재앙에 대한 해석을 추상적(예; 나무나 풀을 교회나 말씀으로,
물을 말씀으로, 해, 달, 별을 성도 혹은 목회자로.)으로 하기도 합니다만
(21세기를 사는 사람들이 이러한 자연 재앙의 내용들을
굳이 자연 재앙이 아닌 다른 영적인 것으로 해석할 필요가
있을까 하는 생각입니다.
성경을 알지도 않고 믿지도 않는 수많은 과학자와 정치인들까지도
이런 일들이 일어날 날이 얼마 남지 않았음을 알고
준비하고 있는데 말입니다.)

요한은 어두움으로 공포를 겪고 있는 세상을 보면서 수천 년 전, 애굽으로부터 자신의 조상들을 구원하시기 위해 애굽에 재앙을 내리신 일이 떠올랐습니다. 하나님의 백성을 억압과 폭력 가운데서 구원하시기 위하여 그리

고 당신을 조롱하고 거부하는 악한 자들을 심판하시기 위하여 내리신 재앙이 떠오른 겁니다. 그런데 그때 있었던 여러 가지 재앙과 비슷한 재앙이 지금 땅에 임하고 있었습니다.

'애굽을 심판하실 때도 무서운 우박과 불이 하늘에서 쏟아졌었다고 했지. 여호와께서 뇌성을 보내시고 우박과 불덩이를 보내셨었어! 그게 애굽에 내린 아홉 번째 재앙이었지.'

요한은 오래 전 하나님이 하신 일들과 선지자들의 글이 생각났답니다.

'애굽을 멸하실 때 분명 강물을 비롯하여 샘도 저수지도 모두 피로 변하는 재앙이 있지 않았던가! 땅을 파도 썩은 물이 나서 수많은 사람이 죽음을 맞이했었는데... 흑암 재앙도 있었지. 밤이건 낮이건 간에 삼일 동안 한 줄기의 빛도 없었던 것 아닌가. 얼마나 끔찍하고 무서웠겠는고. 그때 재앙들이 또 다시 오고 있구먼. 사람들이 회개하고 하나님께 돌아와야 할텐데.'

요한은 나팔 소리와 함께 임하는 재앙들이 출애굽 때 애굽 사람들에게 내렸던 재앙들과 비슷하다고 생각하고 있었던 겁니다.

'그때에도 하나님의 백성들에겐 피할 길을 주셨었어. 하늘의 우박과 불도, 흑암도 하나님의 백성에게는 내리지를 않으셨으니 얼마나 큰 은혜인고. 분명 세상에 무서운 재앙이 있다 할지라도 주님의 형제들에겐 피할 길을 주

실 거야. 주께서 피난처가 되실 거야. 암.'

『...애굽 땅 위에... 캄캄한 흑암이 삼일 동안 애굽 온 땅에 있어서 그 동안은 사람 사람이 서로 볼 수 없으며 자기 처소에서 일어나는 자가 없으되 이스라엘 자손의 거하는 곳에는 광명이 있었더라』(출 10:21-23)

『...여호와께서 뇌성과 우박을 보내시고 불을 내려 땅에 달리게 하시니라 여호와께서 우박을 애굽 땅에 내리시매 우박의 내림과 불덩이가 우박에 섞여 내림이 심히 맹렬하니 애굽 전국에 그 개국 이래로 그같은 것이 없던 것이라 우박이 애굽 온 땅에서 사람과 짐승을 무론하고 무릇 밭에 있는 것을 쳤으며 우박이 또 밭의 모든 채소를 치고 들의 모든 나무를 꺾었으되 이스라엘 자손의 거한 고센 땅에는 우박이 없었더라』(출 9:23-26)

『...하수를 치니 그 물이 다 피로 변하고 하수의 고기가 죽고 그 물에서는 악취가 나니 애굽 사람들이 하수물을 마시지 못하며 애굽 온 땅에는 피가 있으나... 애굽 사람들은 하수 물을 마실 수 없으므로 하숫가를 두루 파서 마실 물을 구하였더라』(출 7:20-24)

계시록을 비롯하여 종말을 말하는 모든 문서에는
세상에 끔찍한 재앙들이 있을 것을 분명히 알려 줍니다.
그 재앙은 크게 두 가지로 나뉩니다.
하나는 하나님께서 내리시는 재앙이고 다른 하나는
사단이 만든 재앙입니다.
두 재앙 모두 인간이 막을 수 있는 것이 아닙니다.

중요한 건 하나님이 내리시는 재앙은 사랑이 포함된
재앙이라는 거지요.
성도에겐 하나님이 살아계심을 확고하게 하는 의미가 있고
불신자에겐 회개할 기회를 주시는 재앙입니다.
반면 사단이 사람을 통해 만든 재앙은
자신이 갈 지옥으로 끌고 가기 위한 목적의 재앙이라는 겁니다.
그리스도인은 무엇보다 그런 재앙들을 이겨낼 수 있다는
믿음을 가져야 합니다.
두 번째는 성도에게 임하는 재앙이 길지 않다는
사실을 알고 있어야 합니다.
세 번째는 견디지 못할 즈음에 주께서 피할 길을 주신다는 거지요.
물론 재앙이 있을 때,
늘 그랬던 것처럼 주님이 함께 하고 있음을 잊지 말아야 한답니다.
심지어는 7년 대환난을 지난다 하더라도
주님은 그 환난 가운데 있는 성도의 머리털 하나도
상하지 않게 하실 거라고 하셨답니다!(눅 21:18)

궁금한 게 있습니다.
그리스도 재림 직전에 일어날 일들을 7년 환난이라고 말하는데
그렇다면 네 번째 나팔이 불어질 때는 7년 환난중인가,
아니면 아직 7년 환난에 들어가지 않은 시기인가 하는 거지요.
확실하지는 않지만 아직은 아닐 수도 있다는 것이 필자의 생각합니다.
사단으로부터 힘을 얻어 세상을 지배할 적그리스도가
아직 출현하지 않았고

그의 활동이 나타나고 있지 않기 때문입니다.
반면 적그리스도가 드러나 활동을 할 때에도
이런 재앙들이 있을 수 있기에
7년 환란중에도 재앙의 가능성이 있는 거지요.

그러나 분명한 것은 7년 환난이
누군가가(전통적인 해석은 이 사람을 적그리스도로 봅니다.)
이스라엘에게 평화를 약속하는 때로부터 시작한다는 것입니다.
그는 게다가 3년 반 동안
세상에 임한 재앙을 해결하기 위해 동분서주하면서 뛸 겁니다.
그러므로 네 번째 나팔이 불어진 때까진 7년 환난 전일 수도 있고
7년 환난이 시작되었다 하더라도 전 3년 반 때 일 거라는 생각이지요.

❸ 부록
제자들에게 하신 예수님의 말씀

예수님이 십자가에서 죽으시기 전에 제자들과 대화를 나눈 일이 있었습니다. 그 내용을 마태가 자신의 복음서인 마태복음 23장과 24장에 자세히 적어 놓았답니다. 이런 내용입니다.

첫째는 자신이 주님으로 환영을 받을 때까지 자신을 보지 못할 것이라는 말씀이었고 둘째는 제자들이 예루살렘 성전을 자랑하고 있을 때 자신은 그 성전을 완전히 헐어버리시겠다는 말씀이었습니다.

성전이 무너질 것이라는 말과 주께서 다시 오신다는 말로 인해 제자들은 혼동스러웠습니다. 이는 분명 세상의 마지막 때를 말하는 것이었기 때문이었습니다. 고민하던 제자들은 예수님과 감람산에 오르자 진지하게 물었지요. 세상의 마지막에 대해서 말입니다.

"주님, 어느 때에 주님이 임하시고 세상 끝에는 무슨 징조가 있을런지요?"

예수님은 진지하게 묻는 제자들에게 친절하게 말씀해 주셨답니다.

『내가 너희에게 이르노니 이제부터 너희는 찬송하리로다 주의 이름으로 오시는 이여 할 때까지 나를 보지 못하리라 하시니라 예수께서 성전에서 나와서 가실 때에 제자들이 성전 건물들을 가리켜 보이려고 나아오니 대답하여 가라사대 너희가 이 모든 것을 보지 못하느냐 내가 진실로 너희에게 이르노니 돌 하나도 돌 위에 남지 않고 다 무너뜨리우리라 예수께서 감람산 위에 앉으셨을 때에 제자들이 종용히 와서 가로되 우리에게 이르소서 어느 때에 이런 일이 있겠사오며 또 주의 임하심과 세상 끝에는 무슨 징조가 있사오리이까 예수께서 대답하여 가라사대...』(마 23:39-24:4상)

『아직 아니니라... 재난의 시작이니라... 그제야 끝이 오리라』(마2 4:4-14)

제자들이 들은 예수님의 말씀이었습니다.

"많은 사람이 내 이름으로 와서 자신이 그리스도라고 말하며 사람들을 미혹할 거야. 사람들은 스스로 그리스도라고 하는 자들을 많이도 따라 갈 것이야. 그도 그럴 것이 세상에 난리가 나고 여기저기서 재앙이 터지고 있을 테니 무언가 잡아 피해 보려고 하는 사람들이 그 가짜 그리스도의 추종자가 되지 않겠어? 세상 사는 것이 두려울 만큼 난리의 소문이 여기저기서 들린다 하더라도 분명히 알 것은 그때가 마지막이 아니라는 것이란다."

『예수께서 대답하여 가라사대 너희가 사람의 미혹을 받지 않도록 주의하라 많은 사람이 내 이름으로 와서 이르되 나는 그리스도라 하여 많은 사람을 미혹케 하리라 난리와 난리 소문을 듣겠으나 너희는 삼가 두려워 말라 이런 일이 있어야 하되 끝은 아직 아니니라』(마 24:4-6)

세상이 국제적인 문제로 시끄러워진다는 겁니다.
발단은 의식주(衣食住)의 문제입니다.
각 민족과 나라의 정치 지도자들이 자기 민족을
보호하고 살리기 위해 발생시키는 국제적 마찰의 소식이
심각할 거라는 거지요.
영토(領土), 영해(領海)와 영공(領空)의 문제로 심각한 분쟁도 일어나게 될 것입니다.
그 일을 위해 나라와 나라가, 민족과 민족이 서로 침략하고
침략당할 것이고
서로가 연합하기도 하고 원수가 되기도 할 것이지요.
뉴스에서는 날마다 국제 정치와 민족 간의 싸움 소식을 전할 것이고
사람들을 피곤하고 두렵게 만들 것이랍니다.
이럴 때, 다른 종교에서가 아닌 기독교의 이름으로
스스로 구원자라는 사람들이
우후죽순처럼 많이 나타날 것입니다.

"민족 간의 싸움이 치열해질 거야. 서로 자신 민족을 지키겠다는 명분이고 살기 위한 발버둥으로 싸움이 벌어질 거란다. 여러 민족이 연합해서 한 나라를 이루었다면 그 나라 또한 다른 나라를 견제하고 지배하기 위해서 국제적인 분쟁이 있을 것이란다. 게다가 예상할 수 없는 가뭄이나 지진 등 자연재해가 일어날 것이지. 그러면 세상의 끝이 가까워오고 있구나, 재난이 시작되는구나 하는 생각을 하면 된단다. 끝은 큰 재난 후에 오는 것이니깐."

『민족이 민족을, 나라가 나라를 대적하여 일어나겠고 처처에 기근과 지진이 있으리니 이 모든 것이 재난의 시작이니라』(마 24:7–8)

전쟁과 싸움의 명분은 자국과 자국의 백성을 지키겠다는 것이겠지만
또 다른 숨겨진 이유들이 있을 겁니다.
요즘 일어나는 민족과 나라의 싸움들 가운데 한 가지 명분은
신앙을 지키기 위한 것이라고 합니다.
그러나 실상은 몇몇 사람들이 자신들의 권력을 지키기 위한 거랍니다.
아니면 권력을 확장하겠다는 거지요.
이래저래 불쌍한 건 권력자들에게 속고 있는 사람들일 뿐입니다.
하여간 세상 사람들은 이래저래 시끄러운 싸움 소리에
하루하루가 불안한 삶을 살 것이지요.
그런데 사람들에게 가장 큰 두려움은 자연 재해입니다.
가뭄이 심해지는가 하면 때아닌 홍수로 인한 재앙을 맞이하는 겁니다.
지진도 만만치 않게 일어나는 거지요. 땅에서건 바다에서건 말입니다.
이런 자연 재해를 해석하기 위해 노력하다가 고작 내놓는 대답이
지구가 온난화 되었다고 하는 말이고

인간의 산업 활동이 대기권에 영향을 끼쳤다는 거지요.
과학자들의 힘을 빌려 일어나는 일을 나름대로 해석합니다만
사람들은 여전히 일어나고 있는 일로 인해 두려워한다는 겁니다.
그러다가 그걸 이용해 돈벌이 하는 종교인들(?)의 미혹을 받아
그들을 추종하게 될 거라는 말입니다.

"환난이 시작되면서부터는 나를 따르는 사람들에게 모진 핍박이 있을 거야. 사람들에게 핍박을 받는 것은 물론이고 사람들이 나를 믿지도 증거하지도 못하도록 고발하고 고문하게 될 거란다. 그러다가 죽는 사람도 태반일 것이고. 나를 믿는다고 하면 온 세상 사람들에게 미움을 받을 것이고 세상은 너희들을 죽이려고 할 것이란다. 심각한 건 나를 따른다고 했던 사람들, 같은 신앙인이라고 생각했던 사람들이 밀고자가 되어 성도를 그들이게 넘겨줄 것이란다. 사탄의 간계에 넘어가는 거야."

『그때에 사람들이 너희를 환난에 넘겨주겠으며 너희를 죽이리니 너희가 내 이름을 위하여 모든 민족에게 미움을 받으리라 그때에 많은 사람이 시험에 빠져 서로 잡아 주고 서로 미워하겠으며』(마 24:9-10)

교회와 그리스도인들이 핍박을 받을 것입니다.
모든 교회와 그리스도인들이 핍박을 받는 건 아닙니다.
진짜 주님의 교회와 주님 말씀 붙들고 거듭난 그리스도인으로
주의 재림을 기다리는
알곡 성도들이 핍박을 받을 것이라는 말이지요.

온 세상 사람들이 예수쟁이들을 미워할 겁니다.
예수쟁이들을 이기주의 독선주의라고 몰아붙이면서 없애야 한다고 하겠죠.
예수 믿는 성도들에게 큰 고통이 있을 겁니다.
다른 이유는 없습니다.
예수쟁이들이 사회를 이렇게 분열시키고 어지럽게 했다는 억지겠지요.

"내 일을 한다는 사람들은 많을 거다만 그들 중 많은 사람이 거짓 선지자일 거란다. 나름대로는 사람들을 많이 모으겠지만 나를 위해 모은 사람이 아니라 나를 팔아먹고 자신을 위해 모은 사람들이겠지. 내 이름으로 모였다고 하는 단체들마다 음모가 판을 치고 이기주의만 난무할 거란다. 사랑? 그건 입으로만 하는 말일거구. 그렇지만 내 말만을 따르고 신뢰하는 사람들은 구원을 얻을 것이지. 암!"

『거짓 선지자가 많이 일어나 많은 사람을 미혹하게 하겠으며 불법이 성하므로 많은 사람의 사랑이 어지리라 그러나 끝까지 견디는 자는 구원을 얻으리라』(마 24:11-13)

문제는 교회 가운데 주님의 복음만을 전하는 주의 종이 드물다는 겁니다.
교회와 기독교 단체는 많을 겁니다.
그러나 십자가의 복음을 전하고
예수를 구원자로 전하는 교회와 단체는 적을 거라는 거지요.
교회와 기독교 단체의 대부분은 사회를 밝게 해주고 봉사하는
공동체가 되어 있을 겁니다.
그런 곳에 사람이 많이 모일 겁니다.

돈도 많이 낼 겁니다.
그런 교회와 기독교(?) 단체의 수장들은 인기가 올라가 영웅이 될 겁니다.
영적 지도자(?)라고 불릴 겁니다.
분명 기독교 이름으로 활동하는데 십자가의 복음은 전하지 않고
긍정적 사고나 성공하는 방법을 강론하면서 유명해지는 거지요.
교회라는 간판은 달았고 기독교인이라고 하고 기독교의 이름으로 말하는데
기독교와 예수를 팔아 자기 사업하는 겁니다.
이들은 사단의 무리일 뿐입니다.
그러나 그런 가운데서도 아주 진실한 소수의 성도들은 흔들리지 않을 겁니다.
오직 성경을 사랑하고 십자가를 붙들고 주의 재림을 기다리는
마음으로 살 뿐입니다.
이 사람들만 구원을 얻을 거랍니다.

"그러는 동안에도 나의 신실한 종들은 여기저기서 복음을 전할 것이야. 모든 민족에게 복음이 전달되도록 열심히 일할 것이니라. 내 복음이 온 세상에 다 전달되었을 그때가 내가 임하는 날, 세상이 끝나는 때란다."

『이 천국 복음이 모든 민족에게 증거되기 위하여 온 세상에 전파되리니 그제야 끝이 오리라』(마 24:14)

세상이 흉흉해도, 교회가 사단의 손에서 놀아나고 있어도,
진실한 사람이 살기 어려운 세상임에도 불구하고
아직 복음을 듣지 못한 사람들에게 복음을 전하는 사람들이 있을 겁니다.
언어가 통하지 않으면 언어를 배우면서
누가 듣든 듣지 않든, 결신자가 생기든 생기지 않든

복음을 떠들고(?) 다니는 사람들이 있을 겁니다.
그들의 떠드는 소리가 모든 민족에게 전해졌을 때
예수님의 재림과 더불어 세상이 끝날 것입니다.

"너희가 알고 있는 것처럼 다니엘의 말을 유의해서 생각해야 하느니라. 다니엘의 글에 멸망의 가증한 것이 거룩한 곳에 설 때가 있을 것이라고 했지? 그때는 환난이 시작된 때이고 그 환난은 무서울 거야. 그 환난이 얼마나 무서운 환난인고 하면... 이렇게 말하면 그 끔찍함이 얼마나 대단할 것인가를 알아들을지 모르겠다. 이를테면 유대인은 모두 산으로 올라가 환난을 피해야 할 거야. 너희들이 말하는 페트라 요새로 말이야. 허허"

주님은 유대인들이 산으로 도망가야 할 것을 말씀하시면서도 그게 피한다고 되겠냐는 식으로 웃으셨습니다.

"지붕 위에 있던 사람은 절대로 집에 물건 가지러 내려가지 말고, 밭에 있는 자들은 겉옷을 집기 위해 뒤 돌아보면 안 돼! 내가 무슨 말을 하는지 알겠지? 환난이 얼마나 극심한지를 말하는 거야. 환난 피하는 게 급선무지 다른 것에 잠깐이라도 정신을 팔면 엄청난 어려움을 당하게 될 거라는 말이다."

제자들은 예수께서 하시는 말씀에 가슴이 울렁거리고 있었습니다.

"주님 계속해서 말씀해 보시지요. 환난이 그리도 엄청날 건가요?"

“이렇게 말하면 알아듣겠느냐? 그 날에 가장 불행한 사람은 아이를 밴 사람들일 게다. 아이를 낳자니 그 아이들이 살 세상이 너무나 끔찍하겠고, 그렇다고 아이를 뗄 수도 없는 일이고... 갓난아이를 가진 부모들도 마찬가지가 아니겠냐. 자기 자식들이 살 세상이 어떤 세상인데... 세상이 그리도 끔찍할 거란 말이다.”

제자들은 서로 바라보며 겁에 질려 있었습니다.

“환난이 시작하는 때가 겨울이 아니길 기도해라. 추운 겨울에는 더 고통일 거니깐 말이다. 안식일이 아니기를 기도해! 안식일에는 멀리도 가지 못한다는 규율이 있잖아. 세상이 창조된 이후로 그런 큰 환난이 없었고 그 후에도 그런 환난은 있지 않을 것이야. 정말 큰 고통의 시간들일 것이니라.”

“주님 그런 환난을 어떻게 이길 수 있겠는지요?”

“못 이기지, 암. 아무도 그 환난을 이길 수가 없어. 하나님께서 환난의 날을 감해 주시면 모를까... 그런데 하나님께선 당신의 자녀들을 위해서는 이 환난의 날을 감해 주실 것이니라.”

『그러므로 너희가 선지자 다니엘의 말한 바 멸망의 가증한 것이 거룩한 곳에 선 것을 보거든(읽는 자는 깨달을진저) 그때에 유대에 있는 자들은 산으로 도망할지어다 지붕 위에 있는 자는 집 안에 있는 물건을 가질러 내려가지 말며 밭에 있는 자는 겉옷을 가질러 뒤로 돌이키지 말지어다 그 날에는 아이 밴 자들과 젖먹이는 자들에게 화가 있으리로다 너희의 도망하는 일이 겨울에나 안식일에 되지 않도록 기도하라 이는 그때에 큰 환난이 있겠음이라 창세로부터 지금까지 이런 환난이 없었고 후에도 없으리라 그 날들을 감하지 아니할 것이면 모든 육체가 구원을 얻지 못할 것이나 그러나 택하신 자들을 위하여 그 날들을 감하시리라』(마 24:15-22)

예수님의 말씀을 듣고 있던 제자들은 긴 한 숨을 내쉬고 있었습니다.

"주님, 사람들이 미혹을 받을 것이라고 하셨는데 좀 더 구체적으로 말씀해 주시지요."

예수께서 다시 입을 열기 시작하셨습니다.

"환난이 시작되기 이전부터 스스로 그리스도라고 하는 자들이 많이 일어날 것이지만 환난이 시작되고 나면 그들이 훨씬 더 기승을 부릴 것이니라. 많은 사람들이 그리스도를 만났다고 하면서 떠들기도 할 것이란다. 문제는 스스로 그리스도라고 하는 사람들인데 저들은 말로만 사람들을 미혹하는 것이 아니라 인간이 상상할 수 없는 표적과 이적을 나타내기에 문제지. 사람들이 그런 거짓 그리스도와 거짓 선지자에게 속는 것은 할 수 없다만 분명한 것은 스스로 그리스도라고 하는 말을 믿지도 말고 저들에게 미혹되지도 말아야 한다는 거야! 그리스도가 여기 있다 저기 있다 하더라도 절대로 혹하지 말라는 거다. 나는 그런 식으로 이 땅에 임하지 않을 것이란다. 모든 사람이 확연히 보는 가운데 나타날 것이야! 다시 말하지만 어느 누구에게 특별히 나타난다든지 아니면 어떤 소수에게 숨겨진 채로 나타나는 것이 아니라 하늘의 번개를 온 세상 사람들이 다 보는 것처럼 모든 사람이 다 보는 가운데 나타날 것이라는 말이다!"

말씀하시던 주님께서 알아들을 수 없는 말씀을 내뱉으셨습니다.

"이보게들, 주검이 있는 곳에는 독수리들이 모이는 거라네!"

"예? 주검이 있는 곳에는 독수리들이 모인다구요? 그게 무슨 말씀이신지..."

예수님은 살포시 미소를 지으셨답니다.

『그때에 사람이 너희에게 말하되 보라 그리스도가 여기 있다 혹 저기 있다 하여도 믿지 말라 거짓 그리스도들과 거짓 선지자들이 일어나 큰 표적과 기사를 보이어 할 수만 있으면 택하신 자들도 미혹하게 하리라 보라 내가 너희에게 미리 말하였노라 그러면 사람들이 너희에게 말하되 보라 그리스도가 광야에 있다 하여도 나가지 말고 보라 골방에 있다 하여도 믿지 말라 번개가 동편에서 나서 서편까지 번쩍임 같이 인자의 임함도 그러하리라 주검이 있는 곳에는 독수리들이 모일지니라』(마24:23-28)

주검이 있는 곳에 독수리들이 모인다...
격언입니다.
독수리가 괜히 몰려드는 게 아니라는 말이지요.

예수님의 재림이 괜히 혹은 갑자기 오는 게 아니라는 말입니다.
'징조'가 있어야 한다는 말입니다.
즉 예수께서 이 땅에 왕으로 재림하시기 전에
큰 환난이 반드시 있을 것을 비유하는 말이지요.

"주님, 환난은 그렇다손 치더라도 주님이 왕으로 오시는 모습은 어떨 겁니까?"

제자 중에 한 사람이 세상 끝에 나타날 주님의 모습에 대하여 물었습니다.

"환난이 있은 후... 내가 하늘에서 오는 그때는 갑자기 해가 어두워질 것이고 달도 빛을 내지 않을 것이지. 해와 달에 관한 이야기를 어떻게 동시 사건처럼 말하는지가 궁금하겠구나. 내가 오는 그때, 해가 떠 있는 곳도 있겠지만 다른 쪽은 밤이라 달이 떠 있을 것이기에 하는 말이다. 하여간 하늘에서는 별이 떨어지고 하늘의 모습이 무서우리만치 변할 거란다. 그러면서 하늘에서 이상한 징조가 나타날 것이지. 그 징조는 내가 땅으로 내려오는 징조일 것이니라. 내가 오는 모습을 본 세상 사람들이 얼마나 놀라겠는고! 모두가 나의 재림을 농담으로 듣고 있었을 텐데 실제로 내가 재림을 하니 말이다. 세상의 모든 족속과 사람들이 대성통곡을 할게다. 나는 구름타고 내려올 것이고 위대한 능력과 영광으로 임할 것이야. 나팔 소리도 있을 것이고 천사들의 호위받는 것을 볼 것이니라. 그뿐만 아니라 수많은 성도들이 함께 할 것이고 그때까지 남아 있던 성도들은 기쁨으로 나를 맞이하겠지!"

『그 날 환난 후에 즉시 해가 어두워지며 달이 빛을 내지 아니하며 별들이 하늘에서 떨어지며 하늘의 권능들이 흔들리리라 그때에 인자의 징조가 하늘에서 보이겠고 그때에 땅의 모든 족속들이 통곡하며 그들이 인자가 구름을 타고 능력과 큰 영광으로 오는 것을 보리라 저가 큰 나팔소리와 함께 천사들을 보내리니 저희가 그 택하신 자들을 하늘 이 끝에서 저 끝까지 사방에서 모으리라』(마 24:29-31)

예수님의 감람산 강화(세상 끝과 재림에 관한 말씀)는
환난과 재림으로 나뉩니다.
환난을 말할 때 우리가 알고 있는 7년 환난의 전체를 말하는
것 같지는 않습니다.
주님은 7년 환난이라는 말을 사용하지 않으셨습니다만
분명 재림 직전에 큰 환난이 있을 것을 말씀하고 있는 것이지요.
주께서 말씀하신 환난을 후 3년 반의 기간이라고 생각하는 것은
어렵지 않습니다.
주님의 말씀에 따르면 그리스도의 제자들
(필자는 일반 성도가 아닌 특별한 사명으로
복음을 전하는 사람들로 이해합니다)이 환난에 넘겨지기 시작하는 때가
환난의 시작이라는 것으로 이해가 됩니다.
그리고 유대인들에게 수치스러운 일(멸망의 가증한 것이 거룩한 곳에 서는 날)이 발생 하는 것도 환난의 시작을 알리는 것으로
말씀하고 있는 거지요.
후 3년 반에 일어날 엄청난 환난의 시작을 알리는 뚜렷한 징조들입니다.

그 환난의 강도가 얼마나 큰지 말로 할 수 없음을 말씀하신 겁니다.
환난의 3년 반 동안에는 스스로가 그리스도라고 하는 자와
선지자라고 하는 자들이
기승을 부릴 것이라고 말씀하고 있습니다.
그리고 3년 반의 환난이 갑작스럽게 끝날 것을 말씀하고 있는데
우주와 기상에 변화가 나타나면서
주께서 천사들의 나팔 소리와 함께 영광스러운 모습으로
구름타고 오신다는 것이지요.
예수님의 재림으로 환난은 끝날 것이고 세상도 끝날 것이라는 말씀입니다.

환난과 당신의 재림에 관한 말씀을 하신 주님께서는 조금 숨을 고르시더니 다시 말씀하시기 시작했습니다.

"형제들아, 무화과나무를 주의해서 보게들. 그걸 통해 배울 것이 많다네. 여름 때가 되면 나무의 가지가 연해지고 잎사귀도 내지 않던가? 마찬가지야. 내가 말한 일들이 하나 둘씩 발생하는 걸 보거든 환난이 오고 있구나 생각해야 되고 내가 다시 올 날이 얼마 남지 않았구나 생각해야 되는 거라이. 분명 내가 말한대로 될 것이니까!"

한 제자가 물었습니다.

"주님, 답답하게 말씀하지 마시구요, 정확하게 언제 세상의 마지막날 올 것이고, 언제 구름타고 오실 겁니까? 우리에게만 말씀해 주세요!"

"이보게 형제, 그날과 그때는 아무도 모른다이. 하늘의 천사들도 모르고 나도 모른다이. 그날과 그때는 하늘 아버지만 아신다구! 그러니 궁금해 하지 말게나. 그래도 궁금하다면 이런 예를 들어 주지. 자네들 노아와 그때 홍수 사건 알고 있지? 비가 내리기 시작한 그때 말이네. 노아의 방주 문이 닫히고 비가 한 두 방울 내릴 때 사람들 사이에서 그게 심판의 빗방울이라고 누가 생각했겠는가? 모두들 전에도 비가 오다가 그치곤 했는데 그 빗방울이라고 생각했겠지. 그런데 웬걸, 그 비가 세상을 쓸어버리는 홍수의 시작이었다는 거야! 그때 사람들이 한 짓이 뭔지 아는가? 먹고 마시고 장가가고 시집가고... 그렇게 산 거야! 세상 끝도 그럴 거라는 거네."

『무화과나무의 비유를 배우라 그 가지가 연하여지고 잎사귀를 내면 여름이 가까운 줄을 아나니 이와 같이 너희도 이 모든 일을 보거든 인자가 가까이 곧 문 앞에 이른 줄 알라 내가 진실로 너희에게 말하노니 이 세대가 지나가기 전에 이 일이 다 이루리라 천지는 없어지겠으나 내 말은 없어지지 아니하리라 그러나 그 날과 그때는 아무도 모르나니 하늘의 천사들도, 아들도 모르고 오직 아버지만 아시느니라 노아의 때와 같이 인자의 임함도 그러하리라 홍수전에 노아가 방주에 들어가던 날까지 사람들이 먹고 마시고 장가들고 시집가고 있으면서 홍수가 나서 저희를 다 멸하기까지 깨닫지 못하였으니 인자의 임함도 이와 같으리라』(마 24:32-40)

"주님, 세상이 끝나는 징조가 보이고 주님께서 이 땅에 구름타고 오실 때, 우리는 뭘 하고 있어야 하는지요?"

"무엇을 하고 있어야 할까?"

주님은 제자들을 보시면서 미소를 지으셨습니다. 제자들의 눈이 반짝이고 있었기 때문입니다.

"하던 일상생활을 그대로 하고 있어야 하지 않겠어? 밭에서 일하던 사람은 밭에서 일을 해야 할 것이고, 맷돌을 갈던 여인이라면 맷돌을 계속 갈고 있어야겠지. 그런데 내가 구름 타고 공중에 임할 때 그들 중에 어떤 이는 땅에 그대로 있을 것이고 또 어떤 이는 내가 공중으로 데리고 갈 것이지. 중요한 건 무슨 일을 하고 있느냐 하는 것이 아니라 내가 올 것을 알고 깨어 기다리고 있느냐 하는 것이란다. 깨어 있다는 말은 잠을 안자고 있다는 말이 아니라 영혼이 깨어 신앙으로 무장되어 있다는 말이지."

주님의 말씀은 진지했습니다.

"이보게들, 자네들의 집에 '도적이 언제쯤 올 것이다'라는 것을 알고 있는 사람이라면 잠을 자겠나? 무슨 수를 써서라도 깨어 있으려 할 것이 아닌가! 마찬가지라네. 세상이 끝나는 때가 언제쯤 될 것이라는 걸 알려 줬는데도 전혀 신경을 쓰고 있지 않다면 그건 내 책임이 아니라 내 말을 듣고도 무시한 사람의 책임이야! 그러므로 내가 한 말을 잘 새겨듣고 준비하고 있어야지."

『두 여자가 매를 갈고 있으매 하나는 데려감을 당하고 하나는 버려둠을 당할 것이니라 그러므로 깨어 있으라 어느 날에 너희 주가 임할는지 너희가 알지 못함이니라 너희도 아는 바니 만일 집 주인이 도적이 어느 경점에 올 줄을 알았다면 깨어 있어 그 집을 뚫지 못하게 하였으리라 이러므로 너희도 예비하고 있으라 생각지 않은 때에 인자가 오리라』(마24:41-44)

"내 한 가지만 더 말하지. 말씀을 전하는 나의 종들에 대해서 하는 말이네. 자네들에게도 해당되는 말이야. 잘 듣게나."

주님은 제자들의 눈을 바라보시면서 애처롭다는 듯 말씀을 이으셨습니다.

"충성되고 지혜로운 종은 주인이 자신에게 맡긴 사람들에게 때에 따라 양식을 잘 공급해 주는 사람이 아니겠어? 열심히 맡겨진 일을 잘하는 종은 주인이 와서 보면 다 안다네. 그리고 그렇게 일 잘한 자에게는 상을 줄 것이 아닌가! 그때 상을 받는 종이 복 있는 자야. 미련한 종이 할 일은 하지 않고 사람들에게 나눠 줘야 할 양식을 자기 배 불리는 데 사용하고 허랑방탕하면서 오히려 배고프다고 하는 자들에겐 거짓말하면서 폭력을 휘두르곤 한다면 후에 주인이 와서는 뭐라고 하겠는가? 그 순간 열심히 한다고 되는 게 아니지. 주인이 와서 보면 다 알아! 그런데 주인이 갑자기 온다고 생각해 보게나. 분명 주인에게 호되게 야단을 맞을 것이고 쫓겨나게 될 걸!"

『충성되고 지혜 있는 종이 되어 주인에게 그 집 사람들을 맡아 때를 따라 양식을 나눠 줄 자가 누구뇨 주인이 올 때에 그 종의 이렇게 하는 것을 보면 그 종이 복이 있으리로다 내가 진실로 너희에게 이르노니 주인이 그 모든 소유를 저에게 맡기리라 만일 그 악한 종이 마음에 생각하기를 주인이 더디 오리라 하여 동무들을 때리며 술친구들로 더불어 먹고 마시게 되면 생각지 않은 날 알지 못하는 시간에 그 종의 주인이 이르러 엄히 때리고 외식 하는 자의 받는 율에 처하리니 거기서 슬피 울며 이를 갊이 있으리라』(마 24:45-51)

❹ 계시록 9:1-11

다섯째 나팔

요한은 독수리가 날아가면서 땅에 있는 사람들에게 화가 있다고 하는 소리에 가슴이 뜨끔했습니다. 게다가 그 말을 세 번이나 반복하는 것을 생각하면서 다가올 일들은 더욱 무서운 일이라는 것을 알 수 있었지요.

다섯 번째 나팔 소리가 들렸습니다. 요한은 분명 무슨 일이 일어날 거라는 걸 알고 주변을 돌아보았습니다. 아니나 다를까 독특한 일이 벌어지는 걸 본 겁니다.

하늘에서 별 하나가 떨어져 있었습니다. 영물(靈物)이었습니다. 사람 같다고나 할까요? 하여간 그 자에게 열쇠 같은 것이 쥐어져 있는 겁니다. 요한은 이해할 수 없었습니다만 그건 무저갱(無底坑 / bottomless pit)을 열고 닫는 열쇠임을 이내 알 수 있었지요.

'주께서 생전에 계실 때 사탄이 하늘로서 떨어지는 것을 보셨다고 했는데 그 사탄인가?'

궁금한 생각으로 무저갱의 열쇠를 가진 자를 관찰하고 있는데 그가 무저갱을 여는 거였습니다. 무저갱은 악한 자들이 가는 무섭고 비참한 곳이라는 말을 들었고 또 음부라는 말도 있었습니다만 말만 들었을 뿐이지 열린다는 것은 생각도 못해 본 곳이었습니다. 그런데 그 무저갱이 열리는 겁니다.

무저갱이 열리자 그곳에서 엄청난 연기가 올라왔습니다. 기분 나쁜 연기였습니다. 그 연기가 얼마나 대단했는지 온 세상이 검은 구름으로 음산해지는 겁니다. 해가 잘 보이지 않았습니다. 공기는 만물이 불에 탐으로 인해 생긴 재난의 연기였습니다.

거무칙칙한 연기가 세상을 뒤덮고 있는데 무저갱에서 황충 같은 것이 기어 나왔습니다. 그 모습은 살벌했습니다. 마치 전갈처럼 사람을 죽이는 독을 가진 모습이었습니다. 그것들이 떼거지로 올라오고 있었답니다.

『다섯째 천사가 나팔을 불매 내가 보니 하늘에서 땅에 떨어진 별 하나가 있는데 저가 무저갱의 열쇠를 받았더라 저가 무저갱을 여니 그 구멍에서 큰 풀무의 연기 같은 연기가 올라오매 해와 공기가 그 구멍의 연기로 인하여 어두워지며 또 황충이 연기 가운데로부터 땅 위에 나오매 저희가 땅에 있는 전갈의 권세와 같은 권세를 받았더라』(:1–3)

무저갱(無底坑 / bottomless pit)이라는 말은 끝없는
어두움이라는 말입니다.
요한을 비롯한 유대인들은 '타락한 천사들이 갇히는 장소'로
이해하고 있었으며(유 1:6)
끝이 없지만 아래에는 불이 있을 거라고 생각했습니다.
누가복음 8장에서는 귀신들이 들어갈 곳으로 되어 있고
사도들은 음부라는 말로 무저갱을 말하기도 했답니다.
계시록 후반부에서는 사탄이 천 년 동안 갇힐 곳으로 묘사했지요.

하늘에서 땅으로 떨어진 별은 무엇일까요?
무저갱의 열쇠를 받았다는 건 사단임이 틀림없습니다.
사단은 무저갱의 주인이니까요.
이 자는 하늘의 전쟁에서 쫓겨나 땅으로 내려온 악한 존재(용)지요.
자신의 졸개들과 더불어 하늘의 천사장 미가엘과 싸우다가
패하여 쫓겨난 거랍니다. 옛 뱀, 혹은 사단이라고 부르기도 합니다.
이 무저갱의 주인인 사단이 하늘에서 쫓겨나
천하를 괴롭게 하는 겁니다.

『하늘에 전쟁이 있으니 미가엘과 그의 사자들이 용으로 더불어 싸울 새 용과 그의 사자들도 싸우나 이기지 못하여

다시 하늘에서 저희의 있을 곳을 얻지 못한지라
큰 용이 내어 쫓기니 옛 뱀 곧 마귀라고도 하고
사단이라고도 하는 온 천하를 꾀는 자라
땅으로 내어쫓기니 그의 사자들도 저와 함께 내어 쫓기니라』(12:7-9)

나중에 한 번 더 보겠지만 이놈이 교회를 극심하게 어지럽히고
성도를 핍박하는 거지요.
이 무저갱의 주인인 사단은 역사 속에서 늘 악하고 못된 일을
계속해 왔습니다만
계시록에서는 주의 재림 직전에 있을 환난 때에
아주 못된 일을 하는 모습을
적나라하게 기록해놓았답니다.

황충이는 멸망의 상징입니다.
모든 것을 잡아먹고 멸절시키는 것으로 구약성경에 나타나지요.
그 황충이가 전갈의 권세를 받았다고 하는 것은
무시무시한 살육의 모습을 말하는 겁니다.
그런 것들이 떼거지로 무저갱에서 올라온다는 거지요.

무저갱과 그 속에서 나오는 연기, 그로 인해 어두워진 세상, 그리고 전갈의 권세를 가진 황충이 떼들... 요한이 이러한 모습을 보고 있는데 하나님의 소리인지 아니면 하나님 주위에 있던 생물들의 소리인지는 모르겠지만 황충이 떼에게 하시는 명령의 소리가 있었습니다.

"황충이들은 너희에게 주어진 권세로 사람들을 해(害)해도 좋다. 그러나

땅의 풀이나 푸른 것이나 각종 수목은 해하지 말 것이며 하나님의 인을 맞지 아니한 사람들만 해할 것을 허락하노라. 그러나 저들을 죽이지는 말지어다. 단지 괴롭게 하는 일만 허락하노라."

『저희에게 이르시되 땅의 풀이나 푸른 것이나 각종 수목은 해하지 말고 오직 이마에 하나님의 인 맞지 아니한 사람들만 해하라 하시더라 그러나 그들을 죽이지는 못하게 하시고 다섯 달 동안 괴롭게만 하게 하시는데 』(:4-5상)

『땅의 풀이나 푸른 것이나 각종 수목은 해하지 말고...』
풀과 푸른 것이 여러 인종 혹은 민족을 상징한다고 보는 해석자들이 있습니다.
각종 수목(樹木)은 정치적, 경제적인 힘을 가진 사람들이라고 해석하구요.
『이마에 하나님의 인 맞지 아니한 사람들만 해하라』고 하셨는데
인 맞은 144,000명을 제외한 사람들을 해하라는 말이 분명합니다.
문제는 황충이 떼에게 공격을 받을 사람들이 누구냐 하는 겁니다.
확실한 것은 144,000명은 아닙니다.
두 번째, 사단이 자기 사람들인 불신자들을 괴롭게 하겠느냐는 의문입니다.
예수를 주로 받아들이지 않은 사람들을 괴롭게 할 이유가 없을 겁니다.
그들은 스스로 하나님을 대적할 것이고 후에는
자기(사단)와 함께 지옥에 갈 것인데
왜 괴롭게 하겠느냐는 거지요.
필자의 생각으로는 황충이 떼에게 괴로움을 받을 대상은
성도들이라는 생각입니다.

어떤 성도들일까요?

필자는 성도의 휴거 시기를 적그리스도가 전 세계에 고통을 주는 후 3년 반 직전으로 보는데
그때 휴거하지 못한 사람들이
휴거 사건과 적그리스도의 출현, 전도자들과 사명자들의 전도를 통해
정신을 차리고 회개하고 예수를 영접하여 성도가 된 겁니다.
사단은 휴거 후에 성도가 된 이 사람들을 공격하는 거라는 생각입니다.
그러나 이 성도들이 당할 고통이 클 것을 아시는 하나님께서는
단지 5개월 동안만 사단에게 권세를 허락하셨을 뿐이지요.

황충이 떼는 사람을 마음껏 해하라는 말을 듣자마자 세상을 종횡무진 다니며 사람들을 괴롭혔습니다. 그들이 얼마나 잔인했는지 마치 전갈이 사람을 쏠 때 당하는 고통을 겪었지요. 요한은 사람들이 괴로워하는 모습을 보고 있었답니다. 하나님을 향한 사람들의 부르짖음에서 그 괴로움을 읽을 수가 있었지요. 그러나 아무리 죽여 달라고 하늘을 향해 부르짖고 죽으려고 애를 써도 죽음은 저들을 피해갔답니다.

저들의 고통을 보고 있던 요한은 저들이 결코 죽을 수 없다는 걸 알 수 있었습니다. 저들은 죽음으로서 하늘나라에 갈 사람들이 아니라 예수와 진리를 붙잡고 끝까지 잘 견뎌야지만 구원에 이르게 될 사람이었기 때문입니다.

『그 괴롭게 함은 전갈이 사람을 쏠 때에 괴롭게 함과 같더라 그날에는 사람들이 죽기를 구하여도 얻지 못하고 죽고 싶으나 죽음이 저희를 피하리로다』(:5하-6)

요한은 혼자 생각했습니다.

'일찍 주님을 받아들이고 진지하게 준비하다가 들림 받았으면 좋았을 것을 전에는 믿지 못하고 엉터리로 신앙생활 하더니 결국 이제 깨닫고 정신을 차렸구먼. 이제라도 주님이 누군지를 깨닫고 다음 세상이 어떤 것인지를 진지하게 알았으니 이 고통을 잘 견뎌 구원을 받아야지, 암.'

요한은 사람들을 괴롭히고 고통스럽게 만들고 있는 황충이 떼들의 모습을 가만히 살펴보았습니다. 아주 조직적이고 강하면서도 잔인한 모습이었답니다.

『황충들의 모양은 전쟁을 위하여 예비한 말들 같고 그 머리에 금 같은 면류 비슷한 것을 썼으며 그 얼굴은 사람의 얼굴 같고 또 여자의 머리털 같은 머리털이 있고 그 이는 사자의 이 같으며 또 철흉갑 같은 흉갑이 있고 그 날개들의 소리는 병거와 많은 말들이 전장으로 달려 들어가는 소리 같으며 또 전갈과 같은 꼬리와 쏘는 살이 있어 그 꼬리에는 다섯 달 동안 사람들을 해하는 권세가 있더라』(:7-10)

황충이들의 모양이 섬뜩합니다.
우선 전쟁을 위하여 예비한 말들 같다고 하네요.
우후죽순으로 발생한 집단이 아니라 임무가 분명한 조직입니다.
머리에 금 같은 면류관을 썼다고 하는데
사기가 대단하며 자신감을 가진 모습이지요.

얼굴은 사람의 얼굴 같은 모습이고 머리털은 여자와 같은
머리털이라고 했습니다.
이빨은 사자의 이 같다고 했지요.
즉 황충이라는 것은 실제 황충이 아니라 요한이 보기에 황충과
가장 비슷한 것으로
묘사할 수밖에 없었던 것을 알 수 있지요.
이상한 사람(?) 모양의 황충은 아주 매력이 있으면서도 잔인한 것 같습니다.
그런 황충이들이 철로 만든 흉갑을 입고 있다고 했는데
완전하고 대단하여 자기 합리화를 시킬 수 있을 만큼 준비된 모습을 말하지요.
저들을 날개들의 소리, 병거와 많은 말들이 전장으로 달려가는
소리로 묘사했는데
이는 아주 빠르게 움직인다는 것이고
전갈과 같은 꼬리와 쏘는 살이 있다는 것은 사람들을
괴롭게 한다는 것일 겁니다.
그러나 성도들을 괴롭힐 수 있는 기간은 길지 않았답니다.
5개월 정도인 거지요.

황충이 떼가 하는 일은 무엇일까요?
언뜻 생각하기에는 전쟁일 것 같습니다만
전쟁은 아닙니다.
우선 성경 본문이 전쟁을 말하지 않습니다.
(전쟁이라면 성도만 고통스러운 게 아니라 모든 사람이 고통스럽겠지요.)
황충이 떼가 하는 일은
성도만이 겪는 엄청난 영적 혹은 정신적 고통일 것이고
불신자들에게는 별로 문제가 되지 않는 생활고일 수 있는 거지요.

(나중에 보겠지만 짐승의 표를 받지 않음으로 당하는 성도의 고통과
같은 걸 겁니다.)
황충의 역할을 하는 존재는
무저갱에서 올라온 자에게 굴복한 이 땅의 불신자들이 분명하지만
기독교의 탈을 쓴 음녀 교회의 지도자와 그 교회의 교인들이
황충이 역할의 중심 세력들일 겁니다.

황충이 떼에게 공격의 대상이 된 사람들은
음녀 교회에 머물러 있지 않기 때문일 것입니다.
적그리스도를 메시야로 인정하지 않기 때문일 것이고
적그리스도가 만든 세상 질서에 굴복하지 않기 때문일 것이지요.

수많은 황충이 떼가 세상을 다니며 성도들에게 엄청난 고통과 괴로움을 주고 있는 것을 보고 있던 요한은 저들의 우두머리를 주의 깊게 보았지요. 무저갱에서 나온 그놈을 자세히 본 겁니다. 그놈에게 이름이 있었답니다. 아바돈(Abaddon), 아볼루온(Apollyon)이라고 써있었습니다. 아바돈은 히브리 말이었고 아볼루온은 그리스 말이었답니다.

『저희에게 임금이 있으니 무저갱의 사자라 히브리 음으로 이름은 아바돈이요 헬라 음으로 이름은 아볼루온이더라』(:11)

아바돈(Abaddon), 아볼루온(Apollyon)은 파괴자, 멸망자라는 말입니다.
그자가 무저갱에서 나왔다고 하니 지옥의 우두머리이지요.
이자가 자기 때가 가까운 줄 알고

마지막으로 세상의 성도들을 공격하는 거랍니다.

무저갱의 사자, 그리고 황충이 떼에 의해 고통받는 성도들의 모습을 보고 있는데 소리가 들렸습니다.

『첫째 화는 지나갔으나 보라 아직도 이 후에 화 둘이 이르리로다』(:12)

요한은 그 소리를 듣고 크게 한 숨을 쉬었습니다.

❺ 계시록 9:13-21
여섯 번째 나팔

요한은 긴장하고 있었습니다.

다음 나팔소리가 들리면 또 무슨 일을 보게 될 것인지 궁금했던 겁니다. 조금 전에 본 것도 그렇지만 또 다른 화가 임할 것이라는 말에 마음이 조아려졌습니다.

"뚜뚜뚜~~ 빵빠빵~~"

여섯 번째 나팔 소리였습니다. 나팔 소리와 함께 한 소리가 들렸답니다. 하나님 앞에 있는 금으로 만들어진 단의 네 모퉁이에서 나는 소리였습니다. 네 모퉁이는 뿔 모양이었지요.

“여섯째 나팔을 분 천사야, 큰 강 유브라데에 묶여 있는 네 천사들을 놓아 주거라.”

여섯 번째 나팔을 분 천사는 즉시 유브라데 강에 묶여 있는 천사를 풀어 주었습니다. 알고 봤더니 그 천사들은 정해진 때에 땅에 전쟁을 일으키기 위해 준비된 천사들이었답니다. 그들이 일으킨 전쟁으로 땅의 사람 1/3이 죽게 되어 있었습니다.

전쟁은 대단했습니다. 우선 전쟁에 참가하는 군대의 숫자가 2억이나 된다는 소리가 들렸지요. 그 숫자도 말을 탄 사람들의 숫자만 2억이라는 겁니다. 요한은 군대의 숫자를 들으면서 또 하나의 이상을 보았는데 이번엔 전쟁에 동원되고 있는 군대의 모습이었습니다. 그러나 요한의 머리로는 도무지 이해가 안되는 군대와 무기들이었답니다.

군인들은 대부분 말과 같은 것을 타고 움직이고 있었습니다. 그들은 싸움을 위해 옷을 입었는데 그 옷에 불빛이 있었고 자주빛과 유황빛의 흉갑이 있었지요. 그들이 타고 다니는 말과 같은 것은 머리는 사자의 모양이었고 입에서는 불과 연기와 유황이 나오고 있었던 겁니다. 이 불과 연기와 유황으로 수많은 사람들이 죽어가고 있었습니다. 정말 이 땅의 사람 1/3이 죽는 거였습니다.

말들의 위력은 대단했습니다. 사람을 그렇게 많이 죽이는 힘이 입에서 나오고 있는 것은 물론이고 꼬리에서도 나오고 있는 겁니다. 꼬리의 모습은 뱀같이 길쭉했는데 거기에도 머리가 있더라는 거지요. 정말 해괴한 모습이었습니다.

『여섯째 천사가 나팔을 불매 내가 들으니 하나님 앞 금단 네 뿔에서 한 음성이 나서 나팔 가진 여섯째 천사에게 말하기를 큰 강 유브라데에 결박한 네 천사를 놓아 주라 하매 네 천사가 놓였으니 그들은 그 년 월 일 시에 이르러 사람 삼분의 일을 죽이기로 예비한 자들이더라 마병대의 수는 이만만이니 내가 그들의 수를 들었노라 이같이 이상한 가운데 그 말들과 그 탄 자들을 보니 불빛과 자주빛과 유황빛 흉갑이 있고 또 말들의 머리는 사자 머리 같고 그 입에서는 불과 연기와 유황이 나오더라 이 세 재앙 곧 저희 입에서 나오는 불과 연기와 유황을 인하여 사람 삼분의 일이 죽임을 당하니라 이 말들의 힘은 그 입과 그 꼬리에 있으니 그 꼬리는 뱀 같고 또 꼬리에 머리가 있어 이것으로 해하더라』(:13-19)

전쟁을 말하고 있습니다.
전쟁이 일어나는 장소는 유브라데구요, 아마 현재의 중동 지역으로
이해가 됩니다.
전쟁에 징집된 군사는 무려 2억이나 된답니다.
전쟁의 범위는 전세계적이지요.
전쟁으로 인한 사망자의 숫자만 지구 인구의 1/3이 될 것이라고 합니다.
요한이 묘사한 전쟁에 사용된 무기를 현대적으로 생각해 보면
최첨단의 신무기임에 틀림없습니다.

말을 탄 자들이라는 건 탱크나 장갑차 등이라고 생각할 수 있고
불빛과 자주빛과 유황빛 흉갑이라는 건 최첨단의 군복을 입은 완전무장한

군인이지요.

말들을 탱크나 장갑차로 본다면

요한은 그 무기들의 앞부분 모습을 사자 머리로 묘사할 수밖에 없었을 겁니다.

그리고 그 입에서 불과 연기와 유황이 나온다는

건 미사일이나 폭탄이 날아갈 때

불, 연기, 냄새가 나는 것을 묘사한 것일 거구요.

그런데 이 무기들로 인해 세상의 사람 1/3이 죽는다고 하니

그 무기가 무엇일까요?

핵무기가 아니면 그런 엄청난 살상력을 가진 무기는 없는데...

그러나 이 전쟁(유브라데 전쟁)이 우리가 종종 말하는

아마겟돈 전쟁은 아니랍니다!

엄청난 사람들이 전쟁으로 인해 죽었습니다. 온 세상은 나라와 민족마다 그리고 마을마다 가정마다 전쟁 후유증으로 몸살을 앓고 있었습니다. 죽은 자들보다 살아 남은 자들이 더욱 고통스러워 하는 걸 보고 있었지요. 살아 있는 사람들은 이전보다 훨씬 더 악해지고 있었습니다. 자신들의 잘못을 뉘우치고 회개하면서 하나님을 생각하고 구원을 찾기보다는 오히려 모든 문제가 기독교에서 말하는 하나님이란 신이 만든 것이라고 하면서 하나님을 저주하는 겁니다. 그리고 하나님을 믿으라고 회개를 촉구하는 전도자들을 핍박하고 죽이는 일까지 마다하지 않았지요. 국가도, 세계의 인권위원회도 그리스도인과 전도자들을 죽이는 일에 대하여는 아무런 말도 하지 않고 눈감아 주고 있었답니다.

그뿐 아니었습니다. 온 세상에 시체 썩은 냄새가 진동하면서 혼란과 혼란을 겪는 가운데 사람들은 점치는 자들을 찾아나서는 겁니다. 왜 그리도 점쟁이들이 기승을 부리는지요! 온통 무당과 점쟁이들뿐인 것 같았습니다. 게다가 거리에는 스스로가 하늘에서 보낸 메시아라고 하는 자들이 심심치않게 소리를 내고 있었답니다.

사회는 완전히 마비되었습니다. 여기저기서 살인으로 인해 피를 흘리며 죽어가는 사람들이 즐비했고 경찰과 치안을 맡은 사람들은 자신들의 생존을 위해 일할 뿐이지 사회 질서에 대해서는 아무런 일도 하지 않고 있지요. 아니, 그들도 악하기는 매 한가지였답니다. 그러한 모습은 더 이상 사회의 문제가 아니었습니다. 강간을 당하다가 죽어도 심각하게 다루어지지 않았고 강간이나 음행의 모습은 길거리 여기저기서 쉽게 볼 수 있는 일이었지요. 전쟁으로 인한 사회의 붕괴로 먹는 문제 또한 심각했습니다. 배고픔을 이길 수가 없었던 겁니다. 배가 고플 때는 아무 것이나 빼앗았고 식량을 사기 위해 값나가는 물건을 훔치는 건 보통 일이었습니다. 강한 자만이 버틸 수 있었답니다.

『이 재앙에 죽지 않고 남은 사람들은 그 손으로 행하는 일을 회개치 아니하고 오히려 여러 귀신과 또는 보거나 듣거나 다니거나 하지 못하는 금, 은, 동과 목석의 우상에게 절하고 또 그 살인과 복술과 음행과 도적질을 회개치 아니하더라』(:20-21)

6 부록
유브라데 전쟁과 그 이후

여섯 번째 나팔이 울리면서 유브라데 전쟁에서 일어나는 일들을 보여주고 있습니다. 그렇다면 유브라데 전쟁은 언제 일어나는 전쟁일까요?

유브라데 전쟁은 7년 환난의 후반부(후 3년 반)에 있을 전쟁이지요. 필자의 생각으로는 신실한 그리스도인들이 휴거한 후에 있을 사건이라는 것입니다. 이 전쟁에 대한 성경의 예언들을 생각해 보는 것은 흥미로운 일입니다.

우선 환난으로 들어가기 위해 세계는 정치적, 경제적, 문화적, 사회 전반에 걸쳐 다양하게 환난 시대로 들어가기 위해 준비되고 있을 겁니다. 그 가운데 중요한 준비는 군사력이라는 것이지요. 나라마다 지역을 중심으로 연합 군사력이 형성될 것입니다. 이들은 첨단의 무기를 만들 것이지요. 전쟁을 위한 것이라는 말은 하지 않을 것입니다. 자국을 보호하기 위한 무기 개발일 뿐이라고 말하겠지요. 그래서 핵을 소유할 것이구요.

이러는 와중에 세계는 복잡한 문제들로 골머리를 썩을 것이고 그러다가 세계의 문제를 한번에 해결할 지도자가 나타날 것입니다. 그 사람이 적그리스도이지요. 그는 세계를 불안하게 만들고 있는 이스라엘과 중동의 문제를 7년이라는 평화기간을 이끌어냄으로 해결합니다. 이스라엘의 생존권을 약속하면서 말입니다. 이일로 인해 이 지도자는 힘을 가진 유대인에게는 물론 전세계 지도자들과 사람들에게 전무후무한 존경을 받게 된답니다. 이러한 일에 대해서는 다니엘서에 상세히 기록되어 있지요.

『그가 장차 많은 사람으로 더불어 한 이레 동안의 언약을 굳게 정하겠고』(단 9:27상)

적그리스도가 이루어낸 중동평화협정은 세계인들에게도 그렇겠지만 특히 유대인에게는 복음과도 같은 엄청난 행복의 소식일 겁니다. 그래서 어떤 유대인들은 실질적으로 그를 메시아로 인정하는 일이 일어날 겁니다. 예수님께서도 유대인들이 그럴 것이라는 말을 하신 적이 있습니다. 죄를 해결하는 자신은 거부하면서도 정치적인 문제를 해결하는 자를 메시아로 받아들일 거라고 말입니다.

『나는 내 아버지의 이름으로 왔으매 너희가 영접지 아니하나 만일 다른 사람이 자기 이름으로 오면 영접하리라』(요 5:43)

그런데 문제는 이스라엘과 중동의 문제를 해결한 이 지도자(적그리스도)가 유대인들의 성소(聖所)인 예루살렘에 와서 자기 우상을 세웁니다. 많은 유대인들이 자신을 존경하고 자신을 메시아로 인정하고 있다는 것에 힘을 얻어 스스로 그런 행동을 취하는 겁니다. 그러나 그로 인해 중동 평화를 이끌어 내어 영웅이 되었던 지도자(적그리스도)는 졸지에 유대인들에게 엄청난 비난을 받게 되지요. 그렇게 되자 적그리스도는 반성하고 물러서는 것이 아니라 오히려 자신을 비난하는 유대인들을 학대하고 더 나아가 유대인들이 행하는 저들의 종교행사(제사)를 힘으로 차단하면서 자신을 메시아로 인정하지 않는 자들에 대하여 고통을 줄 것입니다. 이스라엘과 평화조약을 맺은 후 꼭 3년 6개월이 지난 다음에 일어날 일입니다.

『그가 그 이레의 절반에 제사와 예물을 금지할 것이며 또 잔포하여 미운 물건이 날개를 의지하여 설 것이며 또 이미 정한 종말까지 진노가 황폐케 하는 자에게 쏟아지리라 하였느니라』(단 9:27하)

『그러므로 너희가 선지자 다니엘의 말한바 멸망의 가증한 것이 거룩한 곳에 선 것을 보거든(읽는 자는 깨달을진저)』(마 24:15)

『저는 대적하는 자라 범사에 일컫는 하나님이나 숭배함을 받는 자 위에 뛰어나 자존하여 하나님 성전에 앉아 자기를 보여 하나님이라 하느니라』(살후 2:4)

유대인들은 자신들과 7년 평화조약을 맺은 자가 조약을 휴지처럼 백지화한 것은 물론이고, 오히려 자신들을 학대하는 것을 보고 울분을 터트리겠지요.(필자의 생각으로는 이 사건이 일어나기 전이나 혹은 이 사건을 본 후에 신실한 그리스도인들이 휴거할 것이라 생각합니다.)

유대인들이 만만하지 않은 사람들이기에, 예루살렘에 자기의 우상을 세운 자(적그리스도)도 쉽지는 않은 시간들을 보내면서 세상은 졸지에 혼돈과 혼란으로 빠져들 것입니다. 그러면서 이 혼란의 때에 남방 왕(아랍 연합세력)이 이스라엘을 공격하게 됩니다. 이때 북쪽의 연합세력 또한 전쟁을 막기 위해 이 전쟁에 참여하게 되구요. 많은 나라들이 거의 초토화가 되는 전쟁이 될 겁니다. 다니엘서 11장 40-41절의 말씀입니다.

『마지막 때에 남방 왕이 그를 찌르리니 북방 왕이 병거와 마병과 많은 배로 회리바람처럼 그에게로 마주 와서 그 여러 나라에 들어가며 물이 넘침 같이 지나갈 것이요 그가 또 영화로운 땅에 들어갈 것이요 많은 나라를 패망케 할 것이나 오직 에돔과 모압과 암몬 자손의 존귀한 자들은 그 손에서 벗어나리라』

이 전쟁으로 인해 세계 인구의 1/3이 죽게 되고 세계 도시의 1/10이 황폐하게 되겠지요.

유브라데 전쟁은 지구에 엄청난 후유증을 가지고 올 것입니다. 나라마다 무정부 상태의 혼란을 겪을 것이고 힘 있는 자의 횡포로 인해 살인과 폭력이 난무하게 될 것이며 그 참상은 아주 잔인할 것입니다. 살인과 폭력을 당하면서 그 누구도 법의 보호를 받지 못할 것입니다. 차라리 죽는 것이 나을 것이라는 생각 속에 어쩔 수 없이 숨어 사는 삶이겠지요. 강간과 성폭행은 아무런 죄의식 없이 아무데서나 자행될 것이고 극심한 식량난으로 인해 약탈과 탈취가 난무하겠지요. 그런 극심한 환난 중에 기승을 부리는 건 스스로 구세주요 그리스도라고 하는 자들과 미래를 점친다는 점쟁이들일 겁니다. 여기저기서 우상을 섬기는 자들의 행위가 눈에 뜨일 것이지요. 지옥같은 세상입니다.

휴거하지 못했지만 후 3년 반을 맞이하면서 회개하고 구원을 받아들인 사람들이 겪어야 하는 세상이 시작되고 있는 겁니다.

❼ 계시록 10:1-11
작은 책과 요한

이번에 보인 것은 아주 강렬한 천사였습니다. 힘이 세다고나 할까요? 마치 예수님같다는 생각도 들 만큼 그 모습이 근엄했지요. 그 천사는 구름을 입고 하늘에서 내려오고 있었습니다. 천사의 머리 뒤에는 무지개 빛의 광채가 나고 있었습니다. 얼굴은 밝은 해같았고 발의 모습은 불기둥 같았지요.

『내가 또 보니 힘센 다른 천사가 구름을 입고 하늘에서 내려오는데 그 머리 위에 무지개가 있고 그 얼굴은 해 같고 그 발은 불기둥 같으며』(:1)

어떤 주석을 보면 이 힘센 천사를 예수님으로 해석하기도 합니다.
그 묘사가 천사의 등장이라기보다는 예수님의 등장과 비슷하기 때문입니다.

그렇지만 필자의 생각은 예수님이 아니라는 견해입니다.
왜냐하면 성경에서 예수님을 천사로 말한 적이 한번도 없기 때문이고
본문을 기록한 요한도 예수님이라면 예수님이라고 했을 터인데
그렇게 말하지 않기 때문입니다.
본문 그대로 천사들 가운데 하나로 보는 것이 무리가 없습니다.
참고로 어떤 분은 본문의 천사가 다니엘서(단 8:16)에 나오는 가브리엘이라고
주석하는 학자도 있답니다.

천사의 모습은 독특했습니다. 손에 작은 책을 들고 있었는데 책은 펼쳐져 있더라는 거지요. 천사의 오른 발은 바다를, 왼발은 땅을 밟고 있었으며 사자처럼 큰 소리로 부르짖고 있었습니다. 그 소리와 더불어 우뢰 소리가 일곱 번이나 들렸지요. 대단한 소리였습니다.

요한은 우뢰 소리가 한 번씩 들릴 때마다 그 사이에서 흘러나오는 말들을 적으려했습니다만 하늘에서 기록하지 말라고 하는 겁니다. 요한은 기록하려던 것을 멈추었답니다.

『그 손에 펴 놓인 작은 책을 들고 그 오른발은 바다를 밟고 왼발은 땅을 밟고 사자의 부르짖는 것같이 큰 소리로 외치니 외칠 때에 일곱 우뢰가 그 소리를 발하더라 일곱 우뢰가 발할 때에 내가 기록하려고 하다가 곧 들으니 하늘에서 소리 나서 말하기를 일곱 우뢰가 발한 것을 인봉하고 기록하지 말라 하더라』(:2-4)

요한은 천사의 모습에서 눈을 떼지 못했습니다. 대단히 웅장하고 경이

로운 모습이었습니다. 양발로 바다와 땅을 밟고 있는 모습은 온 세상을 밟고 있는 것이 분명했습니다. 게다가 오른 손을 하늘을 향해 들고 있었는데 하늘과 땅과 바다의 모든 것을 창조하신 하나님을 향하여 단호한 말을 하고 있었습니다.

"내가 창조주 하나님을 향해 맹세하옵나니 결코 지체하지 아니할 것입니다. 일곱째 천사가 나팔을 불 때에 하나님의 비밀이 이루어질 것입니다. 이는 선지자들에게 전해졌던 복음의 비밀이 이루어진 것처럼 나팔을 불 때 하나님의 비밀이 이루어질 것이라는 말입니다!"

요한은 더 이상 심판이 지체되지 않을 것을 말하고 있음을 알았습니다. 내심 얼마나 기뻤는지요! 어린양이 다섯 번째 인을 떼시자 신앙 때문에 죽임을 당한 영혼들이 제단 아래서 세상의 심판을 위해 기도하고 있는 것을 보았는데, 이번에는 천사가 그들의 소원대로 곧 심판이 이뤄질 거라는 말을 하기 때문이었죠.

'그래, 일곱 번째 나팔이 울리면 순교자들의 기도처럼 세상의 끝이 오겠구먼...'

요한의 행복한 상상이었답니다.

『내가 본바 바다와 땅을 밟고 섰는 천사가 하늘을 향하여 오른손을 들고 세세토록 살아계신 자 곧 하늘과 그 가운데 있는 물건이며 땅과 그 가운데 있는 물건이며 바다와 그 가운데 있는 물건을 창조하신 이를 가리켜 맹세하여 가로되 지체하지 아니하리니 일곱째 천사가 소리 내는 날 그 나팔을 불게 될 때에 하나님의 비밀이 그 종 선지자들에게 전하신 복음과 같이 이루리라』(:5–7)

『하나님의 비밀이 그 종 선지자들에게 전하신 복음과 같이』(:7하)
복음은 예수 그리스도의 사건을 말합니다.
동정녀에게서의 그리스도의 탄생과 고난과 죽으심 그리고 부활 사건이지요.
이 그리스도의 사건이 선지자들에게 알려졌습니다만
일반 사람들에겐 믿어지지 않는 일이었었습니다.
그러나 사람들이 믿지 않는 가운데 예수께서 오신 것이지요.
세상 끝에 일어날 일(하나님의 비밀)도 하나님은 말씀을 하십니다만
사람들은 믿지를 않는 겁니다.
그러나 믿지 않는다 해서 하나님의 섭리가 없는 것이 아니라
말씀하신 세상 끝의 비밀이 성취될 거라는 말입니다.

그대는 세상 끝이 다가오고 있음을 알고 있는지요?
성경에서 말하는 세상 끝의 환난의 때로 가까이 가고 있는 것을 알고, 믿고, 준비하고 있는지요?
모른다는 핑계를 대지 마십시오.
성경은 그때를 분명하게 기록해 놓고 있습니다.
공부하고 배워야 하는 겁니다.
그리고 지금부터 그때를 준비해야 하는 거랍니다.
그날을 준비하는 사람을 지혜로운 사람이라고 하는 겁니다.

천사의 모습을 보고 있는 요한에게 또 다른 소리가 들렸습니다.

"요한, 바다와 땅을 발로 밟고 있는 천사에게 가까이 가거라. 그리고 그의 손에 펴져 있는 작은 책을 가지거라."

요한은 하늘의 소리에 따라 작은 책을 가지고 있는 천사에게 다가가 말했습니다.

"그 책을 제게 주시지요."

"가지고 가시오. 그리고 이 책을 먹으시오. 그대의 입에서는 꿀같이 달 것이요만 배에 들어가면 고통스럽게 쓸 것입니다."

요한은 천사의 말을 들으면서 그의 손에서 책을 취해 먹었습니다. 말 그대로 얼마나 입에서 맛있고 달았는지 모릅니다. 그런데 배에 들어가자 괴로우리만치 썼답니다.

"요한, 그대는 모든 나라와 각종 언어를 사용하는 사람들과 만국의 왕들에게 다시 예언을 해야 할 것이요."

『하늘에서 나서 내게 들리던 음성이 또 내게 말하여 가로되 네가 가서 바다와 땅을 밟고 섰는 천사의 손에 펴 놓인 책을 가지라 하기로 내가 천사에게 나아가 작은 책을 달라 한즉 천사가 가로되 갖다 먹어버리라 네 배에는 쓰나 네 입에는 꿀 같이 달리라 하거늘 내가 천사의 손에서 작은 책을 갖다 먹어

버리니 내 입에는 꿀 같이 다나 먹은 후에 내 배에서는 쓰게 되더라 저가 내게 말하기를 네가 많은 백성과 나라와 방언과 임금에게 다시 예언하여야 하리라 하더라』(:8–11)

요한은 온 천하에 다시 예언해야 한다는 말을 듣습니다.
그리스도를 영접하지 않은 사람에게 임할 심판과
다가오는 환난을 말해야 한다는 것입니다.
일곱 번째 나팔이 울린 후에는
악인들에 대한 심판이 내려질 것인데 그때가 어떤 때인지를
알려주는 사명이지요.
일곱 번째 나팔이 울린 후로는 더 이상 경고가 아닌
심판의 재앙으로 고통의 날들이 임할 것이기 때문입니다.

책을 먹으라는 말은
증거자인 요한이 먼저 충분히 이해하고 알고 있어야 한다는 말이라
생각이 듭니다.
입에서는 달고 배에서는 쓸 것이라는 말은 해석이 쉽지 않습니다.
우선 요한이 받아먹은 작은 책의 내용이 11장1-13절이라는 전제하에
해석하려 합니다.
11:1-13에는 두 증인에 대한 이야기가 나오는데
두 증인은 환난 때 사명자로 일을 하기도 하지만
혹독한 핍박을 받는 것으로 기록되어 있지요.
작은 책은 하나님의 말씀이기에 입에서는 달지만
그 내용은 하나님의 두 증인이 순교하기까지 고통을 당하기에
뱃속에 들어가서는 쓴 것이라는 말로 표현한 것이라 생각이 듭니다.

❽ 계시록 11:1-13

두 증인

요한이 천사의 손에 있던 작을 책을 취해 먹고 배에서 쓴 맛을 느끼고 있는데 이번에는 천사가 지팡이같이 생긴 갈대를 주는 겁니다. 그리고 말했습니다.

"요한, 일어나서 이 갈대를 가지고 성전과 제단과 성전 안에서 경배하는 사람들을 세어보시오. 성전 밖은 계산하지 않아도 됩니다. 성전 밖은 이방인에게 주었거든요. 그들이 거룩한 도성을 마음대로 짓밟을 겁니다. 꼭 42개월 동안 그렇게 할 것이지요."

『또 내게 지팡이같은 갈대를 주며 말하기를 일어나서 하나님의 성전과 제단과 그 안에서 경배하는 자들을 척량하되 성전 밖 마당은 척량하지 말고 그냥 두라 이것을 이방인에게 주었은즉 저희가 거룩한 성을 마흔두 달 동안 짓밟으리라』(:1–2)

요한은 지팡이같은 갈대로 성전 안의 사람들을 세라는 말을 듣습니다.
성전 안에 있다는 말은 거룩한 하나님의 백성들을 말합니다.
반면 성전 밖의 사람들은 하나님의 백성이 아닌 자들을 말하지요.
성전 밖의 사람이 앞으로 42개월 동안 짓밟힐 사람들을 구분하기 전에
성전 안의 사람들은 보호된다는 걸 말하는 거지요.
필자의 생각으로는 42개월 짓밟힘이 시작되기 전에
성전 안의 사람으로 계산된 사람들은 휴거할 것이라는 의견입니다.
즉 전 3년 반 동안 휴거될 사람들이 준비된다는 말이고
성전 밖의 사람들이 이방인에게 짓밟히기 전에
공중으로 들림받을 것이라는 생각입니다.
1절과 2절은 대단한 구분이 있는 겁니다!

여기에서 42개월이라는 말이 흥미롭습니다.
햇수로 하자면 3년 반의 기간입니다.
날수로 계산을 하면 1,260일이지요.(성경의 1개월은 30일입니다.)
그런데 이 42개월 동안 거룩한 성이
이방인들(불신자)에게 짓밟힌다는 말을 하고 있는 겁니다.
짓밟힌다는 말은 환난을 말하는 거지요.
즉, 세상 끝이 있기 전 3년 6개월 간을 말하는 것이랍니다.
이때 이스라엘 땅을 비롯하여 온 세상에 엄청난 일이 일어날 것인데
(정치, 경제, 군사, 기후, 재난 등의 총체적 고통)
반면에 구원 사역을 위해서는 (후 3년 반 기간 동안에도) 어떤 일이 계획

되어 있는지를
성경은 자세히 알려 주고 있답니다.

누가 성전 안의 사람으로 계산이 될까요?
어린양의 보혈로 죄 용서함을 받은 사람들이랍니다.
거듭난 사람들을 말합니다.
진실로 거듭난 사람들은 주님을 사모하면서
주님 만날 날을 기다리며 사는 사람들이지요.
완전한 사람이 아닙니다.
그러나 주님 성품을 닮기 위해 몸부림치며 사는 사람들이랍니다.
십자가의 보혈을 의지하고 자신을 죽이며 사는 사람들이랍니다.
주님으로부터 받은 은혜에 감격하여
자신도 모르게 선행하는 양의 무리랍니다.

주님을 영접하지 않은 사람은 성전 밖에 있는 사람들이지요.
교회는 출석합니다. 교회에서 봉사를 위한 직분도 받았고
오랜 교회 생활이 몸에 배었습니다.
그런데도 그 마음에 예수를 주님으로 영접하지 않은 사람들은
성전 밖의 사람이지요.
교회에서 주여 주여 하면서 기도했던 사람입니다.
그런데 분명 입으로만 주님을 부른 사람일 겁니다.
성경을 공부했던 사람일 수도 있습니다.
그런데 지식 증가로만 즐거워했지 실제 마음으로는
믿지 않던 사람일 겁니다.

교회 일을 열심히 했지만

사람에게 칭찬받기 위한 열심이었을 겁니다.

"요한, 내가 나의 두 증인에게 권세를 줄 것입니다."

말하는 자가 천사인지 아니면 예수님인지 요한은 구분을 할 수가 없었습니다. 왜냐하면 천사는 사람에게 권세를 줄 수 없다는 걸 알고 있는 데, 지금 자신에게 말하는 자가 자신의 증인 둘에게 권세를 준다고 하고 있기 때문이었지요. 여러 가지로 생각이 복잡하지만 지금은 그런게 중요하지 않았습니다. 분명한 것은 두 증인이 주님의 증인이라는 것이었죠.

"요한, 나의 이 두 증인은 1,260일 동안 예언하는 자로 세상에 있을 것인데 저들은 굵은 베를 입고 다니면서 예언을 할 것이지요."

요한은 베옷을 입고 예언하는 두 증인을 생각하면서 그들은 슬픈 마음으로 예언하는 자들임을 짐작할 수 있었습니다.

'주님에 대한 예언을 하면서 왜 즐거워하지 않고 슬픔과 애통의 마음으로 예언을 하는 걸까?'

요한은 궁금했습니다.

『내가 나의 두 증인에게 권세를 주리니 저희가 굵은 베옷을 입고 일천 이백

육십 일을 예언하리라』(:3)

두 증인이 활동하는 시기는 후 3년 반입니다.
이때는 신실한 성도들이 모두 휴거한 후지요.
그러므로 후 3년 반 기간 동안에 구원받을 사람들을 위해
두 증인이 보내졌다는 것을 알 수 있습니다.
두 증인이 베옷을 입은 것은
자신들이 받을 핍박이 힘들고 고통스러운 것이기 때문이 아닙니다.
그 기간 중에 자신들의 전도를 받고 구원을 깨달아
복음을 받아들여 구원에 이른 사람들이 겪을 환난을 생각하니
고통스러운 겁니다.
그래서 베옷을 입고 예언하는 거지요.

"베옷을 입고 증인으로 42개월을 예언할 자들이 누굽니까?"

요한의 질문이었습니다.

"두 증인이 누구냐고요? 온 세상의 주인이신 주님 앞에 서있는 두 감람나무와 두 촛대라고나 할까요?"

천사는 알아들을 수 없는 말로 두 증인에 대해 말을 흐렸습니다.

"두 증인이 무슨 일을 할 것인지요?"

요한이 물었습니다.

“두 증인이 할 일? 내가 그들에게 남다른 권세를 줄 것입니다. 무엇보다 이 땅의 누구도 저들을 해하지 못할 것입니다. 만일 저들을 해하려 한다면 저들 입에서 불이 나와 해하려는 자들을 태워 죽게 할 것이지요. 저들은 자신들에게 주어진 특별한 능력을 가지고 비를 오지 않게 할 것이고, 물을 피로 변하게 하는 일도 할 것이며, 자신들이 필요하다면 온 땅에 재앙을 불러일으킬 수도 있습니다. 1260일 동안 그들은 그런 능력과 권세로 선지자의 역할을 할 것이랍니다.”

『이는 이 땅의 주 앞에 섰는 두 감람나무와 두 촛대니 만일 누구든지 저희를 해하고자 한즉 저희 입에서 불이 나서 그 원수를 소멸할지니 누구든지 해하려 하면 반드시 이와 같이 죽임을 당하리라 저희가 권세를 가지고 하늘을 닫아 그 예언을 하는 날 동안 비 오지 못하게 하고 또 권세를 가지고 물을 변하여 피 되게 하고 아무 때든지 원하는 대로 여러 가지 재앙으로 땅을 치리로다』(:4–6)

“그런데 두 선지자의 그런 능력있는 사역이 끝날 즈음에 무저갱에서 올라온 짐승이 두 선지자를 미워하고 미워하여 그들을 없애기 위해 전쟁까지 일으킬 것입니다. 결국은 두 사람이 죽을 것이구요. 두 선지자를 죽인 짐승은 두 선지자 때문에 당한 고통이 끝났다는 생각으로 그들의 시체를 온 세상 사람들에게 보란 듯이 세계에서 가장 유명한 길거리에 던질 것이지요. 그 길거리는 음란을 상징하는 소돔과 같은 곳이고 온갖 우상이 우글거리고 하나님의 백성을 학대하던 애굽과 같은 곳이라고나 할까? 아니, 주님을 십자가에 못 박은 곳과 같은 곳이라고나 할까요? 모두가 영적인 의미로 하는 말이지만 말입니다. 사실 두 선지자는 비참하게 죽어서 장례식도 못치루고 버려질 겁니다. 누군가가 두 사람을 위하여 장례를 하려 하겠지만, 짐승 아래서 조종을 받고 있고 또 짐승을 우상처럼 섬기는 사람들이 장례를 못하게 난리를 치는 바람에 장례가 이루어지지 않을 것이지요."

천사는 두 증인에게 있을 일들을 자세히 말하고 있었습니다.

"왜 두 선지자가 그런 대우를 받아야 하는 겁니까?"

요한의 질문이었습니다.

"다른 이유가 있겠습니까? 두 선지자가 죄를 지적하고 회개를 촉구하며 회개하지 않으면 심판을 받을 것이라고 설교하고 다니기 때문이겠지요. 죄악 가운데 살고 있는 사람들이 두 선지자의 말을 들으면 양심에 가책이 되고 괴로운 겁니다. 그러니 선지자들이 죽기를 얼마나 바라겠어요. 게다가 세상 사람들에게 자신을 하나님이라고 선전하는 적그리스도를 사단이라고 노골적으로 공격하니 적그리스도와 그들을 섬기는 사람들이 얼마나 괴롭겠느냐는 거지요. 그러던 차에 짐승, 아니 적그리스도가 두 선지자를 죽였으니 속이 시원들 할 거 아니요? 두 선지자의 죽음을 보고 축제를 벌이고 그날을 공휴일로 삼으면서 선물까지 주고받는 해괴한 일을 할 것이지요!"

두 감람나무

두 감람나무에 대한 이야기는 스가랴 4:11-14에 나오고 있습니다.
『내가 그에게 물어 가로되 등대 좌우의 두 감람나무는 무슨 뜻이니이까 하고 다시 그에게 물어 가로되 금 기름을 흘려내는 두 금관 옆에 있는 이 감람나무 두 가지는 무슨 뜻이니이까 그가 내게 대답하여 가로되 네가 이것이 무엇인지 알지 못하느냐 대답하되 내 주여 알지 못하나이다 가로되 이는 기름 발리운 자 둘이니 온 세상의 주 앞에 모셔 섰는 자니라 하더라』

감람나무 둘을 말하는 것이 아니라 가지가 둘인 감람나무 한 그루를 말하는 겁니다. 이 감람나무는 기름 발리운 자들인데 하나님을 모시고 서 있는 자들이지요.(스가랴에서는 스룹바벨과 여호수아를 말했답니다.) 스룹바벨과 여호수아는 이 세상에서는 아주 미약한 존재였습니다만 큰 악의 권세 가운데서 하나님이 주신 권능으로 성전을 건축했답니다. 본문의 두 감람나무가 활동하는 때는 악이 기승을 부리는 후 3년 반이지만 그 어두운 기간에도 복음을 전하는 사명자로 승리할 사람임을 말하고 있는 겁니다.

두 촛대는 무엇일까요?

촛대는 계시록 처음 부분에도 교회의 사자라는 뜻으로 쓰였습니다. 그렇다면 촛대는 사명자라는 말이지요. 두 촛대라는 말에서 '둘'이라는 것은 수수께끼일 것이고 촛대라는 것은 후 3년 반 동안에 복음을 전하는 사명자임이 틀림없습니다. 두 감람나무와 두 촛대를 교회로 해석하는 경우도 있습니다.(개혁주의) 그러나 두 증인에 대한 본문을 보면 교회가 아닌 것을 알 수 있습니다. '입에서 불이 난다?'(:5상), '비를 오지 않게 한다?'(:6상),'물을 피로 만든다?'(:6하),

'죽임을 당한다?'(:7), '시체가 성 길에 있다?'(:8상), '부활한다?'(:11), '구름타고 올라간다?'(:12)... 이와 같은 것을 보면 분명 교회는 아니지요. 또한 세대주의자들은 두 감람나무와 두 촛대를 모세와 엘리야라고 봅니다. 그러나 죽은 지 오래 된 모세가 다시 태어난다는 것도 이치에 맞지 않고 죽지 않고 들림받은 엘리야가 다시 온다는 것도 맞지 않습니다. 필자의 생각은 이 두 증인이 누구인지는 알 수 없으나 전 3년 반을 지날 때 휴거하지 못하고 환난에 임할 사람들에게 복음을 전할 특별한 사명을 가진 전도자라는 거지요. 144,000명 역시 환난기에 복음을 전하는 역할을 하지만 두 증인은 이들과는 다르게 아주 강력한 선지자의 역할을 할 사람인 것입니다.

『저희가 그 증거를 마칠 때에 무저갱으로부터 올라오는 짐승이 저희로 더불어 전쟁을 일으켜 저희를 이기고 저희를 죽일 터인즉 저희 시체가 큰 성 길에 있으리니 그 성은 영적으로 하면 소돔이라고도 하고 애굽이라고도 하니 곧 저희 주께서 십자가에 못 박히신 곳이니라 백성들과 족속과 방언과 나라 중에서 사람들이 그 시체를 사흘 반 동안을 목도하며 무덤에 장사하지 못하게 하리로다 이 두 선지자가 땅에 거하는 자들을 괴롭게 한 고로 땅에 거하는 자들이 저희의 죽음을 즐거워하고 기뻐하여 서로 예물을 보내리라 하더라』(:6-10)

"불행한 건 많은 사람들이 환난이 있는 동안 두 선지자의 애절한 증거와 설득을 듣지 않고 여전히 죄악 가운데 있는 겁니다. 아니, 분명 두 선지자로 하여금 초능력이 나타나고 있는데도 믿지 않고 오히려 저들을 미워하고 있다는 사실이지요. 하여간 두 선지자는 비참하게 죽은 것 같습니다만 곧 놀랄 만한 일이 일어날 것입니다. 그들의 시체가 길거리에 버려져 조롱을 당한 지 3일하고도 반나절이 지났을 때 죽어서 버려졌던 두 선지자가 스스로 일어나는 겁니다. 죽은 사람들이 살아난 거지요! 이일로 사람들이 얼마나 놀랄지 상상하는 건 어렵지 않습니다. 세상 사람들은 공포에 떨게 될 것이지요."

요한은 천사가 하는 소리를 들으며 이런 저런 상상을 하고 있었습니다.

"두 선지자가 살아난 사건을 가지고 이런저런 이야기들을 하고 있을 때에 온 세상 사람들이 다 들을 수 있는 큰 소리가 하늘에서 날 겁니다. '이리로 올라오라!'는 말이지요. 두 선지자에게 하는 말입니다. 이 말이 있자마자 두 선지자는 구름을 타고 하늘로 올라갈 것입니다. 물론 이 광경을 저들을 미워해서 죽인 사람들뿐 아니라 세상의 많은 사람들이 다 볼 것이구요! 거기서 끝이 아닙니다. 두 선지자가 하늘로 올라가는 것을 보고 있는 그때 갑자기 큰 지진이 일어날 겁니다. 그 지진으로 인해 세계 큰 도시의 1/10이 황폐되는 재난이 발생할 것입니다. 지진으로 죽는 사람이 7,000명이 넘을 겁니다. 이 얼마나 끔찍하겠습니까? 많은 사람들은 이 일로 공포와 두려움에 떨기도 하겠지만, 두 선지자의 말씀을 듣고 회개하고 주님의 도래를 기다리던 성도들은 이 광경을 보고 더욱 하나님을 찬양하고 영광을 돌릴 것입니다. 세상 끝이 다가온다는 걸 알고 있거든요."

『삼일 반 후에 하나님께로부터 생기가 저희 속에 들어가매 저희가 발로 일어서니 구경하는 자들이 크게 두려워하더라 하늘로부터 큰 음성이 있어 이리로 올라오라 함을 저희가 듣고 구름을 타고 하늘로 올라가니 저희 원수들도 구경하더라 그 시에 큰 지진이 나서 성 십분의 일이 무너지고 지진에 죽은 사람이 칠천이라 그 남은 자들이 두려워하여 영광을 하늘의 하나님께 돌리더라』(:11-13)

두 증인(선지자)의 마지막 사역은 순교입니다.
그런데 그들의 순교할 때까지 사역한 기간은 1,260일로 정해져 있었습니다.
그러니 그들의 순교 때는 1,260일이 되는 바로 이전을 말하는 것이지요.
후 3년 반이 마쳐지는 때입니다.
그때, 세상의 끝이 오는 것입니다.

❾ 계시록 11:14-21
일곱 번째 나팔

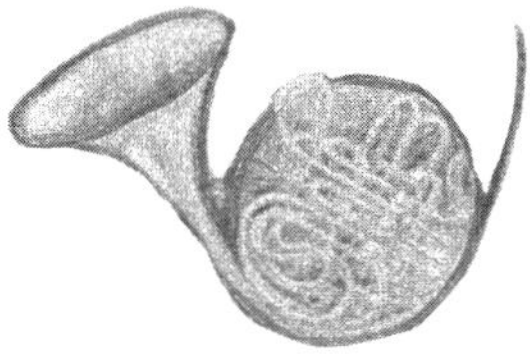

환난기에 사역할 두 증인에 관한 말씀을 듣던 요한은 긴 한숨을 쉬었습니다. 그 환난중에도 한 영혼이라도 더 구원하시려는 하나님의 애쓰심을 느낄 수가 있었습니다. 그러나 요한의 마음을 무겁게 한 건 여섯 번째 나팔이 울리면서 발생한 전쟁과 그 후에 엉망이 된 세상에 대한 거였답니다.

'세상이 전쟁으로 황폐되고 사람들은 더 잔인해지고... 그런 가운데 두 증인은 복음 전하느라고 동분서주 할 것이고... 끔찍한 세상이겠구먼!'

이러한 생각에 빠져 있을 때 한 소리가 들렸습니다.

『둘째 화는 지나갔으나 보라 셋째 화가 속히 이르는도다』(:14)

아니나 다를까 여섯 번째 나팔 소리 후에 나타난 재앙들을 생각하는 동시에 일곱 번째 나팔 소리가 들렸답니다.

"뚜뚜뚜, 빠빠빵~~"

길고도 우렁찬 나팔 소리였습니다. 나팔 소리와 함께 하늘에서는 하나님을 찬양하는 소리가 크게 울렸답니다.

"온 세상이 우리 주 그리스도의 것이 되어 그리스도께서 세상을 다스리시고 왕 노릇하실 겁니다!"

정말 우렁찬 소리였습니다.

그런데 요한의 눈에 지난 번에 보았던 광경이 또 나타나는 겁니다. 24 장로들의 모습이었지요. 저들 또한 얼굴을 대고 하나님을 경배하는 거였습니다.

"하나님이시여! 당신께 감사하나이다. 오래 전에도 계셨고 지금도 계신 주 하나님 전능하신 이시여, 당신께서 큰 권능으로 왕 노릇 하시나이다! 이방인들이 당신의 하시는 일을 보고 분노하였으나 이제는 당신의 진노가 임하여 죽은 자들을 심판하시며 선지자들과 성도들은 물론 당신을 경외하는 자들에게 상을 주시며 또 땅을 망케 하는 자들에게는 멸망시키실 때이니 감사하나이다!"

『일곱째 천사가 나팔을 불매 하늘에 큰 음성들이 나서 가로되 세상 나라가 우리 주와 그리스도의 나라가 되어 그가 세세토록 왕 노릇 하시리로다 하니 하나님 앞에 자기 보좌에 앉은 이십 사 장로들이 엎드려 얼굴을 대고 하나님께 경배하여 가로되 감사 하옵나니 옛적에도 계셨고 시방도 계신 주 하나님 곧 전능하신이여 친히 큰 권능을 잡으시고 왕 노릇 하시도다 이방들이 분노하매 주의 진노가 임하여 죽은 자를 심판하시며 종 선지자들과 성도들과 또 무론대소하고 주의 이름을 경외하는 자들에게 상 주시며 또 땅을 망하게 하는 자들을 멸망시키실 때로소이다 하더라』(:15-18)

일곱 번째 나팔이 불어지면서는
재앙이 아니라 찬양이 나오고 있습니다.
그런데 그 찬양을 보면 세상이 끝나고 정리되는 때의 찬양이랍니다.
그렇기 때문에 일곱 번째 나팔은 재앙이 아니구나 합니다만
그렇지가 않습니다.
본문은 일곱 번째 나팔이 불어지고 그에 따른 재앙이 있은 후
모든 것이 끝난 상태에서 일어날 축제가 있을 것을
미리 보여준 것에 불과합니다.
일곱 번째 나팔이 불어진 후 보이는 재앙은 16장에 자세히 나와 있습니다.

5

[illegible] 14장

환상[illegible]

하나님께서 그의 아들 예수께 주신 내용입니다. 이 땅에서 곧 일어날 일들에 관한 것들이지요. 당신의 아들만 알고 있으라고 주신 것이 아닙니다. 예수를 구세주로 전하는 자들, 복음 전하는 자들에게 알리라고 주신 말씀이랍니다. 예수께서 자신을 수종드는 천사를 부르셨습니다. 그리고 천사들에게 앞으로 세상에 일어나게 될 일들을 알려 주신 후에 당신과 함께 있었던 제자들 중에 아직도 살아 있는 요한에게 가서 소상히 알려 주라고 하셨답니다. 천사가 요한을 만났습니다. 요한은 밧모 섬에서 혼자 지내고 있는 나이 많은 노인이었습니다. 천사는 말로 전하기도 하고 환상을 보여 주기도 했답니다. 정말 기가 막힌 말씀들이었고 웅장한 말씀들이었고 놀라운 말씀들 [illegible] 해진 비밀스런 말씀에 요한은 예수 믿고 하나님 백성된 것이 얼마나 위대한 축복인 가를 재삼 감사했답니다. 정신을 차릴 수가 없었습니다. 그래서 노환(老患)으로 떨리는 손이지만 가죽 두루마리에 먹물을 묻혀 자신이 듣고 본 것을 정성들여 기록했답니다.

자기가 본 것을 복음을 전하는 전도자들과 복음을 따라 살고 있는 다른 그리스도인들이 본다면 저들 또한 얼마나 행복해 할 것인가를 생각하니 죽기 전에 모든 것을 기록해야겠다는 소명이 생겼던 겁니다.

THE BIBLICAL

THE BIBLICAL STORYTELLING BIBLE STUDY

❶ 계시록 12:1-6

여자, 용, 남자 아이?

하늘에서 일어나는 다른 환상들을 보았습니다. 요한은 이 환상들을 확실하게 이해하긴 어려웠지만 이것들 역시 지상에서의 일이라는 생각으로 기록하기 시작했지요.

한 여인이 나타났는데 태양을 옷으로 입은 것 같은 모습이었습니다. 그 여인의 발 아래에는 달이 비치고 있었습니다. 머리에는 별이 열두 개 달린 영광스런 면류관을 쓰고 있는 겁니다. 여인은 만삭이 되어 아이를 해산하고 있었답니다. 해산의 고통이 굉장히 심한지 무척 애처로운 모습이었지요.

『하늘에 큰 이적이 보이니 해를 입은 한 여자가 있는데 그 발 아래는 달이 있고 그 머리에는 열 두 별의 면류관을 썼더라 이 여자가 아이를 배어 해산하게 되매 아파서 애써 부르짖더라』(:1–2)

반면에 또 다른 하늘의 환상을 보았습니다. 이번에는 커다란 붉은 용 한 마리였습니다. 머리가 일곱이고 뿔은 열 개였습니다. 머리마다 면류관이 씌워져 있었구요. 얼마나 징그러운지요. 큰 용의 꼬리는 살벌했는데 용이 그 꼬리를 휘두르더니 하늘의 별 1/3을 감싸 땅에 던지는 거였습니다.

『하늘에 또 다른 이적이 보이니 보라 한 큰 붉은 용이 있어 머리가 일곱이요 뿔이 열이라 그 여러 머리에 일곱 면류관이 있는데 그 꼬리가 하늘 별 삼분의 일을 끌어다가 땅에 던지더라 』(:3–4상)

그런데 그 끔찍한 붉은 용이 영광스러운 여인 앞에서 여인이 해산할 때를 지켜보고 기다리는 겁니다. 여인이 아이를 낳으면 삼켜버리리라 작심을 하고 있는 게 틀림없었습니다. 분위기가 삭막했지만 여인은 때가 되어 아이를 낳았지요. 남자 아이였습니다. 그 아이에 대하여 설명을 들으니 큰 권세로 만국을 다스릴 아이랍니다.

아이가 나오면 삼키려고 용이 기다리고 있었습니다만 여인이 낳은 아이는 하늘로 들림을 받아 하나님 보좌 앞으로 인도함을 받았지요. 아이를 낳은 여인은 누군가의 도움을 받아 용을 피해 광야로 나가 숨었구요. 미리 준비된 장소였습니다. 아마도 그곳에서 아이를 양육할 것이 분명했습니다. 1,260

일 동안.

『용이 해산하려는 여자 앞에서 그가 해산하면 그 아이를 삼키고자 하더니 여자가 아들을 낳으니 이는 장차 철장으로 만국을 다스릴 남자라 그 아이를 하나님 앞과 그 보좌 앞으로 올려가더라 그 여자가 광야로 도망하매 거기서 일천 이백 육십일 동안 저를 양육하기 위하여 하나님의 예비하신 곳이 있더라』(:4하-6)

영광스런 여인의 모습은 교회를 상징하고 있습니다.
해(태양)는 그리스도를 상징하고 달은 태양이신 그리스도를
반사하는 것이지요.
그리고 그녀가 쓴 면류관의 열두 별이란 열두 사도를 의미한답니다.
즉 여인은 (그리스도와 그의 영과 사도들로 시작된) 교회를
의미하는 겁니다.
이 여인(교회)에게서 나온 아이가 1,260일을 은밀한 곳에서
양육받는 거지요.
그 이유는 용이 죽이려고 하기 때문입니다.
용이 그 아이를 죽이려고 하는 이유는 큰 권세로
만국을 다스릴 존재이기 때문입니다.
(그 남자 아이가 큰 권세로 만국을 다스릴 존재라는 말 때문에
그 아이를 그리스도라고 해석하면 안 됩니다.)

부드럽게 해석을 하면 교회(여인)는 큰 인물을 출산합니다.
사단이 없애야 할 만큼 대단한 존재이지요.
이 아이가 1,260일(3년 반) 은밀한 곳에서

특별한 양육을 받습니다.
특별한 사역을 위해서입니다.
필사의 생각으로는 후 3년 반에 사역하기 위한
준비 기간일 거라는 생각입니다.
(이 아이의 나이가 서너살이라고는 생각하지 않으시겠지요.
실제 아기가 아니라
상징적인 출산과 양육을 말하는 것이니까요.)
그러니 사단이 이 아이가 만들어지는 걸 처음부터
막으려하는 겁니다.

붉은 용은 사단, 마귀입니다.
이 자가 하늘의 별 1/3을 끌어다가 땅에 던졌다고 하는 말이
무섭습니다.
별은 일반적으로 교회의 지도자를 의미합니다.
즉 사단이 꼬리의 힘만으로 교회의 지도자들
1/3을 타락시키는 걸 말합니다.
세상 끝에는 교회 지도자들이 사단의 하수인(下手人)이 된다는
말을 하고 있는 겁니다.

사단은 성도를 생명으로부터 떨어져나가게 하기 위해,
하나님의 구속의 역사를 막기 위해
교회의 지도자들을 유혹하여 타락시킨답니다.
가장 중요한 유혹은 성경보다 다른 것을 더 가치있게
여기게 만들고
성경을 공부하지도 않고 믿지도 않으며

성도들에게도 성경을 가르치지 않는 거지요.
십자가의 복음을 중요하게 여기지 않게 하는 겁니다.
거듭남과 그리스도를 닮아가는 성품, 혹은 성령의 능력,
그리스도의 다시 오심 등과 같은 생명의 복음을
무시하게 하는 거지요.
반면에 그런 것을 대신해서 사회봉사를 강조하고
하나님의 영광을 빙자하여 교회의 건물을 크게 만들고
교회에 돈이 풍성하게 만들며 사람을 많이 모으는 일을 위해
수단과 방법을 가리지 않게 하는 거지요.
사단은 교회 지도자들을 통해 사람들이
물질만능주의에 빠지게 하고
영적인 삶과 천국의 삶보다는 땅에서의 삶의 질이
신앙생활의 척도를 가늠한다고 생각하게 한다는 겁니다.
성경은 한번도 말한 적이 없는 것들임에도 말입니다.

교회 지도자들을 위해 기도하세요.
붉은 용 사단의 은밀한 유혹에 넘어가지 않도록 말입니다.
교회 지도자들로 하여금 하나님 나라를 소개하고
그 나라로 인도하기 위해 십자가를 전하며
세상에서의 성공과 행복함이 아니라
그리스도 때문에 행복을 누리다가 천국에 가는 사람을 만드는 일을
잘 하도록 기도해야 하는 겁니다!
마지막 때에 사단은 교회 지도자를 넘어뜨리려고
혈안이 되어 있답니다.

❷ 계시록 12:7-12

하늘에서 벌어진 전쟁

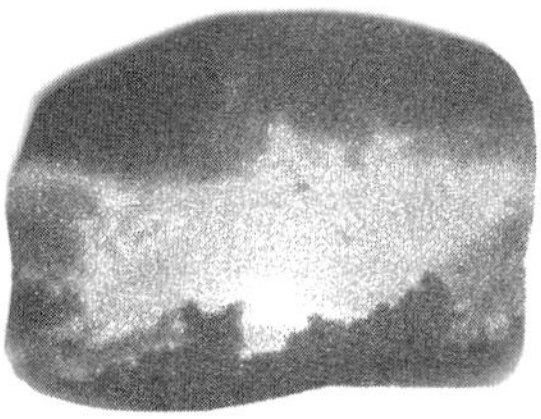

하늘에서 귀한 아들을 낳은 여인과 그 여인이 낳은 아이를 삼키려고 했던 붉은 용의 모습을 보던 중에 또 다른 환상을 보았습니다. 이번에는 전쟁의 모습이었지요. 하늘의 천사장 미가엘과 그의 사자들이 붉은 용과 그의 졸개들과 더불어 벌인 전쟁이었습니다. 치열한 전쟁이었습니다만 미가엘과 그의 사자들이 승리한 싸움이었답니다. 결국 붉은 용과 그의 졸개들은 싸움의 패배로 인해 더 이상 하늘나라에 머물 수가 없게 된 겁니다. 내쫓기게 된 거지요. 붉은 용은 사단이었습니다. 오래 전에는 뱀이라고도 불린 놈이었지요. 이 사단이 졸개들과 땅으로 내어쫓겨 세상에 머물면서 온 세상을 괴롭게 하고 있었답니다.

『하늘에 전쟁이 있으니 미가엘과 그의 사자들이 용으로 더불어 싸울새 용과 그의 사자들도 싸우나 이기지 못하여 다시 하늘에서 저희의 있을 곳을 얻지 못한지라 큰 용이 내어 쫓기니 옛 뱀 곧 마귀라고도 하고 사단이라고도 하는 온 천하를 꾀는 자라 땅으로 내어 쫓기니 그의 사자들도 저와 함께 내어 쫓기니라』(:7-9)

하늘에서 일어나고 있는 미가엘과 붉은 용의 전쟁은
전 3년 반에 일어나는 일이 아닌가 합니다.
사단이 하늘에서 머물고자 했으나 미가엘과 싸워 패했기 때문에
더 이상 하늘에는 머물 수가 없게 되어
자신의 졸개들과 땅으로 완전히 내어쫓겼기 때문입니다.
물론 오래 전에 하나님에게 버림받아 이미 하늘나라에 머무를 수
없었습니다만
이젠 완전히 내어쫓긴 거지요.
그들이 갈 곳은 무저갱 이외에는 없는 겁니다.
(미가엘과 싸워 패하기 전에는 하나님께 버림을 받긴 했어도
하늘나라에 잠시 동안은 머물 수가 있었습니다.)
그러니 무저갱에 완전히 갇히기 전에 땅에 있는 동안 온갖 못된 일을
다하는 것이고
무저갱에 완전히 갇히게 될 때가 얼마 남지 않은 것을 알고
해괴한 일을 하는 거지요.
사단은 자기의 남은 때를 알고 있을 겁니다.
1,260일 정도라는 것을.

하늘에서 큰 찬송 소리가 들렸습니다. 악한 존재인 사단이 미가엘과의

싸움에서 패하고 이젠 하늘나라에서 완전히 쫓겨난 것에 대한 기쁨의 노래였습니다. 사실 이 사단과 그의 졸개들은 하늘나라에 온 성도들을 괴롭히고 있었거든요. 하늘나라에 분명 그리스도의 보혈을 의지하고 왔는데도 사단과 그의 졸개들은 하나님께 다가가서 성도의 부끄러운 행위들을 들춰내고 그걸 가지고 트집을 잡곤 했던 거지요. 그런데 그런 못된 짓을 하던 사단과 그의 졸개들이 완전히 땅으로 쫓겨났으니 너무 감격스러운 거였던 겁니다. 이젠 완전한 행복을 누리게 되었거든요!

"이젠 우리 하나님의 구원이 완전해졌습니다. 더 이상 하나님께서 만들어놓은 그리스도의 공로를 의지한 구원에 대하여 송사를 받지 않을 것입니다. 하나님의 능력을 찬양합니다. 이제 오직 그리스도의 권세만이 영원할 것입니다. 우리를 하나님 앞에서 밤낮 참소하던 악한 자들이 쫓겨났습니다! 우리의 구원이 오직 예수 그리스도의 보혈로만 이라는 증거가 사단과 그의 졸개들을 이긴 것입니다! 오직 그리스도의 보혈로만 구원이 이루어진다고 생명을 아끼지 않고 증거한 사람들이 이긴 겁니다! 사단은 더 이상 하늘에 발을 붙이지 못할 것입니다. 그러므로 즐거워합시다! 사단과 그의 졸개들은 자신들의 때가 얼마 남지 않은 것을 잘 알고 있습니다. 이제 땅과 바다에 거하는 자들은 고통스러울 겁니다. 사단과 그의 무리는 자기들이 갈 곳을 알기에 그곳에 가기 전 땅에 있을 동안 온갖 못된 일을 자행할 것이기 때문입니다. 땅에 있는 자들이 얼마나 불쌍한지요. 하늘에서 쫓겨나 화난 사단의 횡포에 저들이 얼마나 고통스럽겠는지요!"

『내가 또 들으니 하늘에 큰 음성이 있어 가로되 이제 우리 하나님의 구원과 능력과 나라와 또 그의 그리스도의 권세가 이루었으니 우리 형제들을 참소하던 자 곧 우리 하나님 앞에서 밤낮 참소하던 자가 쫓겨 났고 또 여러 형제가 어린 양의 피와 자기의 증거하는 말을 인하여 저를 이기었으니 그들은 죽기까지 자기 생명을 아끼지 아니하였도다 그러므로 하늘과 그 가운데 거하는 자들은 즐거워하라 그러나 땅과 바다는 화 있을진저 이는 마귀가 자기의 때가 얼마 못된 줄을 알므로 크게 분내어 너희에게 내려 갔음이라 하더라』(:10-12)

사단은 하나님에 의해 만들어진 존재입니다.
이사야에서는 그의 모습을 계명성이라고 하고 있지요.(사14:12)
사단은 교만하여 하늘에서 쫓겨납니다만 그를 추종하던 천사들도
함께 쫓겨났답니다.
그리고 쫓겨난 사단과 타락한 천사들을 가두기 위해 무저갱,
지옥이 만들어진 것이구요.
사단은 무저갱에 갇히기 전에 지상에서 활동을 하게 됩니다.
사단과 그 추종자들은 하늘에서 쫓겨난 분에 못이겨
땅에서 온갖 못된 짓을 다하며 하나님의 자녀들을 유혹하여
하나님과 원수가 되게 하고
저들을 무저갱으로 데리고 가려고 하는 거지요.

그들은 아담 때부터 지금까지 활동 해왔습니다.
하늘에서 쫓겨난 사단과 그를 추종하는 타락한 천사들은
무저갱에 완전히 갇히기 전까지는 천상에 있을 수 있는 것 같습니다.

성경에는 그들의 천상에서의 활동 내용을 말하고 있으니까요.(예:욥)
그리고 하나님께는 버림을 받았지만
그래도 그곳에 살기 위해 무단히 애를 썼던 것 같습니다.
천상에서는 그리스도의 보혈을 의지해 올라 온 사람들의 행위를
들춰내면서
하나님께 고발하는 못된 일을 하곤 했구요.
이 못된 사단과 타락한 천사들의 행위로 인해
구원받은 많은 사람들이 고통을 당한 것 같구요.
그런데 마지막 때에 미가엘 천사가 사단과 그의 추종자들을 이겨
완전히 추방한 겁니다. 더 이상 하늘에는 거하지 못하게 한 겁니다.
그래서 이젠 무저갱에 들어가 갇힐 날만 기다리는 거지요.
그 기다림의 시간이 3년 6개월뿐이기에
사단은 땅에서 발악을 하며 못된 짓을 다하는 거지요.
사단의 그 일이 후 3년 반의 고통을 가지고 온 거랍니다.

❸ 계시록 12:13-17
땅에서 일어난 전쟁

요한은 하늘 전쟁에서 패하고 땅으로 완전히 쫓겨난 사단과 그 졸개들이 땅에서 하는 일을 보았답니다. 다른 일이 아니었습니다. 여인이 낳은 남자 아이를 찾아 핍박을 하려는 거였지요. 그러나 아이를 낳은 여인은 하늘로부터 날아온 큰 독수리의 도움으로 그 날개를 타고 미리 준비된 숨겨진 장소로 피했지요. 사단인 뱀은 더 이상 여인과 아이를 찾을 수 없었던 겁니다. 여인은 그곳에 1,260일 동안 머물면서 아이를 잘 양육하였답니다.

『용이 자기가 땅으로 내어 쫓긴 것을 보고 남자를 낳은 여자를 핍박하는지라 그 여자가 큰 독수리의 두 날개를 받아 광야 자기 곳으로 날아가 거기서 그

뱀의 낯을 피하여 한 때와 두 때와 반 때를 양육 받으매』(:13–14)

그런데 뱀이 아이를 핍박하는 건 끈질겼습니다. 여인이 아이를 데리고 어디에 숨어 있는지도 모르면서 하여간 아이를 죽이기 위해 자신의 입에서 물을 토해내는 겁니다. 엄청난 홍수를 만들어 여인과 아이를 물에 떠내려가게 하려는 거였지요. 그러나 땅이 여인을 도왔습니다. 졸지에 땅이 갈라지면서 뱀이 토한 물을 흡수해 버린 겁니다.

요한이 보면서도 아슬아슬한 환상들이었습니다만 그래도 여인과 아이가 보호되는 것을 보고 안도의 한숨을 내쉬었답니다. 그러나 자신의 뜻대로 되지 않는 것으로 인해 큰 뱀 용은 여자의 다른 자손들, 하나님의 계명을 지키고 예수의 증거를 가지고 믿음을 지키려는 사람들을 괴롭히려고 바닷가 모래 위에 버티고 서 있었답니다.

13-14절은 1-6절의 내용을 또 다르게 설명한 내용입니다.
단순하게 말하자면, 전 3년 반 기간이 시작될 때에
교회(여인)는 후 3년 반을 위한 사명자(아이)를 낳고 훈련시키지요.
이 사명자는 휴거하지 못하고 후 3년 반의 환난시대를 사는 사람들에게
복음을 전할 사람입니다.
그러니 사단은 이 아이를 낳은 여인(교회)과 아이(사명자)를
죽이려고 하는 겁니다.
그러나 죽일 수 없게 되자 입에서 물을 내어 여인과 아이를
떠내려가게 합니다만 그것도 실패를 하지요.

물을 내어 떠내려가게 한다는 말은 아이(사명자)를
양육하는 여인(교회)의 사상을
비진리로, 인본주의로, 거짓사상과 사단의 사상으로 물들게 한다는
의미랍니다.
그렇게만 되면 여인(교회)은 아이(사명자)를 복음 없는 사명자로
만들게 될 것이니까요.
그러나 하나님의 은혜로 여인은 후 3년 반 1,260일 동안 일할
하나님의 종을 잘 양육하게 됩니다.

여인과 아이에 대한 계략을 실패한 사단은
더 이상 후 3년 반에 일할 사명자를 처단하는 걸 포기합니다.
대신 사명자가 일하는 후 3년 반 동안 사람들을 괴롭게 할 생각을 하지요.
혹 사명자로 인해 복음을 듣고 믿음을 가지고 하나님의 말씀대로 살고
그리스도의 십자가 복음을 붙잡고 사는 사람들이 생긴다면
그들을 호되게 괴롭힐 것을 작심한 겁니다.
후 3년 반은 사단이 성도를 향하여 미친듯이 못된 짓을 하는 시기입니다.

4 계시록 13:1-10

바다에서 나타난 짐승

요한은 계속해서 환상을 보고 있었습니다. 바닷가에는 용(Dragon)이 서 있었고 바다 한 가운데서 짐승(Beast)이 나오는 환상이었습니다. 바다에서 나오는 짐승의 모습은 해괴했습니다. 뿔이 열 개였는데 뿔마다 면류관을 썼고 머리는 일곱인 모습이었지요. 일곱 개의 머리에는 더러운 이름들이 씌어 있었습니다. 더러운 이름이란 하나님을 모독하는 이름들이었지요.

『내가 보니 바다에서 한 짐승이 나오는데 뿔이 열이요 머리가 일곱이라 그 뿔에는 열 면류관이 있고 그 머리들에는 참람된 이름들이 있더라』(:1)

1절 말씀의 번역을 주의해서 보아야 합니다.
우리말 성경처럼 단순히 '바다에서 한 짐승이 나왔다'고만 하지 않고
'용은 바닷가에 서 있고 짐승이 바다에서 나오는 것'으로
번역된 것이 있답니다.
(NIV, NASB)
이 번역은 12장 17절과 연결되어 있다는 걸 알려 주기 위함이랍니다.
12장 마지막절인 17절은 용(Dragon)이 성도와 더불어 싸우기 위해서
바다 위에 서 있는 것으로 끝나기 때문입니다.
12장과 13장의 연결을 놓치기 쉬울까 해서 적어본 겁니다.

한 짐승이 면류관을 쓴 열 뿔을 가지고 있다는 말에 대한 해석이
여러 가지입니다.
먼저 '면류관을 썼다'라고 하는 말은 최고의 권력자를 말하는 것이기에
면류관을 쓴 열 뿔은 열 나라라고 해석하기도 하지요.
그리고 '한 짐승'이라고 했기에 열 나라가 한 사람에 의해
지배되는 것으로 해석하는 겁니다.
그리고 머리가 일곱 개라고 하는 것에 대한 해석도 다양합니다.
일곱 국가라고 하기도 하지요.
해석이 불가능하기에 어떤 이들은 열 뿔을
유럽 공동체 10개국이라고 하기도 하고
과거 공산주의 국가들 중 10개국이 아닌가 생각도 한답니다.
그러나 필자는 그런 것은 너무 억지의 해석이라는 생각입니다.
특별한 의미가 있다하더라도 우리가 밝혀야 할 이유가 없다는 것이지요.
단 확실한 것은 열(10)이나 일곱(7)이라는 것은
상징적인 숫자라는 것이고

연합체라는 것만은 분명하다는 것이지요.
그리고 그 연합체는 한 사람에 의해 움직일 것이구요.
그 한 사람은 사단에게 이용당하는 사단의 하수인,
즉 적그리스도가 분명합니다.

바다에서 나온 짐승을 보던 요한은 그 모습이 표범 같다는 생각을 했답니다. 발은 꼭 곰의 발 같기도 했고 입은 사자의 입 같은 겁니다. 아마도 오래 전부터 다니엘의 글을 통해 이런 짐승에 관한 이야기를 들어서 그런지는 몰라도 그렇게 보인 겁니다.

이 해괴한 짐승에게 바닷가에 서 있던 용이 자신이 가진 능력과 권세를 다 주는 겁니다. 용으로부터 권세와 능력을 받은 짐승은 용이 어떤 의도로 그런 권세와 능력을 주는지 알았답니다. 하나님의 계명과 예수의 증거를 가진 사람들을 괴롭히도록 하기 위한 거라는 것을...

『내가 본 짐승은 표범과 비슷하고 그 발은 곰의 발 같고 그 입은 사자의 입 같은데 용이 자기의 능력과 보좌와 큰 권세를 그에게 주었더라』(:2)

용(Dragon)이 무저갱의 주인이라면
짐승(Beast)은 용을 주인으로 하면서 용으로부터
권세를 받은 존재입니다.
용이 영물(靈物)이라면 짐승은 인간일 것이 분명합니다.
이 짐승으로 표현되는 인간이 적그리스도일 거라는 말이지요.
적그리스도는 사단의 하수(下手)인 겁니다.

짐승인 적그리스도는 후 3년 반에 아주 못된 일을 하지만
그 전에는 아주 괜찮은 사람으로 세상에 나타날 것이지요.
중요한 것은 그가 처음에 아무리 좋은 사람으로 비춰진다 하더라도
그를 조정하는 실체는 사단이라는 걸 잊지 않아야 하는 거랍니다.

용은 바다에 서 있고 짐승은 바다에서 나왔다고 합니다.
사단과 적그리스도가 바다에서 나온다는 말이지요.
바다는 악한 세상을 상징합니다.
구약 성경은 바다를 악한 곳으로 묘사를 하지요.
『다니엘이 진술하여 가로되 내가 밤에 이상을 보았는데
하늘의 네 바람이 큰 바다로 몰려 불더니 큰 짐승 넷이 바다에서
나왔는데』(단7:2-3)

짐승의 모습을 표범, 곰의 발, 사자의 입으로 묘사한 것은
(다니엘이 본 것과 동일한 것으로 묘사되어 있습니다.)
적그리스도의 모습이지요.
적그리스도는 표범처럼 날렵한 존재라는 겁니다.
곰처럼 무지막지하게 정복을 추진할 사람이며
사자처럼 잔인하게 사람을 죽이는 일을 할 사람이라는 겁니다.

갑자기 일곱 개의 머리를 가진 짐승의 머리 하나가 심하게 상처를 입었습니다. 죽게 된 것이지요. 그런데 얼마 후에 그로 하여금 죽음에 이르게 했던 상처가 기적적으로 치료된 겁니다. 정말 기이한 일이었습니다. 그 모습을 본 온 세상 사람들은 있을 수 없는 일이 일어났다고 하면서 그를 더욱 귀하

게 여기고 신과 같은 존재로 추앙을 하고 따르게 되었지요.

사태는 점점 이상해졌습니다. 죽을 줄 알았던 짐승이 살아나면서 그를 숭배하고 따르는 사람들이 많아지는 것과 동시에 짐승에게 권세를 준 용을 섬기고 그에게 경배하는 일이 발생하는 거였습니다.

"짐승에게 권세를 주고 능력을 주신 용께 영광을 돌리나이다! 죽을 줄 알았던 극심한 상황에서 죽지 않고 살아난 불사신 같은 짐승께 경배하나이다!"

사람들이 외치는 기이한 소리들이었습니다.

"우리의 세상에 짐승과 같은 분이 어디 있겠는지요! 그분은 우리의 구세주이십니다. 이분과 같은 분이 어디 있겠는지요! 누가 이분을 대적해서 싸우겠는지요. 우리는 모두 그분의 지도 아래 세상을 지킬 것입니다."

『그의 머리 하나가 상하여 죽게 된 것 같더니 그 죽게 되었던 상처가 나으매 온 땅이 이상히 여겨 짐승을 따르고 용이 짐승에게 권세를 주므로 용에게 경배하며 짐승에게 경배하여 가로되 누가 이 짐승과 같으뇨 누가 능히 이로 더불어 싸우리요 하더라』(:3-4)

곧 나타날 적그리스도는 세상 사람들에게 신과 같은 존재로
추앙을 받게 될 여러 가지 계기를 가질 겁니다.
그 가운데 하나가 좋은 지도자였던 그가 죽을 수밖에 없는 처지에

놓였다가 다시 살아나는 것이지요.
사람들에게 인기가 있었던 그를
누군가 암살하려고 했다고 생각해도 무리가 없습니다.
(칼을 맞았다고 성경은 말합니다. (:14중)
세계의 메스컴들은 존경받던 그가 더 이상 살아날 수 없다는
안타까움을 전할 겁니다.
그런데 이 자가 살기 불가능한 상태에서 살아나는 거지요.
이 일로 인해 그는 신과 같은 존재로 추앙을 받기 시작하는 겁니다.
게다가 정치, 경제, 군사 등과 같은 모든 문제를 아주 잘 해결할 것이기에
충분한 자격을 지닌 세계적인 지도자로 등장을 하게 되는 거지요.
이 일은 그 사람 뒤에 있는 사단이 꾸미는 일이랍니다.

기가 막힌 광경이었습니다. 용으로부터 권세와 능력을 받고 또 거의 죽은 가운데서 다시 살아나 사람들에게 추앙을 받는 짐승은 거침없는 교만의 말을 내뱉기 시작했습니다. 하나님을 저주하고 성도들을 노골적으로 학대하는 말을 하는 겁니다. 짐승의 이런 태도에 사람들은 더욱 열광하고 짐승을 존경했지요. 요한은 이 짐승이 42개월 동안 자기 마음대로 하나님을 대적하는 일을 할 것이라는 소리를 들었답니다.

『또 짐승이 큰 말과 참람된 말 하는 입을 받고 또 마흔두 달 일할 권세를 받으니라』(:5)

적그리스도가 어떻게 등장하는지를 보여주고 있는 내용입니다.
사단의 조정을 받아 남다른 지도력으로 보통 사람으로서는 할 수 없는

대단한 일을 해내는 능력자로 등장하는 겁니다.
반면에 그를 인정하지 않는 자들이 그를 암살하려하겠지요.
암살이 성공석으로 끝나 결국 온 세상의 메스컴은 그를 죽었다고
판정을 할 것입니다만
묘하게도 죽지 않고 살아나는 겁니다.
이 일로 인해 그는 온 세상 사람들에게 인간적인 탁월성만을
인정받은 것이 아니라
신적인 존재로 급부상하게 되어 더 이상은 반대 세력이
활개를 치지 못하는 겁니다.
(아마도 전 3년 반 때 일어날 사건이 아닌가 합니다.)
이런 일은 적그리스도 스스로가 메시아라고 말하기에
적절한 구실이 될 것이고
사람들 또한 그런 움직임이 있을 겁니다. 유대인들 중에서도 그럴 거구요.
이런 계기로 적그리스도는 예루살렘 성전에 자신의 우상을 세우며
세상을 통치하면서 짐승의 표를 받게 하여
자신의 세계를 만들어갈 겁니다.
42개월 동안.

용으로부터 권세와 능력을 받아 활동하는 짐승의 말이 들렸습니다. 그의 말은 하나님을 저주하고 하나님을 훼방하는 악하고 더러운 말이었답니다. 그의 하나님을 향한 저주의 말은 듣기가 민망할 정도로 노골적이었습니다. 하나님의 이름을 그렇게 훼방해도 되는지요! 요한은 속상하고 답답했답니다. 그뿐 아니었습니다. 구원받아 하나님 나라에 있는 사람까지도 들먹이면서 저주하는 겁니다.

"하나님이란 존재가 뭐냐? 그런 신이 있으면 나와서 나랑 맞장을 한번 떠 보자구! 기독교인 놈들이 하나님, 하나님 하면서 그가 사랑의 신이라고 떠들곤 했다만 사랑의 신이라면 이 세상을 이리도 어렵게 만들었겠는가? 기독교의 신은 죽은 신이든지 아니면 악한 신이니라. 자기를 믿는 자들을 천국이니 뭐니 하는 곳에 데려다 놓았다고 하는데 그곳에 간 놈들도 미친 놈들이지! 천국이 있으면 내려와서 자기들을 저주하는 나를 한번 혼내 보시는 게 어떻겠어?"

짐승의 행위는 잔악했습니다. 세상을 자기 손에 쥐고 흔들면서도 자신에게 굴복하지 않고 자신의 뜻에 복종하지 않는 자들은 도무지 살 수 없도록 하는 거였지요. 특히 복음을 듣고 어떻게 살아야겠다고 결심하여 짐승의 뜻을 따르지 않는 사람들에겐 죽음과 같은 고통을 주고 있는 거였습니다. 그의 활동무대와 영향력은 전 세계적이었답니다.

『짐승이 입을 벌려 하나님을 향하여 훼방하되 그의 이름과 그의 장막 곧 하늘에 거하는 자들을 훼방하더라』(:6)

문제는 온 세계 사람들이 짐승의 손아귀에 들어간 겁니다. 아니 그렇게 하지 않고는 살 수가 없는 겁니다. 짐승의 권세와 능력에 사람들은 복종하지 않을 수 없는 거였지요. 사람들은 무언가 짐승에게 조정을 당하는 것 같았답니다. 요한은 느낄 수가 있었습니다. 구원을 거부하고 어린양의 생명책에 이름이 없는 자들은 모두다 짐승을 신으로 경배할 것을. 아니 그렇게 될 수밖에 없을 거라는 것을.

『또 권세를 받아 성도들과 싸워 이기게 되고 각 족속과 백성과 방언과 나라를 다스리는 권세를 받으니 죽임을 당한 어린 양의 생명책에 창세 이후로 녹명되지 못하고 이 땅에 사는 자들은 다 짐승에게 경배하리라』(:7-8)

세계가 짐승의 통치에 들어감과 동시에 성도들에겐 무서운 일들이 벌어지는 것으로 인해 요한은 많은 것들을 짐작할 수 있었습니다.

'성도들도 악해질 수 있겠구나... 짐승의 통치로 인해 자신들에게 폭력을 휘두르고 자신들을 잡아 고문하는 자들에게 당하고만 있지는 않을 거 아닌가? 혹 저들도 조직적인 반항 세력을 구축할지도 모르지. 정말 그렇게 될까...'

요한은 그 때를 생각하면서 나름대로 성도들이 어떻게 지낼 것인가를 생각하고 있었답니다.

"요한, 짐승이 다스리는 때에 성도들이 고통스러워 나름대로 자신들을 보호하기 위해 무슨 일을 할 것 같다는 생각을 하는가? 내 말을 잘 들어보게나! 성도들은 아무리 고통스럽다 하더라도 저들과 싸우면 안 된다네. 하나님께서 피할 길을 주실런지는 모르지만 짐승과 그 졸개와 싸우면 안 되는 걸세. 만일 성도 개인이나 혹은 성도들이 힘을 모아서 자신들을 잡으러 오는 자들을 인질로 잡는다든지 살기 위해서 그들을 죽인다면 오히려 자신들이 잡힐 거야. 그리고 성도들에게 고난을 주는 정부군이나 관리들을 죽이면 자신들이 죽을 거야. 복음을 듣고 구원을 기다리는 사람들은 절대로 악한 자들을 사로잡거나 죽이면 안 되는 거라이."

요한이 답답해서 다시 물었습니다.

"그럼 성도들은 고스란히 당해야 하는 겁니까? 자신들이 엄청난 고난을 당하면서도 참고만 있어야 한다는 겁니까? 그 고통을 어떻게 이기란 말입니까?"

"그게 그 시대 성도들의 인내고 믿음이라이."

『누구든지 귀가 있거든 들을지어다 사로잡는 자는 사로잡힐 것이요 칼로 죽이는 자는 자기도 마땅히 칼에 죽으리니 성도들의 인내와 믿음이 여기 있느니라』(:9-10)

후 3년 반 환난기에 사는 사람들은 모두가 짐승(적그리스도)의
통치 아래 있게 됩니다.
적그리스도 통치를 인정하고 받아들이면 그런대로 살아가는 데
문제가 없을 겁니다.
반면 전도자들의 복음을 듣고 그때서야 예수를 받아들이고
구원을 기다리는 사람에겐
고통의 시간들일 것이지요.

구원을 기다리는 사람들은 다른 사람들과는 달리 적그리스도가
명령하는 모든 것을
거부하며 그를 인정하지 않기 때문일 겁니다.
그렇기에 적그리스도 정부는 이런 사람들을 색출하여
사회 질서를 파괴하는 중범죄자로 재판할 것이고 그에 따른 고문과 학대가 있겠지요.

구원을 기다리는 사람들은 적그리스도가 자신들을 어떻게 고문하고
괴롭히는지를 알고
그걸 이겨내기 위해 피해 다니기도 할 것이고
세력을 이루어 짐승 정부군에 대처할 것입니다.
형제들을 잡으러 온 사람이 있으면 힘으로 그를 인질로 잡으려 할 것이고
심지어는 살기 위해 정부군을 살해하는 계획도 할 것입니다.
그러나 성경은 그것을 금하는 겁니다.
고문과 학대, 핍박을 어느 때까지는 그냥 당하기만 할 것을
당부하고 있는 거지요.
후 3년 반에 일어날 일은 무시무시한 사건이네요.

5 계시록 13:11-18

땅에서 나온 두 뿔 가진 어린양

이번에 보인 것은 땅에서 짐승이 올라오는 모습이었습니다. 귀여운 어린양이었는데 머리에 두 개의 뿔이 있었답니다. 그런데 이 두 뿔 달린 어린양이 용처럼 그대로 말하고 있었습니다.

처음 땅에서 나올 때는 마치 죽임을 당하신 예수님이 아닌가 착각을 했습니다만 이내 그놈은 예수님이 아니라 용의 하수인임을 알 수 있었답니다.

아주 순진하고 예쁘게 생긴 어린양이었습니다만 이전에 바다에서 나온 짐승과 같은 능력을 가지고 있는 겁니다. 바다에서 나온 짐승이 행하는 모든 능력을 이 어린양이 하고 있었고 짐승과 같은 권세도 가지고 있었지요. 그런데 이 어린양이 하는 일을 보니 모든 사람들로 하여금 바다에서 나온 짐승을 섬기라고 설득하고 권면하는 일을 하고 있는 겁니다. 사람들은 이 어린양의 말을 얼마나 잘 듣는지요. 대부분의 사람들은 어린양의 설득과 권면에 따라 바다에서 나온 짐승을 신으로 섬겼답니다.

요한은 궁금했습니다.

'왜 사람들이 어린양의 말을 저리도 잘 듣는 걸까?'

이유를 찾았답니다. 이 두 뿔 달린 어린양은 아주 선한 모습이었고 반면에 놀랄 만한 초능력을 행사하고 있었기 때문입니다. 이적을 행하는 거였지요. 하늘에서 불을 내리는 일까지도 하는 겁니다.

『내가 보매 또 다른 짐승이 땅에서 올라오니 새끼양 같이 두 뿔이 있고 용처럼 말하더라 저가 먼저 나온 짐승의 모든 권세를 그 앞에서 행하고 땅과 땅에 거하는 자들로 처음 짐승에게 경배하게 하니 곧 죽게 되었던 상처가 나은 자니라 큰 이적을 행하되 심지어 사람들 앞에서 불이 하늘로부터 땅에 내려오게 하고』(:11-13)

바다에서 나온 짐승은 용으로부터 권세와 능력을 받아 세상을 통치합니다.
적그리스도를 말하지요.
땅에서 나온 두 뿔 달린 어린양 역시 용으로부터

권세와 능력을 받은 존재입니다.
이는 종교 지도자입니다. 거짓 선지자를 말하는 겁니다.
거짓 선지자가 하는 일의 목적은
세상 사람들로 하여금 짐승(적그리스도)을 섬기고 따르게 하는 겁니다.
인자함과 상상할 수 없는 이적을 행하면서 말입니다.
그가 이적을 행하는 건 그의 배경인 용(사단)이 행하는 거랍니다.
(두 뿔 가진 어린양은 음녀 교회와는 약간의 차이가 있습니다.)

사단의 삼위일체.
기독교회는 성부 성자 성령의 삼위일체 하나님을 믿습니다만
사단의 사역도 삼위일체랍니다.
사단, 짐승, 거짓 선지자이지요.

'주님께서 생전에 계실 때 거짓 선지자를 조심하라고 하셨는데 정말 그렇구먼. 어쩜 저렇게 주님의 모습과 비슷할까? 인자한 어린양의 탈을 쓰고 나타나 주님처럼 이적을 행하고 주님처럼 설교하고 주님처럼 능력을 행하니.... 원 참! 정말 노략질하는 놈이구먼. 세상에 엘리야 선지자가 갈멜산에서 하늘에서 불을 내리게 하는 능력과 같은 일을 하다니... 사람들이 미혹을 당하지 않을 수가 없겠군.'

요한은 오래전 주님께서 하신 말씀을 생각하고 있었답니다.

두 뿔 가진 어린양은 여기저기서 이적을 행하면서 특히 짐승의 위대함을 강조했습니다. 자신이 행한 이적은 짐승의 통치를 돕고 순탄하게 하기 위

한 것이라고 하면서 짐승을 높이는 거였지요. 사람들은 이적을 행하며 짐승을 찬양하는 어린양의 말에 고개를 끄떡이면서 짐승을 높였답니다. 어린양의 활동은 대단했습니다. 시간이 갈수록 짐승을 섬기는 사람들이 많아지는 거였습니다.

"여러 백성들이여, 우리는 세계와 우주를 통치하시는 위대한 분의 지도 아래 평안하고 문제없는 세상을 구축하고 있소이다. 이분은 역사 이래 존재한 어느 영웅이나 지도자와는 비교도 할 수 없는 신과 같은 존재입니다. 내가 하늘에서 불을 끌어 내리는 기적을 행하고 수많은 능력을 행하지만 이분을 찬양하는 이유는 이분만이 참된 통치자이기 때문입니다. 나는 이분이 우리의 영원한 통치자라고 믿습니다. 아니 분명 이분은 우리의 영원한 통치자이십니다. 그 증거로 얼마 전 이분은 죽었다가 살아난 분입니다! 이분은 신입니다. 그러므로 여러 백성들에게 제안합니다. 이분을 신으로 섬긴다는 상징으로 이분의 모습을 만들어 곳곳에 세워 경의를 표하고 우러러 보는 것이 마땅할 것이라는 생각입니다. 이일에 적극적인 협조를 바랍니다!"

『짐승 앞에서 받은바 이적을 행함으로 땅에 거하는 자들을 미혹하며 땅에 거하는 자들에게 이르기를 칼에 상하였다가 살아난 짐승을 위하여 우상을 만들라 하더라』(:14)

요한은 짐승의 우상이 여기저기 세워지는 것을 보았습니다. 그리고 사람들마다 짐승의 우상을 보면서 그를 존경하고 그에게 경의를 표하고 있었지요. 그런데 더 이상한 일이 발생한 겁니다. 거리마다 세워진 짐승의 우상이 사람처럼 말을 하는 거였답니다. 자세히 보니 두 뿔 달린 어린양이 이적을 일으켜 우상으로 하여금 말을 하게 만든 거였답니다. 사람들은 짐승의 우상이 말하는 것을 보고 그가 정말 신이라고 믿고 확신하기 시작했답니다.

짐승의 권세는 온 세상의 사람들에게 인정받는 것을 넘어서 신으로 인정을 받고 있었습니다. 게다가 기적을 일으키는 두 뿔 가진 어린양이 짐승을 신으로 섬기고 대변하는 일을 앞장서서 하고 있으니 사람들은 의심없이 짐승을 경배하는 거였지요. 온 세상 사람이 짐승 경배하는 일을 하고 있었답니다.

이런 우상 숭배를 보고 있는데 요한의 눈에 몇몇 사람들이 보였습니다. 짐승의 우상에게 경배하지 않는 사람들이었습니다. 요한의 생각에도 이들이 어쩌려고 하는가 하는 걱정이 되었답니다. 물론 우상을 섬기지 않아야 한다는 걸 알면서도 그렇게 되면 분명 사람들에게 따돌림을 받게 될 것인데 하는 우려 때문이었지요. 아니나 다를까 끔찍한 포고령이 전 세계에 내려졌답니다.

「우리의 영도자이시고 우리를 살게 하시는 위대하신 우리의 신께
경배하지 않는 자는 남녀노소를 막론하고 체포영장과 재판 없이
죽일 것을 명령하노라」

끔찍한 명령이었습니다. 그러더니 두 뿔 가진 어린양은 이내 또 다른 제

안을 했답니다. 아니 명령이었습니다.

"온 백성들이여, 우리의 통치자요 신이신 짐승께 충성하고 짐승의 백성임을 인정하는 사람들은 모두 이마나 오른손에 통치자이시고 신이신 짐승의 표를 받읍시다. 이는 영광스러운 표식일 겁니다. 영광스러운 이름을 이마나 오른손에 붙이는 자에게는 짐승께서 주시는 편의와 혜택을 넉넉히 누리게 될 것입니다. 어린아이건 어른이건 권력이 있는 사람이건 일반 사람이건 경제적으로 부유한 사람이건 가난한 사람이건 심지어는 노예이건 간에 이 표를 받으면 짐승께서 마련한 행복과 편리함과 안전을 누리게 될 것입니다. 그러나 위대하신 짐승의 이름을 이마나 오른손에 받지 않는 사람은 그 혜택을 전혀 받을 수 없게 됩니다. 심지어는 물건 하나를 사는 일도 하지 못하게 될 겁니다. 그러니 온 세계의 평화와 안전과 여러분의 행복한 삶을 위해 이 표를 받으시길 바랍니다."

"요한? 짐승의 표를 이마나 오른손에 받아야 한다는 소리를 들었는가? 주의해서 보게나. 그표는 짐승의 이름이기도 하고 숫자이기도 할 걸세. 짐승의 수라면... 자세히 보게나. 666인 것이 보이지 않는가?"

『짐승 앞에서 받은바 이적을 행함으로 땅에 거하는 자들을 미혹하며 땅에 거하는 자들에게 이르기를 칼에 상하였다가 살아난 짐승을 위하여 우상을 만들라 하더라 저가 권세를 받아 그 짐승의 우상에게 생기를 주어 그 짐승의 우상으로 말하게 하고 또 짐승의 우상에게 경배하지 아니하는 자는 몇이든지 다 죽이게 하더라 저가 모든 자 곧 작은 자나 큰 자나 부자나 빈궁한 자나 자유한 자나 종들로 그 오른손에나 이마에 표를 받게 하고 누구든지 이 표를 가진 자 외에는 매매를 못하게 하니 이 표는 곧 짐승의 이름이나 그 이름의 수라 지혜가 여기 있으니 총명 있는 자는 그 짐승의 수를 세어 보라 그 수는 사람의 수니 육백 육십 륙이니라』(:14-18)

❻ 계시록 14:1–5

시온산에 선 사람들

용과 짐승 그리고 두 뿔 달린 어린양이 만들어가는 통합된 세상에서 많은 사람들이 스스로 짐승의 표를 받고 그를 숭배하는 모습과 반면에 예수님을 그리스도로 알고 끝까지 믿음을 지키려는 성도들의 모습을 본 요한은 어리둥절해 있었습니다. 그리고 이번엔 그 환난중에 한 사람이라도 더 구원하려고 믿음을 가진 사람들을 권면하며 용기를 불어 넣고 있는 사명자들의 모습을 보게 되었답니다. 얼마 전에 보았던 144,000명이었지요. 어려운 때 특별한 사명을 가지고 일을 하고 있었지만 적그리스도의 통치 아래서 복음을 전하는 일은 보통 어려운 일이 아니었답니다.

요한이 본 144,000명의 모습은 여전히 아름다웠습니다. 그들의 이마에 하나님의 종이라는 표식이 눈에 분명하게 들어왔기 때문입니다. 대부분의 사람들이 이마나 오른손에 짐승의 표를 받고 짐승을 경배하고 있는 반면에 복음의 사역자들은 하나님과 어린양의 이름을 이마에 인치고 복음을 전하고 있는 것이 대견스럽게 보였답니다.

그런데 이들이 어린양과 함께 시온산에 서 있는 겁니다. 이마에 어린양과 하나님의 이름을 새기고 말입니다. 게다가 이들로 인한 소리인지는 모르지만 하늘에서 소리가 나고 있었는데 물소리 같기도 했고 뇌성 같기도 했답니다. 아주 큰 소리들이었지요. 아니 분명 거문고를 타는 아름다운 음악 소리였습니다. 물론 노래 소리도 들렸답니다. 누가 노래를 부르는 건지는 분명하지 않았습니다만 천사가 부르는 것 같기도 했고 144,000명의 사역자들이 부르는 것 같기도 했지요. 그 노래 소리는 보좌 앞에서 하나님을 경배하고 있는 네 생물과 24장로들 앞에서 부르는 새 노래였답니다. 하나님을 찬양하는 것만은 분명했구요. 그 노래는 특별했습니다. 아무나 부를 수 있는 노래도 아니고 배우기도 어려운 노래였답니다.

요한은 알 수 있었습니다. 하나님과 어린양도 그리고 네 생물과 24장로들도 모두 144,000명의 사람들이 어려운 환난중에 사명을 잘 감당한 것을 알고 있었습니다. 하늘에서는 이들을 귀하고 귀하게 여기고 있는 걸 느꼈지요. 그러나 144,000명 역시도 자신들을 구원하신 하나님과 어린양의 은혜에 젖어 하나님과 어린양을 경배하고 있었답니다.

『또 내가 보니 보라 어린 양이 시온산에 섰고 그와 함께 십사만 사천이 섰는데 그 이마에 어린 양의 이름과 그 아버지의 이름을 쓴 것이 있도다 내가 하늘에서 나는 소리를 들으니 많은 물소리도 같고 큰 뇌성도 같은데 내게 들리는 소리는 거문고 타는 자들의 그 거문고 타는 것 같더라 저희가 보좌와 네 생물과 장로들 앞에서 새 노래를 부르니 땅에서 구속함을 얻은 십사만 사천인 밖에는 능히 이 노래를 배울 자가 없더라』(:1-3)

요한은 이들이 어떤 사람들인지를 알았습니다. 생각과 마음이 받은 은혜로 감격하며 감사하는 것으로 충만하고 또 영과 혼과 마음과 몸이 정결한 사람들이라는 걸 말입니다. 환난이 있기 전에 수많은 유혹의 사상이 있었지만 오직 십자가의 복음만을 절대적으로 붙잡고 또 성경만을 하나님의 말씀으로 신뢰하고 믿었던 사람들이었던 걸 말입니다. 어떤 면으로는 환난이 있기 전에는 타협할 줄 모르는 독선적인 삶을 살았기에 무시당하고 소외당하는 사람들이었기도 했었답니다. 모든 일을 하나님의 말씀인 성경을 잣대로 해서 평가하고 성경의 말씀이라면 목숨을 걸고 순종하면서 살았던 사람들이지요. 입에도 진실이 흐르고 있었고 모든 면으로 흠 잡을 데가 없는 사람들이었던 겁니다. 주님을 섬기다가 들림받은 수많은 사람들 가운데 이들은 처음 익은 열매와 같이 귀한 자들임을 알 수 있었지요.

『이 사람들은 여자로 더불어 더럽히지 아니하고 정절이 있는 자라 어린 양이 어디로 인도하든지 따라가는 자며 사람 가운데서 구속을 받아 처음 익은 열매로 하나님과 어린 양에게 속한 자들이니 그 입에 거짓말이 없고 흠이 없는 자들이더라』(:4-5)

144,000명과 같이 아름다운 삶을 살아야지요.
생각 속에 주님 말고 다른 것이 들어오지 않도록
주님께 집중하세요!
나의 죄인됨을 생각하고
나를 위해 아들을 십자가에서 죽이신 하나님의 사랑을 생각하는 겁니다.
하늘의 영광을 버리시고 나를 위해 죽기 위해 오시고 또 죽으신
우리 주님 예수 그리스도를 생각하는 겁니다.
주께서 세상에 계실 때 가르치시고 치유하신 일들을 생각하는 겁니다.
마음을 깨끗하게 해야지요.
주님이 기뻐하시는 일이 무엇일까 생각하면서
착한 마음을 가지세요. 겸손한 마음을 가지세요.
용서하고 사랑하는 마음을 가지세요. 배려하는 마음도 가져야 하구요.
행실도 흠이 없도록 깨끗하게 해야 한답니다.
더럽고 추한 것은 보지도 말고 가까이 하지도 않아야 한답니다.
악한 것은 모양이라도 버려야 하지요.
반면에 선한 일을 많이 해야지요.
그래서 이 후에 하늘나라 갔을 때
144,000명이 들은 칭찬을 우리도 들어야지요!

7 계시록 14:6-13

애절한 경고

144,000명이 영광중에 있는 모습을 보고 있을 때 또 다른 환상이 요한에게 보였습니다. 이번에는 천사가 하늘을 날고 있었답니다. 천사는 땅에 있는 여러 나라와 족속과 각각의 언어를 사용하는 모든 사람들에게 전할 말을 가지고 세상을 날고 있었지요. 그 말은 복음이었답니다. 요한은 온 세상을 날아다니면서 전하고 있는 천사의 말을 들을 수 있었답니다. 아주 큰 소리였거든요.

"온 세상 사람들이여, 하나님을 두려워하십시오. 하나님께 영광을 돌려야 합니다. 이제 곧 하나님의 심판이 이를 것입니다.

그러므로 온 천지를 만드신 하나님께 경배하셔야 합니다."

이 소리를 외치던 천사가 지나가자 또 다른 천사가 하늘을 날면서 소리쳤습니다.

"여러분이여, 무너졌습니다. 큰 성 바벨론이 무너지는 겁니다.
바벨론은 온 세상을 악한 길로, 음행으로 이끌던 나라가 아닙니까?
악을 만들고 퍼뜨리면서 하나님의 진노의 포도주를
마시게 한 나라입니다!"

이 말이 끝나자 다른 천사가 또 날면서 큰 소리로 외쳤답니다.

"결코 짐승의 표를 받지 마십시오! 만일 이마나 손에 짐승의 표를 받으면 그 사람은 하나님의 진노의 포도주를 마시게 될 것입니다. 그 진노의 잔은 섞인 것이 없는 포도주와 같은 겁니다. 짐승의 표를 받는 자들은 천사들과 어린양 앞에서 유황불의 고난을 받을 것입니다. 그 고난은 영원한 것입니다. 짐승을 경배하면서 그가 세운 우상을 경배하면서 표를 받은 사람은 누구든지 밤낮 쉬지 못하는 고난에 들어갈 것입니다. 땅에 있는 성도들이여, 결코 짐승의 표를 받지 마십시오."

『또 보니 다른 천사가 공중에 날아가는데 땅에 거하는 자들 곧 여러 나라와 족속과 방언과 백성에게 전할 영원한 복음을 가졌더라 그가 큰 음성으로 가로되 하나님을 두려워하며 그에게 영광을 돌리라 이는 그의 심판하실 시간이 이르렀음이니 하늘과 땅과 바다와 물들의 근원을 만드신 이를 경배하라 하더라 또 다른 천사 곧 둘째가 그 뒤를 따라 말하되 무너졌도다 무너졌도다 큰 성 바벨론이여 모든 나라를 그 음행으로 인하여 진노의 포도주로 먹이던 자로다 하더라 또 다른 천사 곧 셋째가 그 뒤를 따라 큰 음성으로 가로되 만일 누구든지 짐승과 그의 우상에게 경배하고 이마에나 손에 표를 받으면 그도 하나님의 진노의 포도주를 마시리니 그 진노의 잔에 섞인 것이 없이 부은 포도주라 거룩한 천사들 앞과 어린 양 앞에서 불과 유황으로 고난을 받으리니 그 고난의 연기가 세세토록 올라가리로다 짐승과 그의 우상에게 경배하고 그 이름의 표를 받는 자는 누구든지 밤낮 쉼을 얻지 못하리라 하더라』(:6–11)

천사가 하늘을 날으면서 복음을 전한다는 말을 이해하기가 어렵습니다.
필자의 생각으로는 천사가 하늘을 날면서 복음을 전하는 것이 아니라
사역자들이 이 일을 하는 것이 아닌가 하는 생각입니다.
물론 천사가 복음을 전한 경우가 있긴 합니다만 (예; 예수님 탄생 소식)
환난기에 사역하는 사역자들(144,000명)의 마지막 사역이라는
생각이지요.
그들은 전 세계적으로 흩어져서 복음을 전하고 있을 것이고
또 초능력으로 사역하기 때문입니다.

심판 직전에 전해지는 복음은
첫째는 하나님의 심판이 아주 임박했다는 소식입니다.
이 말은 환난기에 믿음을 지키고 있는 자들에게 아주 좋은 소식일 겁니다.
두 번째는 바벨론의 멸망을 말하고 있는데
짐승과 그 정부의 몰락을 말하는 거지요.
하나님을 거역하고 또 사람들로 하여금

하나님을 대적하도록 유혹한 세력들의 멸망을 말하는 겁니다.
이 소식 역시 환난기에 짐승의 표를 받지 않고
믿음을 지킨 자들에게만 복음일 겁니다.
세 번째는 짐승의 표를 받지 말라는 강력한 권면입니다.
그 표를 받으면 영원한 불과 유황의 고난을 받게 된다는 것으로
성도들로 하여금 아무리 고되더라도
끝까지 짐승의 표를 받지 말라고 하는 것이지요.

요한은 천사가 하는 말을 다 듣고는 생각했답니다.

'그래, 아무리 힘들어도 이겨야지. 짐승에게 경배해도 안 되고 잠깐 동안 편안해지자고 짐승의 표를 받아도 안 되는 거지. 성도들이 잘 이겨야 할텐데... 우상을 섬기지 말고 오직 하나님만을 섬기라고 한 하나님의 계명대로 오직 하나님만을 섬기고 또 우리의 구원자 되신 예수 그리스도를 믿는 믿음을 굳게 잡아야 할텐데... 그게 성도의 인내가 아니겠남!'

『성도들의 인내가 여기 있나니 저희는 하나님의 계명과
예수 믿음을 지키는 자니라』(:12)

환난기에서 성도들이 믿음을 잘 지킬 것을 기대하고 있는데
하늘에서 소리가 들렸답니다.

"요한아, 기록하거라. 이제부터 주님을 섬기다가 죽는 자들은
복이 있는 자니라."

이 소리가 들리자 또 다른 소리가 들렸습니다. 성령의 소리였습니다.

"그렇지. 환난 가운데 있는 성도들의 수고가 얼마나 컸는고. 이젠 그 고초가 그칠 것이니라. 오랜 동안 환난중에도 견뎠으니 이제 죽음으로 인해 땅에서 그 고초가 그칠 것이니 그 죽음은 복된 죽음이니라."

『또 내가 들으니 하늘에서 음성이 나서 가로되 기록하라 자금 이 후로 주 안에서 죽는 자들은 복이 있도다 하시매 성령이 가라사대 그러하다 저희 수고를 그치고 쉬리니 이는 저희의 행한 일이 따름이라 하시더라』(:13)

대환난을 만나기 전에 들림을 받았다면 얼마나 좋았겠습니까만
그렇지 못하고 대환난이 온 후(후 3년 반)
특별한 사역자들에 의해서 예수님을 영접한 사람들은
다행히도 지옥과 천국을 확신했기에 시대를 분별하게는 되었지만
불행하게도 대환난을 통과해야만 하는 거지요.
용과 짐승과 두 뿔 달린 어린양이 만든 세상을 살아야 하는 거랍니다.
그들에게 굴복하고 그들이 만든 세상의 원리를 따르면 문제가 없습니다만
그들을 거역하고 짐승의 표를 받지 않으면
엄청난 환난을 겪어야 하는 겁니다.
일상생활의 가장 작은 부분까지도 쉬운 것이 없을 것이니까요.
게다가 죽음까지도 피해가는 시대이기에 고스란이 고통을 당하는 거지요.
이들이겐 죽음이 훨씬 나은 겁니다.
그런데 환난 마지막에 이들에게 죽음이 온답니다.
이 죽음은 고난의 끝을 말합니다.
환난기에 짐승의 표를 받지 않고 힘들게 살면서 소망하던 죽음입니다.

하늘에서도 이들의 고난이 얼마나 큰 것이고 괴로운 것인 것을 알기에
이제 죽는 자들은 복되다고 했는지요!
그런 의미에서 자금 이후 주 안에서 죽는 자들은
복되다고 말하고 있는 겁니다.

환난기에 있는 사람들을 위해 하나님은 사역자를 두셨습니다.
세상 심판이 있기 전에
한 사람이라도 더 구원하시려는 하나님의 마음입니다.
144,000명이란 표현으로 사역자를 보내시기도 하고
두 증인이라는 말로 사역자를 보내시기도 하십니다.
환난기에는 사역자들로 하여금 소위 말하는
기적을 행하게 하시면서까지도
주님을 영접하고 짐승의 표를 받지 않음으로써
구원받도록 하시는 겁니다.
하나님의 계속되는 사랑인 거지요.

우린 그런 하나님의 사랑을 받은 사람들이랍니다.
그분의 사랑이 어떤 것인지를 알고 있는 우리들이
주님을 잘 섬겨야지요.
마음을 다해, 목숨을 다해 받은 은혜를 붙들고
살아야 하는 거랍니다.
그래서 공중 들림 사건이 있을 때
들림받는 사람이 되어야 하는 거랍니다.

❽ 계시록 14:14-20
구분되는 알곡과 가라지

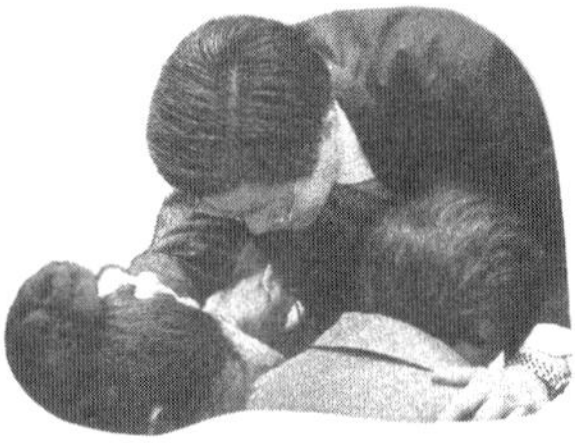

다른 환상을 보았습니다. 이번엔 흰 구름 위에 금 면류관을 쓰고 계신 사람의 모습이었답니다. 틀림없이 죽음에서 부활하셨던 주님이라는 걸 알 수 있었지요. 얼마나 반가웠는지요. 주님은 손에 아주 날카로운 낫을 가지고 계셨답니다.

"당신이 가지신 낫을 휘두르시오. 이제 모든 것을 거둘 때가 되었습니다. 땅에 곡식이 다 익은 겁니다."

하늘에서 천사가 구름 위에 계신 주님께 외치는 소리였답니다.

주님이 휘두른 낫은 이내 곡식들을 거두었습니다.

요한은 주님께서 마지막 때 신실한 당신의 백성들을 모으신다는 걸 알 수 있었습니다. 자신의 죄를 주님의 십자가에 내려놓고 오직 주님의 공로의 은혜를 붙들고 산 성도들을 모으실 것을 보여 주심이 분명했습니다. 주님이 구분하신 알곡들일 겁니다.

『또 내가 보니 흰 구름이 있고 구름 위에 사람의 아들과 같은 이가 앉았는데 그 머리에는 금 면류관이 있고 그 손에는 이한 낫을 가졌더라 또 다른 천사가 성전으로부터 나와 구름 위에 앉은 이를 향하여 큰 음성으로 외쳐 가로되 네 낫을 휘둘러 거두라 거둘 때가 이르러 땅에 곡식이 다 익었음이로다 하니 구름 위에 앉으신 이가 낫을 땅에 휘두르매 곡식이 거두어지니라』(:14-16)

곡식들이 거두어져 따로 있는 것을 봄과 동시에 이번에는 다른 천사가 하늘 성전에서 나오는 게 보였습니다. 그런데 그 천사도 주님이 가지신 것과 같은 아주 날카로운 낫을 가지고 있었답니다.

'저 천사도 추수를 하려고 하나?'

요한이 낫을 가진 천사를 보면서 궁금해하고 있을 때 이번에는 또 다른 천사가 하늘 제단에서 불을 가지고 낫을 가진 천사에게로 다가오는 겁니다. 그리고는 이렇게 말했답니다.

"이보시오, 낫을 가진 천사여, 그 날카로운 낫을 가지고 포도송이를 거두시오. 포도가 잘 익었소이다."

낫을 가진 천사는 불을 가진 천사의 말을 듣자 곧 포도송이를 거두기 시작했답니다. 그리고 하나님의 진노의 포도주 틀에다가 포도를 던지는 거였답니다.

포도주 틀에 던져진 포도는 성(城) 밖에서 누군가에게 밟히기 시작했습니다. 그건 붉은 포도주 즙이었습니다. 아니, 자세히 보니 피였답니다. 그 피가 얼마나 많았는지 말들의 굴레에까지 흐르고 있었답니다. 1,600 스다디온(약 200마일)까지 흐르고 있는 겁니다.

『또 다른 천사가 하늘에 있는 성전에서 나오는데 또한 이한 낫을 가졌더라 또 불을 다스리는 다른 천사가 제단으로부터 나와 이한 낫 가진 자를 향하여 큰 음성으로 불러 가로되 네 이한 낫을 휘둘러 땅의 포도송이를 거두라 그 포도가 익었느니라 하더라 천사가 낫을 땅에 휘둘러 땅의 포도를 거두어 하나님의 진노의 큰 포도주 틀에 던지매 성 밖에서 그 틀이 밟히니 틀에서 피가 나서 말굴레까지 닿았고 일천 육백 스다디온에 퍼졌더라』(:17–20)

14-20절의 말씀은 마지막 심판의 모습입니다.
먼저 14-16절의 말씀은
공중에는 주님이 계시고 땅에 있는 성도는 곡식으로 거둬지는 걸 볼 때 소위 말하는 공중 휴거 사건을 말하는 것 같습니다.

반면에 17-20절의 말씀은
불을 가진 천사가 낫을 가진 천사에게 말하는 걸 봐서
불 심판이 이르기 전에
환난의 시기를 지나 최후의 심판이 있기 전까지의
상황을 말하는 것 같구요.
하여간 알곡과 쭉정이를 가르는 모습이네요.

❾ 부록

천년왕국 이야기

천년왕국에 관한 이야기는 계시록 20장 1-6절에 있습니다. 이 천년왕국에 대한 해석이 다양한데 각각의 해석에 따라 성도의 휴거, 그리스도의 재림, 심판 등과 같은 미래의 일들에 대한 해석도 달라진답니다.

천년왕국에 대한 해석은 크게 세 가지입니다.

하나는 전천년설(premillenialism)이라는 것이고 두 번째는 후천년설(postmillenialism) 세 번째는 무천년설(amillenialism)입니다.

전천년설(premillenialism)은 그리스도의 재림 다음에 천년왕국이 있을 것이라는 말이고, 후천년설(postmillenialism)은 천년왕국이 있은 다음에 그리스도의 재림이 있을 것이라는 말입니다. 무천년설(amillenialism)은 천년왕국이 존재하지 않는다는 견해입니다.

그러나 천년왕국에 관한 문제는 성경해석의 문제이지 구원과는 아무런 관계가 없다는 걸 잊지 마십시오!

성경해석의 문제란 그리스도의 재림의 시기와 그때 일어날 일들의 순서에 관한 의견들이라는 겁니다. 따라서 천년왕국에 관한 여러 견해들 가운데 어떤 것이 확실한 것이라고 주장할 수도 없으며 주장할 필요도 없다는 겁니다.

1) 먼저 전천년설(천년왕국 전 재림)에 대한 의견을 소개하겠습니다.

전천년설은 천년왕국이 있기 전에 그리스도의 재림이 있다는 말입니다. 성경에서는 부활을 첫째 부활과 둘째 부활로 나누어 말하는데 첫째 부활은 성도의 육체적 부활을 말하며 둘째 부활은 악인의 부활을 말하지요. 그런데 첫째 부활 때 성도들이 부활하여 1,000년 간 재림하신 주님과 지상에서 산다는 겁니다. 주님의 직접적인 통치를 받으면서 지내는 겁니다. 그 후 1,000년이 지나면 악인이 부활하여 지옥에 영원히 들어가게 된다는 학설입니다.

물론 꼭 1,000년이냐 하는 말에 대해서는 그렇다고 하는 학설도 있고 1,000년 만큼이나 긴 기간이라는 견해도 있답니다.

전천년설을 주장하는 사람들은 예수 그리스도의 재림이 모든 사람들의 눈에 보이는 대단한 사건이라고 생각하는 겁니다.

요약을 하자면, 7년 환난이 있고 그 다음 그리스도의 재림과 성도들의 부활이 있으며, 그 후 성도들은 재림하신 주님과 함께 지상에서 1,000년을 지낼 것이고, 1,000년 후에 마지막 심판과 영멸 영생이 있을 것이라는 거지요.

이 전천년설 속에 7년 환란과 휴거의 문제, 휴거한 사람들이 있을 곳 등과 같은 이야기가 끼어 있습니다.

휴거가 7년 환난 전에 있을 것이라고 주장하는 사람들의 견해(세대주의적 전천년설이라고 합니다.)는 예수께서 7년 환난 전에 공중재림하신다고 하는 거지요. 이때 죽었던 자들이 먼저 살아나 공중으로 들림받게 될 것이고 그 후에는 살아 있는 자들이 공중으로 휴거하여 공중에서 주님을 만나 혼인잔치에 들어갈 것이라는 견해입니다. 혼인 잔치는 7년 간입니다. 땅에서 7년 환난이 일어나고 있을 때 휴거한 성도들은 공중에서 주님과 잔치하고 있는 거지요. 그런 후 땅의 7년 환난이 끝나면(이 때 적그리스도가 멸망하는 것이구요.) 환난을 통과한 성도들과 공중에서 잔치를 하던 성도들이 땅에서 만나 주님의 통치를 받으며 1,000년을 지내게 된다는 겁니다.

전천년설을 주장하는 사람들 가운데 이들과 약간 다른 견해를 취하는 사람들이 있습니다. 이들의 해석을 역사적 전천년설이라고 하는데 성도들이 땅의 7년 환난을 통과할 것이라고 믿는 사람들의 해석이지요.

이 해석을 하는 사람들은 예수님의 공중 재림과 공중의 혼인잔치는 없을 것이라고 해석합니다. 성도들이 7년 환난을 다 통과한 다음 적그리스도의 멸망과 함께 그리스도의 재림이 땅으로 바로 임한다는 거지요. 그리고 죽었던 성도들이 부활하여 1,000년을 주님의 통치 아래 살게 될 것이라는 견해입니다. 1,000년 후에는 (곡과 마곡의 반란이 있은 후) 죽었던 악인들이 부활되어 백보좌 심판을 받고 악인은 영원한 지옥에, 성도는 영원한 천국에 들어가게 된다는 겁니다.

2) 두 번째는 후천년설(천년왕국 후 재림)에 관한 견해를 소개합니다.

후천년설은 천년왕국이 있은 후에 예수께서 재림할 것이라는 말입니다. 후천년설을 주장하는 사람들은 성공적인 복음 전파와 인간의 노력으로 인해 세상이 점점 아름다워지고 행복해지고 악이 사라질 것이라는 믿음 때문에 후천년설을 주장합니다. 따라서 후천년설을 주장하는 사람들은 천년왕국이 그리스도 없이도 만들어질 것이라고 믿고 있답니다. 물론 그런 천년왕국은 실제의 그리스도가 아닌 마음 속에 있는 그리스도 때문에 가능하다고 믿는 것이지요. 하여간 후천년설을 믿는 사람은 아름답고 평화로우며 죄가 없는 세상이 이루어져 1,000년을 그렇게 지낸 다음에 예수께서 육체의 몸으로 지상에 재림하실 것이라고 하지요. 후천년설 견해에는 공중 재림이라는 것과 성도의 휴거와 같은 일은 필요가 없기에 말하지 않습니다. 단지 행복한 1,000년 왕국의 삶 마지막에 적그리스도가 나타나 성도를 미혹하고 미혹받은 사람들이 배교를 하는 거지요. 그때 그리스도께서 육체로 재림하실 것이라고 말한답니다.

후천년설을 요약하면,

그리스도의 복음 전파로 인해 세상 사람들의 마음이 그리스도의 영으로 충만하여 좋아지다가 결국에는 죄없는 완벽한 세상이 와서 1,000년을 행복하게 지낸 후 그리스도께서 땅에 재림하신다는 거지요. 악에 대한 심판은 재림하신 후에 있을 것이며 악인은 영원한 멸망에, 성도는 영원한 천국의 세계에서 살게 하실 것이라는 겁니다.

3) 세 번째는 무천년설(과거와 현재가 천년왕국이다)에 관한 겁니다.

무천년설은 천년왕국이 없다는 말이 아닙니다. 미래적인 1,000년이 아니라는 견해이지요. 이미 현재 1,000년의 왕국을 지내고 있다는 겁니다. 물론 무천년설을 주장하는 사람들은 1,000년이라는 것을 상징적인 숫자로 본답니다. 좀 더 투명하게 말한다면 예수님의 초림부터 재림까지(과거와 현재 교회 시대)가 1,000년 왕국이라는 해석이랍니다.

부활에 대한 해석도 다릅니다. 첫째 부활은 영적인 부활, 즉 죽은 영혼이 영적 생명에로 일어나는 것으로 해석하면서 하늘나라에서 주님과 함께 생명을 누리게 될 거라고 주장한답니다. 반면 둘째 부활은 육체적 부활로 해석을 하지요.

사단의 결박에 대한 해석도 다릅니다. 무천년설 해석가들은 예수께서 이 땅에 처음 오셨을 때 이미 사단은 결박당했다고 해석합니다.

7년 대환난을 부정하고 성도는 지상에서 사는 동안 언제나 환난을 당하는 것이라고 봅니다. 따라서 그리스도의 재림은 갑자기 일어나는 일이며 그 일과 더불어 단 한번의 최후 심판과 의인과 악인이 영원한 갈림길에 놓인다는 것이지요.

4) 필자는 전천년설을 따릅니다.

미리 언급한 것과 같이 전천년설이든지 후천년설이든지 혹은 무천년설이든지 각각의 해석에 대하여 장단점이 있습니다. 그러나 필자는 전천년설이 가장 성경적이라고 생각합니다. 즉 천년왕국이 임하기 직전에 그리스도의 재림이 있을 거라는 것이지요.

전천년설을 따르기에 7년 환난이 있을 것으로 생각하며 그리스도의 공중 재림과 휴거가 있을 거라 생각합니다. 또한 공중에서의 혼인잔치를 꿈꾼답니다. 죽은 성도의 육체적인 부활과 살아 있던 성도의 휴거, 그리고 공중에서의 혼인잔치 후에 그리스도께서 직접 통치하시는 천년왕국을 믿는 거지요.

세대주의 해석자들처럼 7년 환난 전에 성도와 교회의 휴거가 있을 것이라는 의견에는 동의하지 않지만 그렇다고 후천년설이나 무천년설을 주장하는 사람들처럼 공중에서의 혼인잔치가 없다는 것을 따르지도 않습니다.

필자는 세대주의 해석자들처럼 공중 혼인잔치를 7년 간이라고 보지 않습니다. 오히려 중간 휴거설을 따르기 때문에 공중에서의 혼인잔치의 기간이 7년이 아니라 3년 반 정도일거라고 생각합니다. 그렇게 되면 성경에서 말하는 7년 환난과 성도의 휴거와 그리스도의 공중 재림, 공중 혼인잔치, 적그리스도의 멸망과 그리스도께서 통치하시는 천년왕국, 불신자의 부활(둘째 부활)과 최후의 심판(백보좌 심판)으로 인한 영원한 지옥과 천국 등 성경에서 소개하는 모든 내용들이 어느 정도 충족된다고 생각하기 때문입니다.

그러나 중요한 것은 우리 주 예수 그리스도께서 나를 위해 십자가에서 죽으시고 3일 만에 부활하셔서 지금은 하늘에 계시지만 곧 구름타고 다시 오실 것이라는 것을 믿는 믿음이랍니다.

하나님께서 그의 아들 예수께 주신 내용입니다. 이 땅에서 곧 일어날 일들에 관한 것들이지요. 당신의 아들만 알고 있으라고 주신 것이 아닙니다. 예수를 구세주로 전하는 자들, 복음 전하는 자들에게 알리라고 주신 말씀이랍니다. 예수께서 자신을 수종드는 천사를 부르셨습니다. 그리고 천사들에게 앞으로 세상에 일어나게 될 일들을 알려 주신 후에 당신과 함께 있었던 제자들 중에 아직도 살아 있는 요한에게 가서 소상히 알려 주라고 하셨답니다. 천사가 요한을 만났습니다. 요한은 밧모 섬에서 혼자 지내고 있는 나이 많은 노인이었습니다. 천사는 말로 전하기도 하고 환 [illegible] 상을 보여 주기도 했답니다. 정말 기가 막힌 말씀들이었고 웅장한 말씀들이었고 놀라운 말씀들 [illegible] 해진 비밀스런 말씀에 요한은 예수 믿고 하나님 백성된 것이 얼마나 위대한 축복인 가를 재삼 감사했답니다. 정신을 차릴 수가 없었습니다. 그래서 노환(老患)으로 떨리는 손이지만 가죽 두루마리에 먹물을 묻혀 자신이 듣고 본 것을 정성들여 기록했답니다.

자기가 본 것을 복음을 전하는 전도자들과 복음을 따라 살고 있는 다른 그리스도인들이 본다면 저들 또한 얼마나 행복해 할 것인가를 생각하니 죽기 전에 모든 것을 기록해야겠다는 소명이 생겼던 겁니다.

THE BIBLICAL
THE BIBLICAL
BIBLE STUDY

❶ 계시록 15:1-4
하늘나라의 모습

요한은 다른 이상을 보았습니다.

이번에는 지금까지 본 것과는 다른, 더 큰 이상이었답니다. 일곱 천사들이 보였는데 각각 재앙을 하나씩 가지고 있었습니다. 요한이 느끼기에도 분명 땅에 있을 마지막 일들인 것이 틀림없었습니다. 이 재앙들이 땅에 쏟아지면서 세상이 끝나는 거였지요.

『또 하늘에 크고 이상한 다른 이적을 보매 일곱 천사가 일곱 재앙을 가졌으니 곧 마지막 재앙이라 하나님의 진노가 이것으로 마치리로다』(:1)

요한은 일곱 천사들이 가진 재앙이 궁금하면서도 이제 곧 마지막에 일어날 재앙들을 보겠거니 하고 있었답니다.

'그래, 극심한 환난 가운데서도 짐승에게 경배하지 않고 짐승의 표를 받지 않으면서 온갖 어려움을 잘 이겨낸 성도들이 공중에서 주님과 혼인잔치를 하고 있겠구먼. 순교가 어려웠을 텐데...'

요한은 지난 날 사역자들의 말씀을 듣고 끝까지 믿음을 지키다가 순교한 성도들이 대견스럽다는 생각을 하고 있었답니다. 그런데 갑자기 하늘의 아름다운 모습이 보인 거지요.

요한의 눈 앞에 불이 있는 아름다운 유리로 된 바다의 모습이 보였습니다. 그 맑기는 이루 표현할 수 없었답니다. 그 아름다운 유리 바다에 지난 날 극심한 환난을 겪으면서도 짐승에게 경배하지도 않았을 뿐더러 짐승의 표를 받지 않다가 죽은 성도들이 서 있었습니다. 그냥 서있는 것이 아니라 거문고를 가지고 있었지요. 그리고는 노래를 부르고 있었답니다. 구원받은 은혜에 감사하는 찬양이었습니다. 모세가 홍해에서 구원받은 후에 백성들과 함께 하나님을 찬양한 그 노래 같았답니다. 어린양 예수께서 구원해 주신 은혜를 찬양하는 노래였답니다.

"전능하신 우리 주 하나님께서 하시는 일이 위대하고 기이하시나이다. 만국의 왕이신 당신이 하시는 일은 의로우신 일이요 참되신 일이시나이다! 누가 주의 이름을 두려워하지 않겠나이까? 누가 주의 이름을 영화롭게 하지 않겠나이까? 오직 당신만이 거룩하시며 당신에게서만 의로움이 나타나나이다. 그러므로 만국이 주 하나님께 와서 경배함이 마땅하니이다!"

성도들의 노래는 감동적이었답니다.

『또 내가 보니 불이 섞인 유리 바다 같은 것이 있고 짐승과 그의 우상과 그의 이름의 수를 이기고 벗어난 자들이 유리바다 가에 서서 하나님의 거문고를 가지고 하나님의 종 모세의 노래, 어린 양의 노래를 불러 가로되 주 하나님 곧 전능하신 이시여 하시는 일이 크고 기이하시도다 만국의 왕이시여 주의 길이 의롭고 참되시도다 주여 누가 주의 이름을 두려워하지 아니하며 영화롭게 하지 아니하오리이까 오직 주만 거룩하시니이다 주의 의로우신 일이 나타났으매 만국이 와서 주께 경배하리이다 하더라』(:2-4)

2절에 하나님을 노래하는 자들이 누구인지를 분명하게 명시해놓고 있답니다.
『**짐승과 그의 우상과 그의 이름의 수를 이기고 벗어난 자들**』이라고 말이지요.
이들은 지난 3년 6개월 동안 짐승에게 경배하지 않고
짐승의 표를 받지 않음으로
엄청난 환난을 겪은 자들임이 분명합니다.
이들이 노래하고 있는 거지요.
(필자가 중간 휴거설을 지지하는 이유 가운데 한 부분이기도 합니다.)
지난 42개월 동안 짐승의 표를 받은 사람들이 행복(?)을 누리고 있는 반면
이들은 짐승(적그리스도)과 그의 하수인(정부군이나 이웃들)에게
핍박과 따돌림을 받고
거의 활동이 불가능한 사회생활 가운데 이루 말할 수 없는 어려움을 당하다가
결국은 순교하여 공중 혼인잔치 자리에 참석한 자들이지요.

이들은 곧 주님과 함께 땅으로 내려올 것입니다.
하나님은 요한에게 이들의 죽음이 영광스러운 것으로 바뀐 것을 보여주고 계신 겁니다.

환난을 이긴 성도들의 찬양은
기이한 구원의 하나님을 찬양하고 있는 거지요.
자신의 아들을 십자가에서 못 박아 죽이면서 만들어 놓으신 구원 사건이
자신들의 머리로는 이해가 안 되어
기이하다고 표현하는 것이 아닌가 하는 생각입니다.
게다가 지난 42개월 동안 많은 사역자를 보내셔서
구원의 메시지를 전하게 하시고 결코 짐승에게 경배하지 않도록
또한 짐승의 표도 받지 않도록 계속 말씀해 주신 것이 놀라운 겁니다.
다시 말하면 끝까지 자신들을 구원하시기 위한
하나님의 열심에 감동한 거지요.
그러니 하나님을 찬양하지 않을 수가 없는 것이었고
하나님께서 하신 일이 대단한 일이라고 노래하는 거지요.
우리 역시 천국 가면 이러한 찬송을 부르겠지요!

❷ 계시록 15:5-8

열린 성전

환난을 이긴 성도들이 노래 부르는 것을 보고 있는데 하늘의 성전이 열리는 게 보였습니다. 그 하늘 성전은 오래 전 모세가 애굽에서 이스라엘 백성들을 이끌고 가나안으로 가는 여정 중에 하나님께 제사를 드렸던 그 성막의 모습이었습니다. 물론 성막 전체는 아니었습니다. 언약궤가 들어 있는 증거 장막 부분이었지요.

그 열린 성전에서 일곱 재앙을 가진 일곱 천사가 나왔습니다. 일곱 천사는 아주 깨끗한 옷을 입고 있었고 가슴에는 금띠를 띠고 있었답니다. 요한은 증거 장막에서 나오는 천사를 보면서 저들이 가진 재앙은 하나님이 내리시는 재앙이라는 걸 알 수 있었답니다. 게다가 재앙을 수행하는 천사는 왕이나 제사장처럼 담대하고 과감하게 그 일을 수행하리라는 걸 알 수 있었지요.

재앙을 내릴 천사가 성전에서 나오자 보좌 주변에 있던 네 생물들 가운데 하나가 하나님의 진노가 가득 담긴 대접을 가져다가 저들에게 주었답니다. 생물은 일곱 개의 금대접에 하나님의 진노를 담고 있었지요.

천사들이 나온 성전은 하나님의 영광과 능력을 상징하는 연기로 가득 차 있었답니다. 일곱 천사가 재앙을 다 내릴 때까진 아무도 성전에 들어갈 수 없겠다는 걸 알 수 있었습니다.

『또 이 일 후에 내가 보니 하늘에 증거 장막의 성전이 열리며 일곱 재앙을 가진 일곱 천사가 성전으로부터 나와 맑고 빛난 세마포 옷을 입고 가슴에 금띠를 띠고 네 생물 중에 하나가 세세에 계신 하나님의 진노를 가득히 담은 금대접 일곱을 그 일곱 천사에게 주니 하나님의 영광과 능력을 인하여 성전에 연기가 차게 되매 일곱 천사의 일곱 재앙이 마치기까지는 성전에 능히 들어갈 자가 없더라』(:5-8)

대환난 바로 직전에(후 3년 반 시작 전) 신실한 성도들은
공중에 재림하신 주님께로 들림을 받았고
그때 들림받지 못했던 사람들은 대환난의 (후) 3년 반을 지내면서
복음을 받아들여 구원의 길을 들어서서 살다가 환난을 이긴 다음
마지막에 순교하여 공중 혼인잔치에 참여하고 있는 겁니다.
이제 땅에는 짐승을 경배하고 짐승의 표를 받은 사람들만 남아 있습니다.

이들에게 내리는 재앙이 일곱 대접 재앙이랍니다.
지난 42개월 동안 짐승에게 경배하고 짐승의 표를 받아
아무런 불편 없이 잘 살면서
오히려 짐승의 표를 받지 않은 사람들을 핍박하던 사람들에게
갑작스런 재앙이 내리는 겁니다.
그 재앙이 어떤 것인지를 16장에서 적나라하게 소개하고 있지요.

❸ 계시록 16:1-9
파괴되는 자연들

하늘 성전에서 큰 소리가 들렸습니다. 천사에게 재앙을 땅에 쏟으라는 말이었습니다.

"재앙의 대접을 가진 자들이여, 그 대접을 땅에 쏟으시오!"

소리가 나자마자 대접을 가진 첫 번째 천사가 대접을 쏟았답니다. 동시에 짐승의 표를 받고 편리하게 살면서 짐승을 찬양하던 사람들의 몸에 원인을 알 수 없고 치료도 할 수 없는 피부병이 돌기 시작했답니다. 그 동안 발전한 의료 과학으로는 도무지 해석이 되지 않는 병이었습니다. 몸이 가려운 것은 물론이고 점점 살이 썩어가면서 몸에서는 진물과 피가 났답니다. 세상 전역에 치료할 수 없는 피부병이 급속도로 퍼져가고 있는 거였습니다. 여기저기서 기와로 몸을 긁고 있는 사람들을 쉽게 볼 수 있었지요.

『또 내가 들으니 성전에서 큰 음성이 나서 일곱 천사에게 말하되 너희는 가서 하나님의 진노의 일곱 대접을 땅에 쏟으라 하더라 첫째가 가서 그 대접을 땅에 쏟으매 악하고 독한 헌데가 짐승의 표를 받은 사람들과 그 우상에게 경배하는 자들에게 나더라』(:1-2)

온 세상이 피부병으로 죽겠다고 하는데 두 번째 재앙을 가진 천사가 대접을 쏟았습니다. 이번엔 바다에 쏟았답니다. 곧 바다가 썩기 시작했습니다. 악취가 났고 바다 여기저기에 죽은 생물들이 떠다니고 있었습니다. 오래 전부터 많이 오염이 되긴 했었지만 이번에는 바다 전체가 썩는 겁니다. 바다는 점차 피로 변하고 있었답니다. 큰 물고기 작은 물고기들이 죽은 채로 떠다니고 있었습니다. 죽은 것들로 바다는 메이고 있었습니다.

『둘째가 그 대접을 바다에 쏟으매 바다가 곧 죽은 자의 피 같이 되니 바다 가운데 모든 생물이 죽더라』(3)

요한은 세 번째 대접을 가진 천사를 보고 있었습니다. 또 어떤 재앙일까 궁금했습니다. 물론 상상하기 싫은 끔찍한 거라는 건 알고 있었지만 말입니다.

셋째 천사가 재앙이 담긴 대접을 땅에 쏟았답니다. 그가 쏟은 재앙은 온 세상의 물과 물의 근원을 피로 만드는 재앙이었지요.

『셋째가 그 대접을 강과 물 근원에 쏟으매 피가 되더라』(:4)

세상에서 아우성치고 있는 모습이 보였습니다. 얼마 전까지만 해도 짐승의 능력과 지도력으로 미래를 걱정하지 않고 행복하게 살던 사람들이었는데 졸지에 치료할 수 없는 질병으로 고통 속에 있는가 하면 마실 물도 없었고 바다에서 식량을 얻는 것도 불가능해진 겁니다.

끔찍한 세상을 보고 있는데 물을 썩게 한 천사가 한 마디 하는 소리가 들렸답니다.

"오래 전부터 계시고 지금도 살아계신 거룩하신 하나님의 심판은 의로우신 심판이니이다. 땅에서 짐승을 경배하고 짐승의 표를 받은 저들이 성도와 사역자들을 핍박하고 피를 흘렸으니 이제는 저들이 피를 마시는 것이 당연한 것이니이다."

요한은 천사의 말을 들으면서 고개를 끄떡였습니다.

'그래. 하나님을 섬기는 자들을 그리도 괴롭히더니... 사역자들의 말을 우습게 여기고 끝까지 거부하더니... 이젠 모든 기회를 놓치고 심판을 받는구나!'

혼자 생각하고 있는데 이번엔 천사의 소리를 들었는지 하늘 성전의 제단에서 소리가 들렸답니다.

"그렇나이다! 주 하나님, 전능하신 하나님이시여, 이제 저들을 심판하시는 것이 합당하시오며 의로우신 일이나이다."

『내가 들으니 물을 차지한 천사가 가로되 전에도 계셨고 시방도 계신 거룩하신 이여 이렇게 심판하시니 의로우시도다 저희가 성도들과 선지자들의 피를 흘렸으므로 저희로 피를 마시게 하신 것이 합당하니이다 하더라 또 내가 들으니 제단이 말하기를 그러하다 주 하나님 곧 전능하신 이시여 심판하시는 것이 참되시고 의로우시도다 하더라』(:5-7)

요한은 네 번째 천사가 재앙 담긴 대접 쏟는 걸 보았답니다. 이번에는 대접에 담긴 재앙이 태양에 쏟아졌답니다. 그런데 엄청난 일이 일어난 겁니다. 태양에서 뜨거운 불이 나오더니 사람들을 덮치는 겁니다. 산마다 불이 나고 있었고 집들이 타고 있었습니다. 땅의 온도는 견딜 수 없을 만큼 뜨거웠구요!

땅의 모든 사람들은 영문을 몰랐습니다. 서로들 재앙이라고만 하고 있었지요. 세상은 끔찍하게 황폐해 가고 있었습니다. 타는 불로 인해 하늘은 시꺼멓게 가려져 있었고 그로 인해 숨 쉬는 것조차 버거웠답니다. 피부에 난 종기는 더욱 심해지고 있었으며 오염된 물을 먹으면서 구토를 하며 쓰러졌습니다. 사람들의 몸은 점차로 흉측하게 변하고 있었답니다. 그럼에도 불구하고 죽기는커녕 고통만 더해가고 있었습니다. 지옥이 따로 없었답니다.

"세상이 이렇게 된 게 기독교인들 때문이래!"

누군가가 하나님 때문이라고 하면서 하나님을 저주하는 말을 하기 시작했지요.

“기독교 놈들이 하나님이 사랑의 하나님이라고 떠들었었잖아? 사랑의 하나님? 개뿔 같은 소리였다구! 세상을 이렇게 힘들고 고통스럽게 만든 하나님이 사랑의 하나님이야? 저주나 받으라고 해! 우리가 기독교 놈들이 말하는 하나님을 받아들이지 않은 것이 천만 다행이라고. 저주의 신이 분명하잖아!”

사람들은 흉측하게 변해가는 자신들을 저주하는 신이 하나님이라고 하면서 하나님을 저주하고 있었답니다.

『넷째가 그 대접을 해에 쏟으매 해가 권세를 받아 불로 사람들을 태우니 사람들이 크게 태움에 태워진지라 이 재앙들을 행하는 권세를 가지신 하나님의 이름을 훼방하며 또 회개하여 영광을 주께 돌리지 아니하더라』(:8-9)

(필자가) 늘 말했지만 재앙들은 순차적이 아니라 동시적으로 일어난 겁니다.
본문에서 말하는 재앙들도 동시적이지요.
갑자기 임하는 질병, 바다의 오염과 식수의 오염, 자연 재앙...
인간이 감당할 수 없는 일들이 벌어지는 겁니다.
대접 재앙은 인간이 만든 재앙이 아닙니다.
인간이 만든 재앙은 시간이 걸리며 점진적입니다.
이것들은 하나님께서 내리시는 재앙입니다.
사람들은 대책을 찾을 수 없기에 신을 저주하는 거지요.
물론 신을 저주하도록 사람들을 조정하는 것은 짐승 정부구요.

④ 계시록 16:10-21

짐승에게 쏟아지는 재앙들

짐승과 그 정부는 일련에 일어나는 일의 책임을 하나님께로 돌리고 있었습니다. 물론 사람들의 생각 속에 재앙의 주범이 기독교의 하나님이라고 생각하도록 조정하고 있었고 이 문제를 해결할 존재는 오직 짐승 이외에는 없다는 생각을 넣고 있었던 겁니다. 그래서 사람들은 이 끔찍한 재앙중에서도 짐승을 신으로 경배하고 있었습니다.

그러는 가운데 다섯 번째 대접이 쏟아진 겁니다. 이번에는 그 진노가 사람들에게 경배를 받고 있는 짐승의 보좌에 쏟아졌답니다. 이일은 세상의 질서를 파괴했답니다. 세상을 통제하는 일이 불가능해진 겁니다. 완전한 혼란이었습니다. 짐승 정부의 사람들도 병들기 시작했고 몸의 형태가 괴물처럼 추하게 변했답니다. 그런데 기인한 것은 그런 와중에서도 하나님을 저주하고 있더라는 거였지요.

『또 다섯째가 그 대접을 짐승의 보좌에 쏟으니 그 나라가 곧 어두워지며 사람들이 아파서 자기 혀를 깨물고 아픈 것과 종기로 인하여 하늘의 하나님을 훼방하고 저희 행위를 회개치 아니하더라』(:11-12)

여섯 번째 천사가 진노의 대접을 쏟았답니다. 이번에는 유브라데 강에다가 쏟았는데 대접을 쏟자 그 큰 강이 바짝 말랐습니다. 바짝 마른 강은 곧 길이 되었답니다. 동쪽에서 서쪽으로 오는 큰 길이 된 거지요. 전쟁을 위한 길이었습니다.

『또 여섯째가 그 대접을 큰 강 유브라데에 쏟으매 강물이 말라서 동방에서 오는 왕들의 길이 예비되더라』(:12)

전쟁을 위한 길이 예비된 걸 보는데 용과 짐승과 거짓 선지자가 보였습니다. 그런데 그들의 입에서 개구리가 나오고 있었습니다. 더러운 귀신의 영이었지요. 이들은 능란한 말과 이적으로 사람들을 미혹하던 존재들이었답니다. 이놈들이 세상을 다니면서 나라의 지도자들을 설득하고 있는 거였지요.

"이보게들, 아마겟돈으로 모이게나. 하나님이란 존재와 전쟁을 한번 해

보자구! 하나님이란 존재를 없애는 거야. 그래서 우리의 세계를 만들어야지! 그래야 세계를 지속시킬 수 있을 것이 아닌가!"

요한은 깜짝 놀랐습니다. 짐승과 두 뿔 달린 어린양과 용이 세상의 권력자들을 찾아다니면서 하나님을 상대로 싸우자는 끔찍한 말을 하는 거였습니다. 그것도 아마겟돈이라는 곳에 모여서 말입니다. 더 심각한 것은 이들의 말이 각국의 지도자들에게 먹혀들어갔는지 세상 각 나라의 군대가 모든 무기를 가지고 아마겟돈으로 모이고 있었답니다.

『또 여섯째가 그 대접을 큰 강 유브라데에 쏟으매 강물이 말라서 동방에서 오는 왕들의 길이 예비되더라 또 내가 보매 개구리 같은 세 더러운 영이 용의 입과 짐승의 입과 거짓 선지자의 입에서 나오니 저희는 귀신의 영이라 이적을 행하여 온 천하 임금들에게 가서 하나님 곧 전능하신 이의 큰 날에 전쟁을 위하여 그들을 모으더라... 세 영이 히브리 음으로 아마겟돈이라 하는 곳으로 왕들을 모으더라』

아마겟돈에서 전쟁이 일어날 것을 예고하고 있습니다.
아마겟돈은 히브리말을 헬라어(그리스어)로 음역한 것입니다.
히브리 말로는 "할 므깃도"라고 하는데 므깃도 산(山)이라는 말입니다.
아마겟돈 지역은 지금의 팔레스타인의 갈멜산 아래 있는 지역을 말하지요.
지중해 해변에 있는 땅으로 이집트와 메소포타미아를 잇는
중요한 통로랍니다.
따라서 고대 전쟁에서는 이 지역을 점령하는 것이 무척이나 중요했지요.

짐승(적그리스도)이 군사를 이 지역에 모이도록 했다는 것은
아마겟돈 전쟁의 장소가 이스라엘 땅이 될 것이라는 암시인 것 같습니다.

아마겟돈에 짐승의 수하에 있던 나라의 왕들이 군사를 이끌고
모이기 시작하여
전쟁을 일으킵니다만 궁금한 건
온 세계가 짐승의 표를 받았는데
그들의 적(敵)이 누구냐 하는 거지요.
짐승(적그리스도)의 적은 세상에 없답니다.
짐승(적그리스도)만이 알고 있는데 그 적은 하나님인 거지요.
짐승(적그리스도)은 사단(용)의 사주를 받아 하나님과 싸울 것을
각오한 겁니다.
이 전쟁에 대해서는 19장 11-21절에 상세하게 기록이 되어 있답니다.

이 전쟁으로 인해 짐승은 물론 짐승을 따르던 세상의 군왕들이
사로잡힌답니다.
또한 짐승을 섬기라고 앞장서서 말하던 거짓 선지자도 함께 잡힌답니다.
그리고는 짐승과 거짓 선지자들은 산 채로 유황불에 던져지지요.
나머지도 죽임을 당하구요.

그런데 하늘에서 음성이 들렸습니다. 짐승이 하나님과 싸움을 하겠다고 계획하고 있는데 말입니다.

"요한아, 내가 도적 같이 임할 것이니라. 누구든지 깨어 있도록 하거라. 신령한 옷을 입고 다니도록 권면하고 부끄러움을 보이지 않게 준비하면서 살

라고 하거라"

갑작스런 주님의 음성에 요한은 얼마나 놀랐는지요. 요한은 자신에게 앞으로 일어날 일들을 보여주신 주님께서 성도들에게 깨어있으라고 권면하라는 말씀으로 들었답니다.

'그래, 내가 이 모든 일을 기록해서 주님 다시 오실 날이 가까웠으니 준비 잘 하고 있도록 해야지. 암!'

요한의 각오였답니다.

『보라 내가 도적 같이 오리니 누구든지 깨어 자기 옷을 지켜 벌거벗고 다니지 아니하며 자기의 부끄러움을 보이지 아니하는 자가 복이 있도다』(:15)

15절에 다시 오시겠다는 예수님의 말씀이 갑자기 나타납니다.
번역서 NASB는 이 부분을 삽입이라고 괄호 표시를 했답니다.
필자도 그렇게 생각을 합니다.
왜냐하면 일곱 대접 재앙이 있을 때는
이미 구원받은 성도들은 땅에 없고 짐승의 표를 받아
구원을 받을 수 없는 사람들만 있는 상태이기 때문이지요.
그렇기 때문에 15절의 말씀은
계시록의 독자인 교회들로 하여금 깨어 있도록 하기 위하여
당부하시는 말씀이라는 생각이지요.

깨어 있는지요?

주님은 당신이 오실 때의 분위기를 알려 주셨는데
그때를 준비하며 기다리고 있느냐 하는 말입니다.
부끄러움이 보이지 않는 옷을 입고 있는지요?
행실이 깨끗한 것도 중요하지만
그리스도의 흘리신 보혈의 옷을 입고 있느냐 하는 겁니다.
주의 보혈의 옷을 입고 있어야만
누구 앞에서도 하나님의 자녀 됨을 당당하게 말할 수 있답니다.
그런 사람만이 주님 부르실 때 들림받는 것이고
공중에서 주님과 혼인잔치하는 거지요!

전쟁의 길이 예비되는 걸 보는데 일곱 번째 대접이 쏟아졌습니다. 마지막 대접이었습니다. 이 대접은 대기(大氣) 가운데 쏟아졌습니다. 재앙이 공기 중에 임한 거였습니다. 사람마다 숨쉬는 걸 힘겨워하는 걸 알 수 있었답니다. 그러더니 성전의 보좌에서 큰 소리가 났답니다.

"다 마쳤도다!"

그러면서 하늘에는 번개가 일었고 천둥소리가 귀를 울렸으며 땅에는 지진이 일어나는 거였습니다. 얼마나 무서웠는지요! 상상할 수 없는 큰 지진이었답니다. 세상을 통치하던 짐승의 나라가 무너지는 게 보였습니다. 세상의 큰 성들도 무너지고, 산도 사라지고, 섬들도 없어졌답니다. 하늘에서는 바위 덩어리 만한 우박이 떨어지고 있었구요. 사람들은 무서워서 어쩔 줄 모르면서도 입으로는 하나님을 저주하고 욕하고 있었답니다.

『일곱째가 그 대접을 공기 가운데 쏟으매 큰 음성이 성전에서 보좌로부터 나서 가로되 되었다 하니 번개와 음성들과 뇌성이 있고 또 큰 지진이 있어 어찌 큰지 사람이 땅에 있어 옴으로 이같이 큰 지진이 없었더라 큰 성이 세 갈래로 갈라지고 만국의 성들도 무너지니 큰 성 바벨론이 하나님 앞에 기억하신 바 되어 그의 맹렬한 진노의 포도주 잔을 받으매 각 섬도 없어지고 산악도 간데없더라 또 중수가 한 달란트나 되는 큰 우박이 하늘로부터 사람들에게 내리매 사람들이 그 박재로 인하여 하나님을 훼방하니 그 재앙이 심히 큼이러라』(:17–21)

다시 한 번 말씀드립니다만 대접 재앙 역시 순차적으로 일어나는 사건이 아닙니다.
동시에 일어나는 일들이지요.
대기의 오염으로 사람들을 비롯한 모든 생물체가 호흡하는 것이 어려워지고
바다가 병들고 땅의 물이 오염되어 먹는 것마다 병을 유발시키며
인간의 몸에는 견딜 수 없는 병이 생겨 치료가 불가능해지고
인간의 형태는 이상하게 변하는 겁니다.
당시 인간을 지배하던 짐승과 그의 정부도 예외는 아니었기에
정치적 공황은 물론 전 세계적인 혼란이 임하는 거지요.

게다가 전쟁이 발발하고(아마겟돈 전쟁)
대지진으로 인해 산이 사라지고 섬이 가라앉는 겁니다.
번개와 천둥과 바위 만한 우박은 사람들을 공포로 몰고 가는 거지요.
짐승에게 경배하고 짐승의 표를 받아 하나님을 거역한 사람들이

무저갱에 들어가기 전에 이 땅에서 받는 심판이랍니다.

이런 사건을 보고 마지막, 세상의 끝이라고 하는 거지요.

제자들에게 예수께서 하신 세상의 끝이랍니다.

❺ 계시록 17:1-6
큰 음녀(淫女)

일곱 대접 사건으로 인해 온 세상이 심판 받은 걸 본 요한은 이제 모든 것이 끝났다고 생각했습니다. 긴 한숨이 저절로 나왔지요. 그런데 잠시 후 대접을 가지고 있던 일곱 천사들 가운데 한 천사가 가까이 오더니 또 다른 걸 보여 줄 것이 있다고 하는 겁니다.

"이보게 요한, 나를 따라 오시오. 당신에게 보여 줄 게 또 하나가 있소이다. 많은 물 위에 앉아 있는 큰 음녀가 받을 심판을 보여주겠소. 땅의 임금들은 물론이고 땅에 사는 모든 사람들도 이번에 보는 큰 음녀에게 취해 있었다오."

『또 일곱 대접을 가진 일곱 천사 중 하나가 와서 내게 말하여 가로되 이리 오라 많은 물 위에 앉은 큰 음녀의 받을 심판을 네게 보이리라 땅의 임금들도 그로 더불어 음행하였고 땅에 거하는 자들도 그 음행의 포도주에 취하였다 하고』(:1-2)

계시록에는 두 여자가 나옵니다.
한 여자는 해(태양)를 입은 여자로서 하나님의 종을 만든 교회이고
다른 한 여자는 세상을 음행으로 이끈 타락한 세상을 말한답니다.
본문은 그 여자를 큰 음녀라고 말하고 있지요.

큰 음녀가 많은 물 위에 앉았다고 하는데
많은 물이란 여러 나라를 의미한답니다.

큰 음녀라는 건 전 세계적이고 조직적인 정치 기구를 말하는 겁니다.
이 큰 음녀(정치 기구)와 각국의 지도자들이 손을 잡았고
일반 사람들까지도 국제적 정치 속에 물들었다는 거지요.
이 음녀는 종합적인 힘으로 사람들을 미혹하여 짐승을 인정하고
경배하게 했으며
짐승의 표를 받는 데 결정적인 역할을 한 존재입니다.

요한은 성령에 이끌려 광야로 나갔습니다. 그곳에서 묘한 걸 보았지요. 아주 근엄하고 아름답고 멋있는 붉은 색의 짐승에 멋진(?) 여인이 올라타고 있는 겁니다. 여인이 타고 있는 짐승을 가만히 보니 그 온 몸에는 하나님을 저주하는 더러운 말들이 기록되어 있었답니다. 게다가 짐승은 머리가 일곱이

요 뿔이 열인 해괴한 모습이었던 거지요. 짐승의 모습이 구역질나기도 했지만 그 짐승 위에 타고 있는 여자는 더 꼴상스러운 모습이었답니다. 그녀는 금을 비롯한 진귀한 보석을 단 자주 빛 옷과 붉은 빛 옷을 입고 있었습니다. 손에는 금으로 만든 잔을 들고 있었구요. 언뜻 보기에는 대단한 귀족임이 틀림없었습니다만 그녀의 손에 있는 금잔에는 더러운 것과 가증스런 것들이 가득 차 있었답니다.

그녀의 화려한 모습은 감히 누구도 접근하기가 어려울 정도로 위엄스러웠습니다. 그런데 그녀의 이마에 묘한 글들이 적혀 있는 겁니다. 요한은 자세히 보았답니다.

「비밀, 큰 바벨론, 땅의 음녀들과 가증한 것들의 어미」

묘한 글들이었습니다!

그런데 짐승을 탄 이 여인은 정신이 몽롱해 보였습니다. 술에 취한 것 같다고나 할까요? 미친 여자 같았답니다. 성도들의 피를 먹고 취한 겁니다. 주님의 복음을 전하는 사람들을 학대하고 고문하며 마구 죽여 그 피에 취해 있는 거였지요. 요한은 정말 이상하고도 끔직한 여인을 보고 있었던 겁니다.

"요한이여, 놀라고 있소? 이제 내가 당신께 이 여자와 그녀가 탄 해괴하게 생긴 짐승에 대하여 알려 주리이다."

『곧 성령으로 나를 데리고 광야로 가니라 내가 보니 여자가 붉은 빛 짐승을 탔는데 그 짐승의 몸에 참람된 이름들이 가득하고 일곱 머리와 열 뿔이 있으며 그 여자는 자주 빛과 붉은 빛 옷을 입고 금과 보석과 진주로 꾸미고 손에 금잔을 가졌는데 가증한 물건과 그의 음행의 더러운 것들이 가득하더라 그 이마에 이름이 기록되었으니 비밀이라, 큰 바벨론이라, 땅의 음녀들과 가증한 것들의 어미라 하였더라 또 내가 보매 이 여자가 성도들의 피와 예수의 증인들의 피에 취한지라 내가 그 여자를 보고 기이히 여기고 크게 기이히 여기니 천사가 가로되 왜 기이히 여기느냐 내가 여자와 그의 탄바 일곱 머리와 열 뿔 가진 짐승의 비밀을 네게 이르리라』(:3-7)

큰 음녀가 치장한 모습을 보니 분명 왕족의 차림입니다.
당시 자주 빛과 붉은 빛 옷은 왕족만 입는 옷이었으니까요.
그녀는 왕이나 왕족은 아니지만 그에 버금가는 정치적인 힘을 가지고 있다는 말이지요.
그녀가 치장한 금과 진주와 보석들은 그녀의 경제적인 능력을 말하고 있는 거랍니다.
이 여자의 손에 금잔이 있다고 했는데 그것은 사람들에게 마시게 할 내용물들입니다.
그 내용물이 가증한 것, 더러운 것이랍니다.
하나님의 말씀과 대치되는 것, 악한 사상을 말하는 거지요.

이 멋진(?) 여인이 머리가 일곱이고 뿔이 열인 짐승(적그리스도)을 타고 있다네요.
즉 적그리스도와 밀착되어 있다는 말입니다.
(2절에 따르면) 이 여인은 온 나라의 통치자들과도 가까운 사이이고

세상 사람들에게도 아주 영향력이 있는 존재인 겁니다.
이 여인은 정치계에 엄청난 영향을 끼치는 인물입니다.
이 여인과 손을 잡지 않으면 정권 유지가 어렵고 여론을 붙잡기도 어려운 겁니다.

그녀는 "비밀, 큰 바벨론, 땅의 음녀들과 가증한 것들의 어미"랍니다.
그녀의 이마에 쓰여진 이름입니다.
'비밀'이라는 말에 대하여 NEB에서는 '은밀한 뜻을 가진 이름이 기록되어 있다'고
번역을 했는데 그 정체를 아무나 알 수 있는 게 아니라는 말입니다.
영적으로 깨어 있는 사람만이 그 정체를 알 수 있을 거라는 말이겠지요.
'큰 바벨론'이라는 말은 거대한 세력이라는 말이고
'땅의 임금들과 가증한 것들의 어미'라는 말은
세계 지도자들이 의지하고 항상 자문을 구하는 존재라는 말일 뿐 아니라
(성경적 복음이 아닌) 악한 사상들의 본체라는 말이지요.
이 여인이 성도들과 주의 종들을 죽이는 데 앞장 선 자라고
고발하고 있는 겁니다.
『이 여자가 성도들의 피와 예수의 증인들의 피에 취한지라』(:6중)

큰 음녀가 무엇이냐는 것에 대하여는 수수께끼입니다.
적그리스도의 정부라고 하기도 하고
단순히 적그리스도에게 조정받는 세상이라고도 합니다.
그러나 필자는 또 다른 추측을 해 봅니다.
그것은 종교라는 것이지요.
그렇게 생각하는 이유가 있습니다.

첫째는 12장과 비교하여 12장의 '여자가 교회를 상징하는 것'처럼
17장의 「여자」라는 표현 역시 교회를 말하기 위한
용어일 거라는 생각입니다.
물론 12장의 교회는 하나님의 교회이고 17장의 교회는 사단의 교회입니다.
두 번째는 짐승과 여인이 밀착되어 있다는 겁니다.
이 여인은 짐승(적그리스도) 위에 타고 있는 화려한 존재의 모습으로
그려지고 있는데
짐승(적그리스도)을 탈 정도라면 짐승(적그리스도)을 움직이는
정신적 존재라는 거지요.
게다가 온 세상의 왕들과 사람들이 이 여인과 음행을 했다고 했는데
음행은 전통적으로 신앙의 타락을 지칭할 때 쓴 용어이기 때문입니다.
무엇보다 하나님을 거역하고 다른 신들을 섬기고 놀아난 것을
하나님께서는 「음행」이라고 표현하곤 했지요.
게다가 수많은 성도들과 사역자들이 이 여인에 의해서
정치범이나 도덕적인 문제가 아니라 신앙의 문제로 죽임을 당했다고 하니
이는 종교재판에 의해 희생당한 것이 분명합니다.
그러므로 필자는 본문이 말하는 음녀를 국제적 종교기구라고
해석하고 싶습니다.
권력을 가진 사람들과 일반 사람들에게까지 호감 있고 거부감 없는
거대한 종교기구일 거라는 생각입니다.

큰 음녀,
정치적인 힘은 물론 경제와 군사적인 힘이 있는 종교일 겁니다.
모든 나라에서 그 종교집단의 수장을 귀한 분(?)으로 인정할 겁니다.
그는 아주 화려할 겁니다.
모든 종교를 인정한다고 할 겁니다.

(예를 들면, 경전을 비판하게는 하지만 각각의 종교를 배타시하면 안 된다고 하겠죠.)

자신의 종교집단에 불복종하는 자들을 인류 평화를 위한다는
목적으로 제거할 겁니다.
세계 질서와 평화, 인류의 미래를 위해
통합된 사상을 가지라고 강조할 겁니다.
그 집단은 단순한 종교집단이 아니라
하나의 정부일 것이 분명합니다.
17:18에서는 음녀를 「큰 성」이라고 했거든요!

참 교회는 화려하게 치장하지 않습니다.
영적인 깨끗함을 중요하게 여긴답니다.
그래서 성경은 그리스도인의 모습과 공동체를 화려함으로
말하지 않고
세마포로 표현했답니다.
우리 신앙 공동체는 주님 입으신 거룩함의 세마포를 입어야 합니다.
깨끗한 세마포는 십자가의 복음입니다.
성도의 깨끗한 행실입니다.
힘으로 세상을 이기는 것이 아니라
그리스도의 사랑과 희생으로
세상을 이기는 것이랍니다.

교회가 세상 권력과 손을 잡으면 이미 교회의 본질을 잃은 겁니다.
교회가 물질과 손을 잡으면 교회는 타락한 겁니다.

교회는 세상에 영향을 끼치는 것이 목적이 아닙니다.
교회는 세상을 향해 죄를 말해야 하고
회개하라고 해야 하며
죄를 사하신 예수 그리스도를 영접하라고 하는 공동체입니다.
그리고 주님 오실 때까지 거룩하게 살라고 말하는 공동체이지요.
교회의 타락은 본질을 중요하게 여기지 않을 때부터 시작된답니다.

우린 우리와 같은 종교(기독교)인데도
우리의 복음을 다른 종교의 복음과 같다고 말하는 걸
이상하게 생각하고 있나요?
우리의 종교 지도자들이 정치와 돈에 가까이 가서
영향력을 끼치려고 하는 걸
이상하게 생각하고 있는지요?
우리의 신앙 지도자들이 겉모습을 화려하게 꾸미고
귀족처럼 되는 걸
이상하게 생각하고 있는지요?
이상하게 생각해야 합니다.
그리고 분별해야 합니다.
음녀라고.
복음과 하나님을 훼방하는 음녀입니다.

이상한 일이 있답니다.
사람들은
정치적으로 아무런 연결이 없는 목사를 무능력하다고 본답니다.

돈이 없어서 어려운 목회를 하는 목사를 어리석다고 한답니다.
십자가만 전하고 성경만 하나님의 말씀이라고 하는 목사를
무식한 목사, 융통성이 없는 목사,
포용성이 없는 목사라고 한답니다.
이상한 일입니다!

이상한 일이 있답니다.
목사가 큰 권력자와 교제해야 능력있는 사람이라고 하면서
존경한답니다.
돈 있는 사람과 만나 교제하는 목사를
참 주의 종이라고 여긴답니다.
성공은 하나님이 주시는 것이라고 하면서 말입니다.
목사가 여러 단체의 수장 역할을 하면 더욱 존경한답니다.
박사학위 가지고 있으면 괜찮은 사람이라고 여기더라구요.
엄청난 건물과 위엄스러운 옷을 입고 있으면 좋아하더라는 거지요.
이상한 일입니다!

죄와 회개의 복음을 말하면 고리타분한 목사라고 합니다.
오직 십자가에만 구원이 있다고 말하면
독선적이고 앞뒤가 막힌 사람이라고 하면서 멀리합니다.
거듭나야 한다고 하고 하늘나라를 말하면 이상하게 봅니다.
거룩하게 살면서 예수님 재림을 기다리자고 하면
정신병자 취급을 하거나 이단이 아닌가 의심도 한답니다.
이상한 일입니다.

❻ 계시록 17:7-14

음녀가 탄 짐승의 정체

"요한, 당신이 보고 있는 짐승은 오래 전에 존재하던 짐승이라오. 지금은 없고... 그러나 얼마 후에 무저갱에서 올라와 영원한 멸망으로 들어갈 존재라오. 이 짐승이 나타나면 구원을 받지 못한 사람들이 무척이나 반길 것이라오."

천사가 요한에게 짐승에 대하여 설명하고 있습니다.

> 『네가 본 짐승은 전에 있었다가 시방 없으나 장차 무저갱으로부터 올라와 멸망으로 들어갈 자니 땅에 거하는 자들로서 창세 이후로 생명책에 녹명되지 못한 자들이 이전에 있었다가 시방 없으나 장차 나올 짐승을 보고 기이히 여기리라』(:8)

적그리스도(짐승)의 출현을 알려주는 말입니다.
「전에 있었다가 시방은 없으나…」 라는 말의 해석은 복잡하답니다.
요한의 시대를 기준으로 과거 그리스도인들을 괴롭게 한
악한 로마 황제들을 말한다고
해석하기도 합니다.
또 「장차 나올 짐승…」이라는 말은 장차 올 폭군 황제를 말한다고
하기도 하지요.
혹은 마지막 때 나타날 적그리스도로 보기도 하구요.
우리는 마지막 때의 적그리스도라는 해석을 선택해서 본문을 본답니다.
과거에도 하나님을 대적하게 하는 악한 군주들이 있었으나
앞으로 올 짐승은 그와는 확연히 다른 모습의 적그리스도일 것이지요.
그는 구원받지 않고 사는 세상 사람들의 영웅일 것이구요.

우리 주님을「이제도 계시고 전에도 계시며 장차오실 분」라고 한 것과
적그리스도에 대한 표현이 비슷합니다.
「전에 있던 짐승, 시방은 없는데 앞으로 올 짐승…」
주님과 사탄과는 아주 묘하게도 비슷한 경우가 많답니다.
마지막 때는 어떤 것이 참 영이고 어떤 것이 악한 영인지를
구분할 수 없을 정도로 영적 세계가 혼란스럽답니다.
그렇기에 깨어 있지 않으면 악한 영에게 미혹을 당하게 된답니다.

"요한, 자세히 살펴 지혜롭게 봐야 합니다. 짐승이 일곱 머리를 가지고 있다는 것이 무얼 말하는지를 말입니다. 일곱 머리는 여자가 앉아 있는 일곱 산을 말하는 것이지요. 일곱 왕을 말하는 것이기도 하구요. 물론 일곱 왕들

가운데 다섯은 망하였고 하나는 지금 있는 것을 말하며 다른 하나는 앞으로 올 왕을 말하는 거지요. 마지막에 올 왕은 오래 있지 않을 겁니다. 잠간 왔다가 가는 왕이지요."

『지혜 있는 뜻이 여기 있으니 그 일곱 머리는 여자가 앉은 일곱 산이요 또 일곱 왕이라 다섯은 망하였고 하나는 있고 다른 이는 아직 이르지 아니하였으나 이르면 반드시 잠간 동안 계속하리라』(:9-10)

일곱 산에 대하여...
초기 계시록의 독자들은 일곱 산을
로마의 일곱 언덕에 세워진 일곱 성으로 생각했을 거라고 하는 주석이 있습니다.
초대 교회 당시 로마의 이런 성들은 기독교에 대한 적대감으로 불타고 있었으니까요.
또한 본문은 일곱 산을 일곱 왕과 동일하게 여기면서
그 일곱 왕 중에 다섯은 망하였다고 했는데, 당시 독자들은 이 다섯 왕을 아우구스투스, 티베리우스, 칼리굴라, 클라디우스, 네로로 이해했을 가능성이 있다고
해석하기도 하지요. (이 해석에도 문제점들이 있긴 합니다.)
하나는 있다고 한 것에 대한 해석은
요한 당시 초기 독자들이 살고 있었던 때의 황제를 말한다는 해석이지요.
이때의 황제 베스파시아누스를 말한다는 겁니다.
장차 올 왕(일곱 번째)은 이들보다 더욱 핍박을 할 왕으로 생각했을 것이고
물론 그의 통치 기간은 짧을 것이라고 생각했겠죠.

또 다른 해석이 있습니다.
일곱 산과 왕은 과거의 제국을 상징한다는 해석입니다.
지나간 다섯 산(왕)은 다섯 제국인
애굽, 앗수르, 바벨론, 메대와 바사, 헬라이며
지금 있는 산(왕)은 로마라고 해석하지요.
장차 올 나라는 미지의 나라이구요.
물론 오래 가지 않을 나라입니다.

필자의 생각으로는 두 해석 모두가 만족스럽지 않습니다만
공통점이 있답니다.
왕이건 제국이건 지나갔다는 것이고
장차 올 왕이나 제국이 있다는 거지요.
오래 가지는 않을 나라이지요.
앞으로 적그리스도가 세상을 통합해 통치를 한다면
그리스도인들을 괴롭힐 게 분명합니다.
그러나 그의 통치가 7년(짧은 기간)이라는 걸 안다면
요한이 듣고 있는 짐승의 정체는 분명 적그리스도입니다.

"요한, 전에 있었다가 지금은 없어진 왕, 뭐라고 말할까? 여덟 번째 왕이라고 할까? 분명 일곱 왕 중에 속한 왕이기도 하지만..."

천사는 알 수 없는 이야기를 하고 있었습니다.

"그 일곱에 속한 여덟 번째 왕은 멸망으로 들어갈 자라오."

요한은 도무지 이해할 수가 없었답니다.

'일곱 번째에 속한 여덟 번째 왕? 이게 무슨 말인가?'

『전에 있었다가 시방 없어진 짐승은 여덟째 왕이니 일곱 중에 속한 자라 저가 멸망으로 들어가리라』(:11)

아주 수수께끼 같은 구절입니다.
일곱에 속했으나 여덟 번째 왕이라니요?
어떤 해석은 기독교를 극심하게 박해한 도미티안 황제라고도 합니다.
어떤 해석은 예루살렘 성전에 자기 우상을 둔
안티오커스 에피파네스 라고도 합니다.
그러나 그보다는 미래적 해석이 훨씬 친근감이 있습니다.
과거 그리스도인들을 극심하게 핍박한 일곱 나라와 일곱 왕처럼
그리스도인들을 극심하게 핍박할 미래의 통치자,
적그리스도를 말하는 거지요.
일곱에 속했다는 것은 지난 일곱 핍박자들과 같은 핍박자라는 말일 것이고
여덟 번째라는 말은 역사적으로 후기에 나타난 실존 인물이기에
여덟 번째라고 하는 것이라 생각입니다.
게다가 본문에 그가 멸망으로 들어갈 것이라고 분명히 해두었으니
아마겟돈 전쟁을 일으키고 멸망할 적그리스도인 것이지요.(필자 주)

"요한, 당신은 짐승에게서 열 뿔이 있는 것을 보았을 겁니다. 열 뿔은 열 왕을 말하는 거지요. 이 자들은 전에 있었던 왕들을 말하는 것이 아니라 앞으로 나라를 얻을 자들을 말하는 것이고 훗날 짐승과 더불어 왕 같은 행세를

할 사람들이지요. 열 왕들은 한 뜻으로 짐승을 섬길 것입니다. 열 왕의 힘을 바탕으로 짐승은 우리 주 어린양과 더불어 싸울 것이지요. 그러나 만왕의 왕이신 우리 주께서 짐승과 열 왕을 이기실 것이랍니다. 주님과 함께한 진실한 자들이 이길 것이지요."

『네가 보던 열 뿔은 열 왕이니 아직 나라를 얻지 못하였으나 다만 짐승으로 더불어 임금처럼 권세를 일시 동안 받으리라 저희가 한 뜻을 가지고 자기의 능력과 권세를 짐승에게 주더라 저희가 어린 양으로 더불어 싸우려니와 어린 양은 만주의 주시요 만왕의 왕이시므로 저희를 이기실터이요 또 그와 함께 있는 자들 곧 부르심을 입고 빼내심을 얻고 진실한 자들은 이기리로다』(:12-14)

나라를 얻지 못한 왕들이 열 명이라네요.
앞으로 나라를 얻을 사람들을 말하는 것인데
그들이 연합하여 짐승(적그리스도)을 후원하고 돕는다는 겁니다.
많은 협력 가운데 본문은 군사적 협력을 기록하고 있습니다.
이는 인류 최후의 전쟁인 아마겟돈 전쟁에 동참한다는 말이지요.
(아마겟돈 전쟁은 후 3년 반의 끝에 있을 전쟁입니다.)
이 전쟁은 적그리스도 정부와 어린양이신 예수 그리스도와의 싸움입니다.
(이 땅은 적그리스도의 세상이기에 적이 없습니다.)
그러나 적그리스도 연합군은 어린양의 군사(백마탄 군사)들에게 패하고
종국에는 멸망과 함께 유황의 불 못에 던지우지요.

어느 경우는 열 뿔에 대한 해석으로 열 나라를 생각한답니다.
물론 정확하게 열 나라를 말할 수도 있겠지만

열 나라라고 하기보다는
여러 국가의 연합체라고 하는 것이 안전하리라는 생각입니다.

요한은 천사가 말하고 있는 짐승이 어떤 존재이고 어떤 일을 할 것인지, 그리고 그의 최후가 어떻게 될 것인지를 듣고는 마음이 가벼웠답니다.

"천사여, 나에게 음녀에 대하여 좀 더 말해 줄 수 있겠소?"

요한은 음녀에 대해 궁금했답니다.

"음녀? 그러지요. 음녀가 물에 앉아 있었다고 했지요? 물은 온 세상 사람들을 말하는 겁니다. 나라, 백성, 민족, 언어... 모든 것에 영향력을 끼치고 있다는 걸 말하는 거지요. 이 음녀가 짐승 위에 올라타 세도를 부리는 것 같지만 마지막 때 이 음녀는 짐승과 그에게 붙은 열 왕의 세력에게 버림을 받고 망하게 됩니다. 그리도 가까웠던 짐승과의 관계가 깨지고 짐승의 미움을 받게 되지요. 사악한 짐승은 음녀를 아주 벗겨버릴 것이고 다시는 일어나지 못하도록 파멸시킬 것이지요. 짐승이 음녀를 파멸시키지만 사실은 하나님께서 짐승과 열 왕들의 마음을 움직여 그렇게 하게 하실 것이지요. 짐승과 열 왕들에게 버림받고 파멸당할 이 음녀는 만만한 존재가 아닙니다. 온 세상의 왕들을 다스릴 한 나라이지요."

『또 천사가 내게 말하되 네가 본바 음녀의 앉은 물은 백성과 무리와 열국과 방언들이니라 네가 본바 이 열 뿔과 짐승이 음녀를 미워하여 망하게 하고 벌거벗게 하고 그 살을 먹고 불로 아주 사르리라 하나님이 자기 뜻대로 할 마음을 저희에게 주사 한 뜻을 이루게 하시고 저희 나라를 그 짐승에게 주게 하시되 하나님 말씀이 응하기까지 하심이니라 또 네가 본바 여자는 땅의 임금들을 다스리는 큰 성이라 하더라」(:15-18)

7 계시록 18:1-11

멸망할 바벨론의 모습

음녀의 모습을 보던 요한은 다른 천사의 소리를 들었습니다. 하늘의 큰 권세를 가진 천사였는데 그의 영광스러움이 얼마나 찬란했는지 그가 땅으로 내려오자 땅이 밝아지는 것 같았답니다. 그 천사의 소리는 단호했습니다. 세상의 마지막을 말하는 소리였습니다.

"온 세상이 무너졌도다. 완전히 무너졌도다. 큰 성 바벨론이 무너졌도다. 귀신들이 모이는 곳이 되었고 더러운 영이 모이는 장소가 되었도다. 더럽고 가증한 새가 모이는 곳이 되었다. 온 세상이 음행하더니 하나님의 진노를 받아 무너진 것이로다. 나라의 왕들은 더러운 일을 하였고 장사꾼들은 사치로 세력을 과시하더니 무너진 것이로다."

『이 일 후에 다른 천사가 하늘에서 내려오는 것을 보니 큰 권세를 가졌는데 그의 영광으로 땅이 환하여지더라 힘센 음성으로 외쳐 가로되 무너졌도다 무너졌도다 큰 성 바벨론이여 귀신의 처소와 각종 더러운 영의 모이는 곳과 각종 더럽고 가증한 새의 모이는 곳이 되었도다 그 음행의 진노의 포도주를 인하여 만국이 무너졌으며 또 땅의 왕들이 그로 더불어 음행하였으며 땅의 상고들도 그 사치의 세력을 인하여 치부하였도다 하더라』(:1-3)

그리스도가 재림하시기 전
세상의 모든 사람들은 짐승(적그리스도)에게 경배하며 짐승의 표를 받아
짐승의 노예가 되어 있는 상황입니다.(성도는 없는 세상입니다.)
짐승의 표로 인해 짐승의 조정을 받아
하나님을 저주하기만 하는 악한 영이 된 사람들만 있는 땅에
일곱 대접의 재앙이 있는 모습입니다.
오직 귀신들과 더러운 영과 가증한 것만 있는 세상이랍니다.
그렇게 된 이유는 음행 때문이라는 거지요.
하나님을 섬기지 않고 오히려 사단을 섬기며 사단과 즐긴 것 때문이지요.
사업을 하는 장사꾼들 역시 돈을 벌기 위해서 더러운 귀신들을 받아들이고
저들에게 예배하는 일을 서슴지 않았던 겁니다.
게다가 그렇게 번 돈으로 온갖 사치스러운 일을 다 하면서 살았던 거지요.
선이라고는 전혀 없고 한 줄기의 빛도 없이
오직 악만이 충만한 인류 마지막의 모습,
저들에게 미래는 오직 멸망뿐이었습니다.

세상이 멸망할 것이라는 천사의 소리가 지나가면서 다른 천사가 이렇게 외쳤습니다.

"하나님의 백성들이여, 이제는 거기서 나오시오. 더 이상 죄인들과 악 가운데 있지 마시오. 이제 악인들이 재앙을 받을 것인데 그 재앙에서 빠져 나오시오. 세상은 죄로 충만하오. 그 죄가 하늘에 사무쳤고 하나님께서는 그 악한 일들을 기억하고 계시고 그들이 행한 악들의 갑절로 벌하실 것이라오. 땅에 있는 악한 자들이 어떻게 스스로를 영화롭게 하고 사치한 것에 따라 그만큼 고통을 받을 것이고 애통하게 될 것이라오."

천사의 소리는 땅에 남아 있는 성도들에게 말하는 것이 분명했습니다.

'누가 땅에 남아 있는 걸까? 신실한 성도들은 이미 공중으로 들림을 받았고 들림받지 못했던 사람들 가운데 주님을 믿고 짐승의 표를 거절했던 사람들은 모두 순교를 했는데... 그런데 아직도 하나님의 백성이 있다는 건가? 누가 남아 있다는 거지?'

요한은 천사의 말을 들으면서도 천사가 말하는 하나님의 백성에 대한 궁금함이 사라지지를 않았습니다. 그러더니 무엇인가 깨달았다는 것처럼 무릎을 치더니 이내 고개를 끄덕였답니다.

'아! 사역자들이 있구나. 복음을 전하고 성도들에게 끝까지 짐승의 표를 받지 말라고 했던 사역자들... 그래 그 사람들에게 하시는 말씀이로구먼. 마지막 재앙으로 세상이 멸망하기 전에 올라오라는 말씀이로구나.'

『또 내가 들으니 하늘로서 다른 음성이 나서 가로되 내 백성아, 거기서 나와 그의 죄에 참예하지 말고 그의 받을 재앙들을 받지 말라 그 죄는 하늘에 사무쳤으며 하나님은 그의 불의한 일을 기억하신지라 그가 준 그대로 그에게 주고 그의 행위대로 갑절을 갚아주고 그의 섞은 잔에도 갑절이나 섞어 그에게 주라 그가 어떻게 자기를 영화롭게 하였으며 사치하였든지 그만큼 고난과 애통으로 갚아 주라』(:4-7상)

필자는 일곱 대접 재앙의 시기에는
이 땅에 구원받은 성도들은 없다고 주장하기에
(성도는 7년 환난 중간에 휴거하였고,
후 3년 반에 사역자들로 인해 복음을 받고
짐승의 표를 받지 않은 사람들은 짐승의 세력에게 모두 순교를 당했기에)
본문의 천사가 부르는 '내 백성'을 전도자들로 해석합니다.
이들은 후 3년 반의 끝까지 남아 한 성도에게라도
인내와 믿음을 독려하는 일을 하는 자들이지요.
그러다가 이제 온 세상이 멸망받기 직전, 더 이상의 할 일이 없을 때
하나님의 부르심을 받는 것으로 해석하는 겁니다.

"요한, 세상이 하는 소리가 무엇인지 아시오? 저들은 끝까지 스스로가 살아날 수 있다고 한다오. 고통과 애통함을 당하지 않을 거라는 거지요. 자신들은 여전히 영광스러운 존재이며 혼자가 아니라고 생각한다는 것이지요. 얼마나 어

리석고 교만한지... 그러나 저들은 하루 동안 큰 재앙을 받을 것이라오. 사망이 따라올 것이고 슬픔과 흉년이 따를 것이고 온 세상이 불에 타는 것을 볼 것이지요. 세상과 악한 것들을 심판하시는 하나님이 얼마나 강한 분인지를 알게 될 겁니다. 음녀와 음행하고 사치했던 세상의 왕들이 세상의 멸망과 음녀의 멸망을 보고 통곡하고 가슴을 치면서 무서워하고 두려워할 것이지요. 그러면서 서로들 '이젠 심판을 받는구나. 끝이로구나' 할 것이라오."

『그가 마음에 말하기를 나는 여황으로 앉은 자요 과부가 아니라 결단코 애통을 당하지 아니하리라 하니 그러므로 하루 동안에 그 재앙들이 이르리니 곧 사망과 애통과 흉년이라 그가 또한 불에 살라지리니 그를 심판하신 주 하나님은 강하신 자이심이니라 그와 함께 음행하고 사치하던 땅의 왕들이 그 불붙는 연기를 보고 위하여 울고 가슴을 치며 그 고난을 무서워하여 멀리 서서 가로되 화 있도다 화 있도다 큰 성, 견고한 성 바벨론이여 일시간에 네 심판이 이르렀다 하리로다』(:7하-10)

본문(4-10절)에서는 어떤 존재의 멸망을 말하고 있습니다.
언뜻 보기에는 온 세상인 것 같다가도 조금 지나서는(7절 이후)
짐승을 말하는 것 같기도 하고 음녀를 말하는 것 같기도 합니다.
필자의 생각으로는 '거기서 나오라'고 할 때 '거기'는 세상을 말하지만
후반부에 나타나는 '스스로 영화롭게 한 자'는 음녀가 아닌가 하는 생각입니다.
이 존재가 스스로 영광을 만들어 갔다고 했으며 사치했다고 하는 것을 보면
적그리스도일 것 같다는 생각을 합니다만
7절 중간에 자신을 '여황'으로 표현한 점이 음녀임을 나타내는 것이라

생각됩니다.

또한 과부가 아니라는 말은 남편이 있다는 말인데

남편을 의지할 존재라는 말로 해석한다면

'짐승이 의지하는 존재'라기 보다는

'음녀가 의지하는 존재'로 보는 것이 타당하다는 생각이지요.

짐승은 음녀를 의지하지 않습니다. 이용하다가 버리지요.(17:16)

그러나 음녀는 자신의 영화와 사치를 위해

짐승의 선지자 노릇하며 그를 의지한답니다.

그러므로 본문에서 말하는 심판받는 큰 성은

사람들로 하여금 짐승을 섬기도록 하고

짐승의 표를 받도록 강요한 거짓 선지자의 종교 집단일 거라는 생각입니다.

온 세상이 음녀와 결탁했다는 것도 그것을 뒷받침해 준답니다.

❽ 계시록 18:11-24
돈을 좋아하던 사람들의 마지막 모습

"돈 많은 사람들이 얼마나 위세를 부리면서 살았는지요?"

천사의 말은 물질만능의 세상에서 오직 돈이 최고라고 하면서 돈 버는 일에 미쳐서 살았던 사람들에 대하여 말하고 있었습니다.

"돈이면 못하는 것이 없는 세상이었지요. 돈만이 힘이라고 생각하고 장사를 하고 사업을 벌인 건데 이젠 그게 무슨 소용 있겠습니까? 망한 세상에 무슨 사업을 하겠는지요? 만들어 놓은 물건을 살 사람도 없고 아무리 귀중한 금은보석이라 해도 무슨 소용 있겠어요. 진주? 붉고 자줏빛 나고 번쩍이는 멋진 옷감들? 좋은 나무로 만든 가구들? 그 귀한 상아로 만든 그릇들? 기름?

귀중한 돌? 그게 무슨 소용이 있겠느냐는 거지요. 더 이상은 찾는 사람도 없고 살 사람도 없는 겁니다. 사람들은 입을 즐겁게 하는 음식을 만들기 위해 계피를 비롯하여 수많은 향료를 준비했고 기름도 준비했고 포도주와 진귀한 밀가루와 고기들을 준비해서 장사를 했습니다만 그것도 이젠 살 사람이 없는 거랍니다. 어떤 사람은 사람이 타고 다니는 말과 수레를 만들어 돈을 벌려고 했겠지요. 그것도 소용없게 된 겁니다. 아니 사람들의 영혼을 팔아 돈을 번 놈들도 있는 데 그짓도 이젠 못하게 되었으니 돈이 최고라고 하면서 돈에 미쳤던 사람들이 통곡하지 않겠는지요."

『땅의 상고들이 그를 위하여 울고 애통하는 것은 다시 그 상품을 사는 자가 없음이라 그 상품은 금과 은과 보석과 진주와 세마포와 자주 옷감과 비단과 붉은 옷감이요 각종 향목과 각종 상아 기명이요 값진 나무와 진유와 철과 옥석으로 만든 각종 기명이요 계피와 향료와 향과 향유와 유향과 포도주와 감람유와 고운 밀가루와 밀과 소와 양과 말과 수레와 종들과 사람의 영혼들이라』 (:11-13)

세상은 돈에 미쳐있습니다.
물질만능 시대라고나 할까요?
돈이 있으면 못하는 것이 없다고들 생각합니다.
돈이 죄인을 만들기도 하고 의인을 만들기도 하는 세상이랍니다.
그래서 사람들은 돈 버는 일에는 물불을 가리지 않지요.
월급쟁이 해서는 돈을 벌수가 없기에 장사를 하는 겁니다.

큰 돈은 장사해서 만질 수 있는 것이거든요.

큰 돈 버는 사업이 뭘까요?

보석 장사가 큰 돈 좀 만지는 것 같습니다.

(진귀하고 값진 보석은 돈 있는 사람들이 구입하는 것이잖아요.)

옷장사도 돈을 버는가 봅니다.

(종이짝 같은 옷이 얼마나 비싼지 아시죠?)

가구와 그릇도 돈이 되는 장사인가 봅니다.

(이태리 가구만 찾는 사람들이 있잖아요.)

기름 장사 또한 돈 벌지요.

음식 장사, 특히 특별한 재료가 돈을 벌어주지요.

술 또한 큰 수입원이랍니다.

자동차를 만들어 파는 사람도 돈을 벌구요.

비행기나 배도 마찬가지랍니다.

그리고 돈을 벌기 위해 종교인이 되는 사람도 있답니다.

점쟁이, 무당, 사주팔자, 운세, 토정비결, 손금, 운명 철학...

그 뿐이 아니랍니다.

세상 대부분의 종교가 돈과 직접적인 연관이 있잖아요.

교회는 어떠냐구요? 교회가 예외일 리가 있겠는지요?

사람들의 영혼을 가지고 돈 버는 사람들...

돈 때문에 짐승의 표를 받을 것이고 돈 때문에

하나님을 대적할 것이고

돈 때문에 멸망받을 것이고 돈 때문에 애통할 것이랍니다.

"목회도 돈이 있어야 하지?"

오늘날 전혀 부끄러움 없이 내뱉어지는 말입니다.
그 뿐이 아니지요. "목사도 돈 많은 사람을 좋아한다구!"
"안수집사 되고 장로 되고 권사 되려면 돈이 있어야 해!"
"돈 없으면 교회에서도 괄시받아!"
"목사들도 돈이 있어야 교계에서도 행세를 한대..."
더 웃긴 말은,
"아무개는 돈 잘 버는 걸 보니깐 축복받았어!"
"어떻게 교회 생활 했기에 저렇게 가난하게 사는지 몰라!"

먹고 살기 위해서 돈이 필요합니다.
교회가 먹고 살기 위해 형성된 것이라면 돈이 중요합니다.
그런데 교회는 그런 목적으로 형성된 것이 아니잖아요.
교회는 영혼이 구원받고 하나님의 뜻을 발견하고 복음 전하기 위해
형성된 공동체랍니다.
그렇기에 돈 때문에 전전긍긍하면 안 됩니다.
돈 때문에 속상해 하고 돈 때문에 한숨 쉬고
반면에 돈 때문에 안심하고 좋아하면 안 되는 공동체입니다.
(있는 돈 가지고 분수에 맞게 사용하면 됩니다.
돈이 많으면 그만큼 선하게 사용하면 되는 겁니다.)
교회가 가슴 치며 슬퍼해야 할 일이 있습니다.
거듭나지 않은 성도들 때문에 슬퍼하고 속상해 해야 하는 겁니다.
성경을 가르치지 않는 목회자들 때문에 가슴 아파해야 하는 겁니다.
영혼을 불쌍히 여기지 않는 모임이 형성되고 있는 것 때문에
울어야 하는 겁니다.

예수 그리스도의 재림을 공상 만화 이야기로 취급하고
농담으로 여기고
알려고 하지도 않는 것 때문에 통곡해야 하는 겁니다.

교회도 돈을 좋아한다는 말... 창피해 죽겠습니다!
장사꾼들 같기 때문에 그렇습니다.
영혼을 팔아먹는 장사꾼 말입니다.

천사의 말은 계속되었습니다. 세상을 향해 하는 말이었지요.

"바벨론아, 네가 좋아하고 탐하던 것들이 네게서 떠났도다. 맛있는 것들과 아름다운 것들이 다 떠났도다. 이젠 너희가 그러한 것들을 다시는 보지 못할 것이리로다. 바벨론을 의지하여 돈을 벌어 부자가 되었던 장사꾼들이 세상에 임한 환난과 재앙을 보고 두려워하면서 애통하고 울며 통곡하는구나. 그리도 화려했던 세상이 이리도 허무하고 비참하게 무너진 것을 보고 통곡을 하는구나. 불타는 세상을 보면서 아까운 세상이 재앙으로 망했다고 소리치는구나. 하늘과 하늘에 있는 성도들이여, 사도들과 선지자들이여, 하나님으로 인해 기뻐하시오. 성도들과 사도들과 선지자들이 기도하는 그 일을 이제 이루셨도다! 하나님을 더 이상 조롱하지 못하게 세상을 심판하신 하나님을 찬양하라!"

『바벨론아 네 영혼의 탐하던 과실이 네게서 떠났으며 맛있는 것들과 빛난 것들이 다 없어졌으니 사람들이 결코 이것들을 다시 보지 못하리로다 바벨론을 인하여 치부한 이 상품의 상고들이 그 고난을 무서워하여 멀리 서서 울고 애통하여 가로되 화 있도다 화 있도다 큰 성이여 세마포와 자주와 붉은 옷을 입고 금과 보석과 진주로 꾸민 것인데 그러한 부가 일시간에 망하였도다 각 선장과 각처를 다니는 선객들과 선인들과 바다에서 일하는 자들이 멀리 서서 그 불붙는 연기를 보고 외쳐 가로되 이 큰 성과 같은 성이 어디 있느뇨 하며 티끌을 자기 머리에 뿌리고 울고 애통하여 외쳐 가로되 화 있도다 화 있도다 이 큰 성이여 바다에서 배 부리는 모든 자들이 너의 보배로운 상품을 인하여 치부하였더니 일시간에 망하였도다 하늘과 성도들과 사도들과 선지자들아 그를 인하여 즐거워하라 하나님이 너희를 신원하시는 심판을 그에게 하셨음이라 하더라』(:14-20)

하나님을 거부하는 자들이 탐하는 것들이 있습니다.

먹는 것이랍니다. 화려한 것이랍니다.

그런 것만 찾고 추구하고 그런 것으로 풍성한 세상을 만들려고 애썼는데

그것 추구하다가 멸망당하는 거지요.

그리스도인들에게 요한 사도가 하신 말씀이 있습니다.

(요일 2:15-20)

『이 세상이나 세상에 있는 것들을 사랑치 말라

누구든지 세상을 사랑하면 아버지의 사랑이

그 속에 있지 아니하니 이는 세상에 있는 모든 것이

육신의 정욕과 안목의 정욕과 이생의 자랑이니

다 아버지께로 좇아 온 것이 아니요 세상으로 좇아 온 것이라

이 세상도, 그 정욕도 지나가되
오직 하나님의 뜻을 행하는 이는 영원히 거하느니라
아이들아 이것이 마지막 때라 적그리스도가 이르겠다 함을
너희가 들은 것과 같이 지금도 많은 적그리스도가 일어났으니
이러므로 우리가 마지막 때인 줄 아노라
저희가 우리에게서 나갔으나 우리에게 속하지 아니하였나니
만일 우리에게 속하였더면 우리와 함께 거하였으려니와
저희가 나간 것은 다 우리에게 속하지 아니함을 나타내려 함이니라
너희는 거룩하신 자에게서 기름 부음을 받고 모든 것을 아느니라』

다른 한 천사가 맷돌을 가지고 나타나더니 그 맷돌을 바다에 던지는 겁니다. 그러면서 이렇게 말했답니다.

"큰 성 바벨론이 무거운 맷돌이 바다에 던지워 다시는 보이지 않게 되는 것처럼 결코 다시는 나타나지 않을 것이리로다. 이제 세상이 좋아하던 노래와 악기들의 소리가 더 이상 들리는 일이 없을 것이로다. 돈을 벌기 위해 세공업을 하는 사람도 없을 것이로다. 맷돌 소리도 없을 것이로다. 불빛도 없을 것이고 남녀가 결혼하여 좋아하는 소리도 없을 것이로다. 돈과 황금에 미쳐 영혼이 팔린 자들의 세상이 망하였도다. 세상이 망한 이유를 보라. 그 땅에 흘려있는 선지자들과 성도들의 피가 증거이니라."

『이에 한 힘센 천사가 큰 맷돌 같은 돌을 들어 바다에 던져 가로되 큰 성 바

벨론이 이같이 몹시 떨어져 결코 다시 보이지 아니하리로다 또 거문고 타는 자와 풍류하는 자와 퉁소 부는 자와 나팔 부는 자들의 소리가 결코 다시 네 가운데서 들리지 아니하고 물론 어떠한 세공업자든지 결코 다시 네 가운데서 보이지 아니하고 또 맷돌 소리가 결코 다시 네 가운데서 들리지 아니하고 등불 빛이 결코 다시 네 가운데서 비취지 아니하고 신랑과 신부의 음성이 결코 다시 네 가운데서 들리지 아니하리로다 너의 상고들은 땅의 왕족들이라 네 복술을 인하여 만국이 미혹되었도다 선지자들과 성도들과 및 땅 위에서 죽임을 당한 모든 자의 피가 이 성중에서 보였느니라 하더라』(:21-24)

악한 세상이 더 이상 존재하지 않을 것을
맷돌이 바다에 던져진 것으로 비유하여 말씀하고 있습니다.
맷돌의 무게는 다시 떠오를 수 없다는 걸 의미합니다.
거문고, 풍류, 퉁소, 나팔 등은 쾌락을 말하는 것인데
퇴폐적이었던 세상의 쾌락이 끝난 걸 말합니다.
세공업자의 의미는 사치품을 만드는 자를 말하고
맷돌 소리가 들리지 않는다는 말은 일하는 사람이 없다는 말입니다.
등불 빛이 없다는 말은 사람이 없다는 말이고
신랑 신부의 음성이 없다는 것은 즐거움이 없어 삭막하다는 말입니다.
한 마디로 말하면 세상이 「끝났다」는 말이지요.

세상이 끝난 이유는 악한 영, 특히 물질만능의 영에 미혹되어
주님을 거부한 것으로 인한 것이고
주님을 섬긴 자들을 죽이면서까지 세상에 취해 산 것 때문이라는 겁니다.
세상에는 저들이 죽인 성도들의 피가 증거물로 남아 있다는 거지요.

7

>> 일곱 번째 이야기 19-22장

승리하는 이야기

하나님께서 그의 아들 예수께 주신 내용입니다. 이 땅에서 곧 일어날 일들에 관한 것들이지요. 당신의 아들만 알고 있으라고 주신 것이 아닙니다. 예수를 구세주로 전하는 자들, 복음 전하는 자들에게 알리라고 주신 말씀이랍니다. 예수께서 자신을 수종드는 천사를 부르셨습니다. 그리고 천사들에게 앞으로 세상에 일어나게 될 일들을 알려 주신 후에 당신과 함께 있었던 제자들 중에 아직도 살아 있는 요한에게 가서 소상히 알려 주라고 하셨답니다. 천사가 요한을 만났습니다. 요한은 밧모 섬에서 혼자 지내고 있는 나이 많은 노인이었습니다. 천사는 말로 전하기도 하고 환상을 보여 주기도 했답니다. 정말 기가 막힌 말씀들이었고 웅장한 말씀들이었고 놀라운 말씀들 해진 비밀스런 말씀에 요한은 예수 믿고 하나님 백성된 것이 얼마나 위대한 축복인 가를 재삼 감사했답니다. 정신을 차릴 수가 없었습니다. 그래서 노환(老患)으로 떨리는 손이지만 가죽 두루마리에 먹물을 묻혀 자신이 듣고 본 것을 정성들여 기록했답니다. 자기가 본 것을 복음을 전하는 전도자들과 복음을 따라 살고 있는 다른 그리스도인들이 본다면 저들 또한 얼마나 행복해 할 것인가를 생각하니 죽기 전에 모든 것을 기록해야겠다는 소명이 생겼던 겁니다.

❶ 계시록 19:1-10

신부로 삼아주시는 은혜

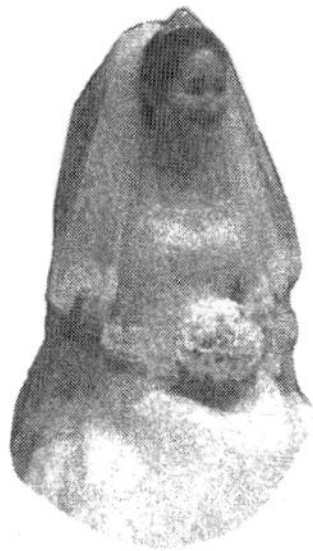

온 세상 마지막에 들릴 통곡하는 소리에 대해 듣고 있던 요한은 이번에는 천사로부터 하늘나라에서의 소리를 들었습니다. 조금 전에 들었던 통곡의 비참한 소리가 아니라 아름답고 평안하며 감동이 넘칠 뿐 아니라 수많은 사람들이 부르는 웅장한 소리였습니다.

"할렐루야! 구원과 영광과 능력이 우리 하나님께 있나이다. 하나님의 심판은 참되시고 의로우신 심판이나이다. 음행으로 땅을 더럽게 한 음녀를 심판하시므로 당신의 종들의 피를 갚으셨나이다."

악한 세상을 심판하시고 멸망시키신 하나님을 찬양하는 노래였습니다.

그 노래를 끝내며 또 한 번 할렐루야를 외쳤답니다. 그러자 영광스러운 연기가 하늘로 끊임없이 올라갔지요.

『이 일 후에 내가 들으니 하늘에 허다한 무리의 큰 음성 같은 것이 있어 가로되 할렐루야 구원과 영광과 능력이 우리 하나님께 있도다 그의 심판은 참되고 의로운지라 음행으로 땅을 더럽게 한 큰 음녀를 심판하사 자기 종들의 피를 그의 손에 갚으셨도다 하고 두 번째 가로되 할렐루야 하더니 그 연기가 세세토록 올라가더라』(:1-3)

세상을 심판하신 하나님에 대한 찬양이 울려 퍼지며 영광의 연기가 하늘로 올라가는 가운데 보좌 주변에서 찬양과 경배의 소리를 듣고 있던 24장로와 네 생물 또한 하나님께 경배를 드리는 모습이 보였습니다.

"아멘, 할렐루야!"

"하나님의 종들아, 하나님을 경외하는 자들아, 큰 자나 작은 자나 모두 우리 하나님께 찬송하라!"

장로들과 네 생물의 화답이 있자 그 후에 보좌에서 나는 소리였습니다.

하나님을 찬양하는 소리는 계속되었습니다. 이번에는 많은 사람들이 하는 소리였습니다. 천둥소리 같은 웅장한 소리였지요.

"할렐루야, 주 우리 하나님, 전능하신 하나님께서 통치하시도다. 그렇기에 우리에게 즐거움과 기쁨이 있도다. 우리 주 하나님께 영광을 돌릴지어다. 이제 어린양의 혼인 약속의 때가 이르렀고 그 아내가 예비되었도다. 이제 신부된 자들에게 빛나고 깨끗한 세마포 옷을 입도록 허락하셨도다. 이 세마포는 성도들의 옳은 행실이 아니던가!"

『두 번째 가로되 할렐루야 하더니 그 연기가 세세토록 올라가더라 또 이십 사 장로와 네 생물이 엎드려 보좌에 앉으신 하나님께 경배하여 가로되 아멘 할렐루야 하니 보좌에서 음성이 나서 가로되 하나님의 종들 곧 그를 경외하는 너희들아 무론대소하고 다 우리 하나님께 찬송하라 하더라 또 내가 들으니 허다한 무리의 음성도 같고 많은 물 소리도 같고 큰 뇌성도 같아서 가로되 할렐루야 주 우리 하나님 곧 전능하신 이가 통치하시도다』(:3-6)

천사의 말은 계속되었습니다.

"요한이여, 나의 이 말을 기록하시오. '어린양의 혼인잔치에 청함을 받은 사람들은 복이 있는 사람입니다'라고. '이것은 참된 말씀입니다'라고."

요한은 자신에게 말한 천사의 위용에 놀라기도 했지만 성도들을 신부로 맞아 주신다는 말에 가슴이 뛰었습니다. 얼마나 고맙고 감사했는지요. 감당할 수 없는 은혜였지요. 그래서 천사의 발 앞에 엎드려 경배하려 했답니다.

"요한, 나에게 경배하지 마시오. 나는 당신이나 주님의 증거를 가진 당신의 형제들처럼 주님의 종에 불과하다오. 그러니 나에게 경배하지 말고 오직 하나님께만 경배하시오. 내가 예수님에 대하여 증거하는 것은 다 증거의 영을 받아서 하는 것 뿐이니 하나님께만 경배를 해야 하는 거라오."

『우리가 즐거워하고 크게 기뻐하여 그에게 영광을 돌리세 어린 양의 혼인 기약이 이르렀고 그 아내가 예비하였으니 그에게 허락하사 빛나고 깨끗한 세마포를 입게 하셨은즉 이 세마포는 성도들의 옳은 행실이로다 하더라 천사가 내게 말하기를 기록하라 어린 양의 혼인 잔치에 청함을 입은 자들이 복이 있도다 하고 또 내게 말하되 이것은 하나님의 참되신 말씀이라 하기로 내가 그 발 앞에 엎드려 경배하려 하니 그가 나더러 말하기를 나는 너와 및 예수의 증거를 받은 네 형제들과 같이 된 종이니 삼가 그리하지 말고 오직 하나님께 경배하라 예수의 증거는 대언의 영이라 하더라』(:7-10)

신(神, 하나님)께서 사람과 결혼한다는 말이 구약과 신약에서 나타납니다.
이사야 54장 5-7절에는 이미 하나님과 이스라엘 백성이
혼인 관계임을 말하고 있는데
불행하게도 그 관계가 깨진 것과 은혜로 인해
다시 관계가 형성될 것을 말하고 있지요.
『이는 너를 지으신 자는 네 남편이시라...
내가 잠시 너를 버렸으나 큰 긍휼로 너를 모을 것이요』
호세아에서도 부부관계가 형성될 것을 말하고 있습니다.
『내가 네게 장가들어 영원히 살되
의와 공변됨과 은총과 긍휼히 여김으로 네게 장가들며
진실함으로 네게 장가들리니 네가 여호와를 알리라』(호 2:19-20)
바울 사도도 신과의 결혼 이야기를 했습니다.
그리스도와 교회와의 관계를 결혼 관계로 말하고 있답니다. (엡 5:32)

분명 여기서 말하는 교회는 구속받은 성도이기에 사람을 말하는 것이지요.
예수도 천국에 관한 이야기를 하실 때 혼인잔치로 비유하여
말씀하셨답니다.(마 22장)
본문은 신과 사람과의 결혼에 관한 이야기들이
실제로 일어나는 것을 말하고 있는 겁니다.

성도를 신부(아내)로 맞아 주신다는 것은 또 다른 은혜입니다.
죄인의 죄를 없이 해 주신 것이 큰 은혜요,
지옥 갈 인생을 천국 갈 백성으로 삼아 주신 것도 은혜입니다.
인생을 살면서 하나님의 동역자로 일하게 하심도 은혜요,
하나님을 아버지로 부를 수 있는 특권을 주심도 은혜입니다.
이젠 또 다른 은혜가 있다고 약속하고 계시는 겁니다.
그 날, 천국에서 사는 때는 주님의 아내로 살 것이라는 약속입니다.
우린 그 영광스러움을 위해 한 걸음씩 다가가고 있는 거랍니다.

천사 경배는 옳지 않은 행위랍니다.
천사 역시 하나님의 피조물이기 때문입니다.
게다가 천사는 인간처럼 하나님의 형상으로 만들어지지도 않았답니다.
천사는 하나님을 경배하고 하나님을 섬기기 위해 만들어진 것이고
무엇보다 사람을 섬기도록 만들어진 존재이기 때문이랍니다.(히 1:14)
그런 존재인 천사를 우리가 섬긴다는 것은 옳지 않은 행동이지요.
계시록에서 천사의 활동이 두드러집니다만
역시 하나님의 종으로 활동하고 있을 뿐입니다.
요한이 천사에게 경배하려할 때 천사가 분명히 말했잖아요.
오직 하나님께만 경배하라고.

❷ 계시록 19:11–21

주의 재림과 아마겟돈 전쟁

성도를 신부로 맞이할 것이라는 천사의 말을 듣고 은혜 속에 잠겨 있는데 또 다시 하늘의 모습이 보였습니다. 그 곳에는 흰 말과 그 말을 탄 사람이 보였답니다. 이름도 알 수가 있었습니다. 「충신과 진실」이었습니다. 충신과 진실이라고 하는 흰 말 탄 사람이 공의를 가지고 모든 것을 심판하고 싸우고 있었지요.

> 『또 내가 하늘이 열린 것을 보니 보라 백마와 탄 자가 있으니 그 이름은 충신과 진실이라 그가 공의로 심판하며 싸우더라』(:11)

흰 말을 탄 충신과 진실이라는 이름의 사람은 분명 그리스도이십니다.

그분이 공의로 온 세상을 심판하신다고 말하고 있는 겁니다.
공의로 심판하신다는 건 하나님의 말씀을 잣대로 심판이 이루어진다는 거지요.
물론 여기서 말하는 공의로서의 심판에 관한 찬양들은
16:5-7, 19:2 등에서 언급이 있었습니다.
즉 지금 본문이 순차적으로 진행되는 것이 아니라
계시록 전반(全般)에 나타나는 동시적 사건들이라고 이해해야 합니다.

흰 말을 탄 사람은 모습부터가 위엄이 있었습니다. 눈은 불꽃 같았고 머리에는 많은 면류관이 있었으며 이름이 써 있었는데 오직 본인만이 알 뿐 누구도 알 수 없는 이름이었답니다. 흰 말을 탄 사람이 입은 옷에는 피가 뿌려져 있었습니다. 그리고 그 옷은 하나님의 말씀이라고 불렸답니다. 또한 피가 뿌려진 옷을 입은 흰 말 탄 주인공 주변에는 수많은 무리들이 있었는데 큰 군대 같았답니다. 그런데 그를 따르는 사람들이 입은 옷은 희고 깨끗한 세마포로 되어 있었답니다.

『그 눈이 불꽃같고 그 머리에 많은 면류관이 있고 또 이름 쓴 것이 하나가 있으니 자기 밖에 아는 자가 없고 또 그가 피 뿌린 옷을 입었는데 그 이름은 하나님의 말씀이라 칭하더라 하늘에 있는 군대들이 희고 깨끗한 세마포를 입고 백마를 타고 그를 따르더라』(:12-14)

불꽃 같은 눈은 모든 것을 꿰뚫어 볼 수 있는 시선을 말하는 것이고
많은 면류관을 썼다는 것은 영광스러움을 말하는 것입니다.
그의 이름이 써져 있다고 하는데 학자들이 추측으로 내놓은 그 이름은

「여호와(YHWH)」, 「모든 이름 위에 뛰어난 이름」, 「예수」,
「만왕의 왕」등이지요.
피 뿌린 옷을 입었다고 하는데
죄인을 위해 죽으실 때 흘린 피를 의미하는 것이 아니라
앞으로 있을 전쟁(아마겟돈)에서의 승리를 예고하는 의미에서
멸망당하는 악인들의 피가 뿌려진 옷을 입고 있다는 겁니다.
그가 입은 옷의 이름은 하나님의 말씀이라는 옷이랍니다.
즉 전쟁을 승리로 이끈 무기가 하나님의 말씀이라는 거지요.
주님 자체가 하나님의 말씀(요 1:1)이고
세상을 심판하시는 것도 하나님의 말씀으로 하시는 것이며
악한 존재들과 싸워 승리하신 것도 말씀이라는
무기였음을 말하고 있는 겁니다.

바울은 성도들에게 세상에서의 싸움을 위해
하나님의 전신갑주를 입으라고 하셨습니다.
그 가운데 사단을 공격할 검이 하나님의 말씀이라고 하셨답니다.
세상을 이기기 위해서는 하나님의 말씀을 가지고 있어야
하는 겁니다.
말씀을 많이 읽어야 합니다. 그리고 정확하게 알고 있어야 합니다.
깊이 묵상하고 말씀을 종종 인용해야만 합니다.
그럴 때 사단은 도망가는 것이고 우리는 담대해질 수 있으며
성령이 역사하시는 것이랍니다.
말씀은 날 선 검이랍니다.

「충신과 진실」이라는 사람의 입에서 날카로운 검이 나오고 있었습니다.

분명 그 검으로 세상을 칠 것이 확실했습니다. 세상을 철장으로 다스릴 것이 분명했습니다. 하나님이 내릴 진노를 가지고 악인들을 짓밟을 것이 분명했습니다. 악인을 짓밟을 다리에 이름이 있었는데 「만왕의 왕, 만주의 주」라고 적혀 있었답니다.

『그의 입에서 이한 검이 나오니 그것으로 만국을 치겠고 친히 저희를 철장으로 다스리며 또 친히 하나님 곧 전능하신 이의 맹렬한 진노의 포도주 틀을 밟겠고 그 옷과 그 다리에 이름 쓴 것이 있으니 만왕의 왕이요 만주의 주라 하였더라』(:15-16)

한 천사가 하늘 해(태양) 가운데 서있는 겁니다. 해 가운데 있어서 그런지 천사의 모습은 무척이나 위엄스러웠고 화려하게 빛나고 있었답니다. 천사는 하늘을 날고 있는 새들에게 큰 음성으로 소리를 질렀습니다.

"하늘을 나는 모든 새들아, 하늘의 잔치에 모이거라. 이곳에 와서 왕들의 고기를 비롯해서 장군들의 고기, 장사꾼들의 고기, 말들과 말을 탄 자들의 고기, 자유인이나 노예들의 고기, 모든 자의 고기를 먹거라!"

『또 내가 보니 한 천사가 해에 서서 공중에 나는 모든 새를 향하여 큰 음성으로 외쳐 가로되 와서 하나님의 큰 잔치에 모여 왕들의 고기와 장군들의 고기와 장사들의 고기와 말들과 그 탄 자들의 고기와 자유한 자들이나 종들이나 무론대소하고 모든 자의 고기를 먹으라 하더라』(:17-18)

마지막 전쟁으로 인해 세상의 멸망한 사람들의 시체를 먹으라는 말입니다.
하나님을 대적한 사람들의 최후가 얼마나 비참하고 끔찍할 것인지를
보여주는 말이고 하나님의 진노가 얼마나 대단한 것인지를 말하는 거지요.
초대 교회 성도들에게는 이러한 심판의 말씀들이
믿음을 굳게 붙잡게 하는 말씀이었고 위로의 말씀이었음을
잊지 말아야 합니다.
물론 우리도 이 말씀을 읽으면서
성도의 믿음을 굳게 잡고 환난을 이기며
사단이 만든 세상과 타협하지 않겠다는 각오를 해야 하는 거랍니다.

요한의 눈에 전쟁터가 들어왔습니다. 땅의 짐승과 그를 추종하던 왕들과 그의 군대들이 하나가 되어 흰 말을 탄 자와 그를 따르는 군대와 더불어 전쟁을 하고 있는 겁니다. 그러나 전쟁은 짐승이 사로잡히는 것으로 종식되었습니다. 그 뿐 아니라 짐승과 사람들 앞에서 이적을 일으키면서 미혹을 하던 거짓 선지자도 잡혔지요. 이 거짓 선지자는 두 뿔을 가진 어린양이었습니다. 사람들로하여금 짐승의 우상에게 경배를 강요했던 자이고 짐승의 표를 받으라고 강요했던 존재였습니다.

짐승과 두 뿔 달린 어린양으로 나타났던 거짓 선지자가 포획되더니 산 채로 유황불 붙는 곳에 던져졌답니다. 그리고 그들을 추종하던 자들은 흰 말을 탄 자의 입에서 나오는 검으로 죽임을 당했답니다. 온 세상은 시체였는데 그 시체를 뜯어 먹는 새들이 새까맣게 내려 앉아 있었답니다.

『또 내가 보매 그 짐승과 땅의 임금들과 그 군대들이 모여 그 말 탄 자와 그의 군대로 더불어 전쟁을 일으키다가 짐승이 잡히고 그 앞에서 이적을 행하던 거짓 선지자도 함께 잡혔으니 이는 짐승의 표를 받고 그의 우상에게 경배하던 자들을 이적으로 미혹하던 자라 이 둘이 산채로 유황불 붙는 못에 던지우고 그 나머지는 말 탄 자의 입으로 나오는 검에 죽으매 모든 새가 그 고기로 배불리우더라』(:19-21)

아마겟돈 전쟁과 그리스도의 지상 재림입니다.
짐승(적그리스도)과 거짓 선지자와 이들을 따르던 만국의 왕들이
하나님과 어린양 예수 그리스도를 대적하기 위하여 모여 있을 때
공중에 계시던 예수께서 땅에 내려 오셔서 저들과 전쟁을 하고
승리하시는 모습이지요.
이 전쟁으로 세상을 다스리던 짐승(적그리스도)과
거짓 선지자(두 뿔 달린 어린양)가
붙잡혀 유황불에 들어가고 그를 추종하는 자들이
모두 죽임을 당하는 겁니다.
일곱 대접의 종지부이자 세상 끝의 모습이랍니다.

흰 말을 탄 사람이 주님이라면
세마포를 입고 그를 따르는 하늘 군대는 누구일까요?
하늘의 천사일 거라는 의견도 있고
구원받은 성도들이라는 의견도 있습니다.
어떤 의견은 144,000명이나 두 증인과 같은
사역자일 거라는 말도 있습니다.
그러나 아무런 힌트가 없습니다.

천사들일 수도 있고 성도들일 수도 있으며 사역자들일 수도 있지요.
아니면 모두일 수도 있답니다.
중요한 것은 그 대장이 우리 주님 예수 그리스도라는 것입니다.
전쟁의 모습도 그렇습니다.
어떻게 싸워 이겼는지에 대한 묘사는 없습니다.
단지 주님의 입에서 나오는 검으로 전쟁을 모두 이겼다고
기록하고 있답니다.
이는 주님을 따르는 무리들은 싸울 필요가 없었음을 암시하는 것 같습니다.
주님은 짐승과 그를 따르는 무리와 싸우기 위해서 오신 것이 아니라
일방적으로 심판하시기 위해서 오신 것이기 때문입니다.
하나님이신 우리 주님이 피조물인 짐승과 무슨 싸움을 하시겠어요!

❸ 계시록 20:1-3
결박된 사단

온 세상은 조용했습니다. 세상을 자기의 손에 넣고 좌지우지하던 짐승과 거짓 선지자가 유황불 붙는 곳으로 던져지고 그들을 추종하던 왕들과 군대와 사람들이 죽임을 당했기 때문입니다. 환상 가운데 있긴 했지만 요한이 보기에도 삭막한 세상이었답니다.

그런 음산한 세상 속으로 하늘에서 또 한 천사가 내려왔습니다. 열쇠와 쇠사슬을 가지고 내려온 겁니다. 그 열쇠는 무저갱의 열쇠였습니다.

천사가 용을 잡았습니다. 짐승에게 권세를 주고 두 뿔 달린 어린양에게 권세를 준 사단이었지요. 천사는 잡은 용을 큰 쇠사슬로 결박하고서는 무저갱으로 던져 넣었답니다. 그리고는 무저갱을 잠그고 그 위에 인봉을 하였습니다. 1000년을 그렇게 가둬 두기로 되어 있다고 하는 겁니다. 그 후에 잠깐 놓일 거랍니다.

『또 내가 보매 천사가 무저갱 열쇠와 큰 쇠사슬을 그 손에 가지고 하늘로서 내려와서 용을 잡으니 곧 옛 뱀이요 마귀요 사단이라 잡아 일천년 동안 결박하여 무저갱에 던져 잠그고 그 위에 인봉하여 천년이 차도록 다시는 만국을 미혹하지 못하게 하였다가 그 후에는 반드시 잠간 놓이리라』(:1-3)

세상을 더럽고 추한 곳으로 만들었던 주인공들이 모두 처리된 세상입니다.
주님께서 성도들과 함께 땅으로 내려오셔서
짐승과 거짓 선지자는 유황불이 붙은 못에 던져졌고
짐승에게 경배하고 짐승의 표를 받아 살던 사람들은 죽임을 당한 겁니다.
또한 천사들은 저들을 조종하던 용을 결박하여 무저갱에 가둔 거지요.
이제 세상에는 더러운 영이나 사람들이 없게 된 거랍니다.
아마겟돈 전쟁이 끝나면서 세상은 잠시 지저분하고 더러웠을 겁니다만
이내 더러운 것들은 묻히거나 사라졌을 겁니다.
그리고는 주님과 성도들이 새로운 나라를 만든 거지요.
죄가 없는 세상이고 주님이 다스리는 세상입니다.
주님께서 재림하셔서 만든 세상이랍니다.

❹ 계시록 20:4-10
천년왕국과 사단의 멸망

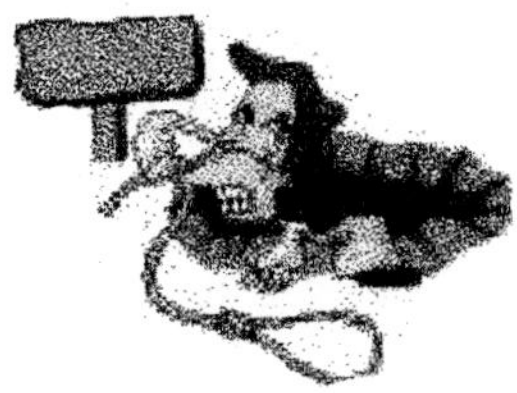

요한이 하늘을 보게 되었습니다.

보좌들이 보였는데 거기에 앉은 사람들에겐 심판하는 권세가 있었지요. 반면에 땅에는 성도들이 주님과 더불어 왕 노릇 하면서 지내고 있는 겁니다. 그 기간이 1000년이었습니다. 주님과 더불어 왕 노릇 하는 사람들은 주님에 대한 증거를 가지고 하나님의 말씀을 전하다가 순교한 사람들이었고 짐승에게 경배하지 않으면서 표를 받지 않다가 죽임을 당했던 사람들이었습니다. 요한은 주께서 생전에 계실 때 자신을 믿는 자는 죽어도 살겠다고 하신 것이 기억났답니다.

'그래. 주님을 섬기는 자들은 죽어도 다시 살아나는구먼.'

“요한, 하나님의 말씀을 전하다가 순교한 자들과 짐승의 표를 받지 않음으로 인해 죽었던 사람들이 다 살아나서 주님과 왕 노릇하는 것이 보이십니까? 죽었던 자들이 다시 살아난 겁니다. 얼마나 큰 은혜요 복인지요! 이것이 부활이랍니다. 이들은 다시는 죽지 아니할 것입니다. 결코 죽음이 이들에게 다가오지 않을 것이지요. 이 사람들은 1000년 동안 하나님과 어린양을 섬기는 제사장이 되어 주님과 더불어 왕 노릇하면서 지낼 것입니다.”

천사의 말을 듣고 있던 요한에겐 궁금함이 있었답니다.

‘주님을 믿지 않던 사람들은 어떻게 되는 걸까?’

천사가 요한의 마음을 알았는지 이내 대답을 주었지요.

“요한, 주님을 훼방하고 믿지 않고 죽은 사람들은 여전히 죽음 가운데 있답니다. 저들은 성도들이 1000년의 행복을 누리는 동안 죽은 채로 있을 거랍니다. 그러나 1000년 후에는 다시 살아날 것이지요. 그리고는 그때 심판을 받아 영원한 불 못에 들어가게 될 것이지요.”

‘악인들은 1000년 후에 다시 살아나 심판을 받는다...’

『또 내가 보좌들을 보니 거기 앉은 자들이 있어 심판하는 권세를 받았더라 또 내가 보니 예수의 증거와 하나님의 말씀을 인하여 목 베임을 받은 자의 영혼들과 또 짐승과 그의 우상에게 경배하지도 아니하고 이마와 손에 그의 표를 받지도 아니한 자들이 살아서 그리스도로 더불어 천년 동안 왕 노릇하니(그 나머지 죽은 자들은 그 천년이 차기까지 살지 못하더라) 이는 첫째 부활이라 이 첫째 부활에 참예하는 자들은 복이 있고 거룩하도다 둘째 사망이 그들을 다스리는 권세가 없고 도리어 그들이 하나님과 그리스도의 제사장이 되어 천년 동안 그리스도로 더불어 왕 노릇 하리라』(:4-6)

본문에 대한 해석은 대단히 어렵습니다. 여러 가지 골치 아픈 문제들이 있는데
첫째는 천 년이라는 기간에 대한 해석입니다.
둘째는 천년왕국의 주인공들에 대한 해석입니다.
세 번째는 천년왕국과 영원한 나라와의 질적 차이에 대한 문제이고
천년왕국의 목적이 무엇이냐는 문제입니다.
아주 복잡한 해석의 문제들이지요.
학자들마다 이 문제로 골머리를 앓고 있답니다.

대부분의 학자들은 천년왕국 개념이 요한의 사고 구조에서 나온 것이라고 해석합니다.
즉 요한은 유대적 사고를 가지고 있다는 말이지요.
유대인들의 역사와 하나님 나라에 대한 일반적인 개념은
7일 주간 추상 개념입니다. 여기서는 하루를 1000년으로 봅니다.
따라서 인간 역사를 6일(6000년)로 보고
7일째는 메시야의 통치 기간으로 해석하지요.(1000년의 기간입니다.)
그 후 8일째는 영원한 하나님 나라가 있다고 보는 겁니다.
그러므로 천 년이라는 표현은 유대적 개념으로 고정되어 있는 요한에게는 당연한 거였다는 해석입니다.

두 번째는 천년왕국의 주인공들이 순교자에 국한되어 있는 것으로 나타납니다.
4절에 "예수의 증거와 하나님의 말씀을 인하여
목 베임을 받은 자들의 영혼과 짐승과
그의 우상에게 경배하지도 아니하고 이마와 손에
그의 표를 받지도 아니 한 자들이
살아서 그리스도와 더불어 천 년 동안 왕 노릇 하니"라고 기록되어 있습니다.
이 말은 반드시 순교한 자들만을 말하는 것인지요?
대부분의 학자들은 그렇지가 않다고 주석합니다.
모든 신실한 성도들이라고 해석하지요.
그 증거로 12:11에서『죽기까지 자기 생명을 아끼지 아니한』사람들을
말하고 있고
2:11에서는 이기는 자에게는 둘째 사망의 해를 받지 않게 해주겠다는 내용을
증거로 한답니다.
또한 역사 가운데 신실한 그리스도인이라 하더라도 순교를 피한 것이 아니라
순교하고 싶어도 할 수 없던 상황이었기에
순교하지 못하고 자연사를 했던 사람들이 허다하다는 견해입니다.
가장 실질적인 인물이 계시록을 기록한 요한이지요.
그러한 여러 가지 정황으로 보아 천년왕국의 주인공들은 순교자들만이 아니라
신실한 그리스도인으로 산 모든 사람들을 말하는 것이라 생각됩니다.

간혹 천년왕국의 주인공을 순교자들로 국한시키는 해석자들은
이 대목을 순교자들에 대한 상급이라고 해석하기도 합니다.
어떤 해석은 144,000명 혹은 두 증인이라고도 합니다.
그리고 4절에 기록된 '나머지 죽은 자들은 그 천 년이 차기까지
살지 못하더라'는 말을

일반 성도들로 해석하기도 하지요.
그러나 필자의 생각은 다릅니다.
4절의 나머지 사람들은 구원받지 못한 사람들이라는 견해입니다.

천년왕국과 하나님 나라의 질적 차이에 대한 궁금함도 만만하지는 않습니다.
간단하게 대답을 하자면
천년왕국은 처음 하나님이 창조하신 땅이자
짐승과 거짓 선지자, 그들을 따르는 자들이 있던 그 땅 그대로에
예수께서 성도들과 평화로운 나라를 세우신 것입니다.
통치자가 (하나님의 아들인) 예수님인 곳이 천년왕국입니다.
하나님 나라는 창조 때 만들어진 세상은 없어지고
완전히 새로 창조된 세상이자
그 통치자가 하나님이신 곳을 말하는 겁니다.
또한 천년왕국은 그 기간이 제한적이지만
하나님 나라는 영원하지요.

마지막으로 가장 어려운 문제가 있습니다.
천년왕국의 목적이 무엇인가 하는 것입니다.
성경은 천년왕국의 성도들이 천 년을 지난 다음에도
도래할 새 하늘과 새 땅의 주인공으로 연결된다고 말하고 있는데
그렇다면 아마겟돈 전쟁 이후에 곧바로 새 하늘과 새 땅을 주실 것이지
무엇 때문에 천 년이라는 기간을 만들어 놓았느냐는 겁니다.
(성경은 이일에 대하여는 어떤 힌트도 주지를 않습니다.)
어떤 주석가는 새 하늘과 새 땅에서의 영원한 삶을 위한
준비 기간이라고도 합니다만

그것 역시 흡족할 만한 대답이 아니랍니다.
제안하기는 성경에서 힌트조차 주지 않는 문제에 대해서는
아무리 궁금하나 할지라도 믿음으로 받고 그때까지 기다리다가
그날이 오면 깨닫는 것이 가장 현명하지 않을까 하는 생각입니다.

요한은 1000년이 지난 다음의 상황까지 보게 되었답니다. 1000년이 지난 후에 무저갱에 갇혀 있던 용, 사단이 풀려나는 거였습니다. 그런데 이 사단이 평화로운 온 세상을 두루 다니면서 별 짓을 다 해가며 사람들을 미혹하였습니다. 사단은 여러 지역을 미혹했답니다. 다행이 다른 지역은 굳건했습니다만 곡과 마곡 지역 사람들은 사단의 미혹에 넘어간 겁니다. 그들의 수가 상당했답니다. 사단은 그들을 선동해서 성도들이 살고 있는 곳과 왕이 계신 아름답고 사랑스러운 곳을 에워싸게 하면서 전쟁을 벌이려고 한 거지요. 물론 전쟁이 일어난 건 아니었습니다. 하늘에서 불이 내려와 그런 짓을 하고 있는 사람들을 모두 태워버렸기 때문입니다. 게다가 사단까지 붙잡아 불과 유황 못에 던졌답니다. 가만히 보니 사단이 떨어진 불과 유황 못에는 짐승과 거짓 선지자가 괴로움을 받고 있었답니다. 분명 영원토록 괴로움을 받을 것이었습니다.

『천년이 차매 사단이 그 옥에서 놓여 나와서 땅의 사방 백성 곧 곡과 마곡을 미혹하고 모아 싸움을 붙이리니 그 수가 바다 모래 같으리라 저희가 지면에 널리 퍼져 성도들의 진과 사랑하시는 성을 두르매 하늘에서 불이 내려와 저희를 소멸하고 또 저희를 미혹하는 마귀가 불과 유황 못에 던지우니 거기는

그 짐승과 거짓 선지자도 있어 세세토록 밤낮 괴로움을 받으리라』(:7–10)

여기도 힘든 문제가 있습니다.
왜 무저갱에 갇힌 사단을 놓아 주느냐 하는 문제이지요?
또한 그리스도가 다스리셔서 죄 없는 사회가 형성이 되어 있는데
왜 사단으로 하여금 활동하게 하여 죄를 지을 수 있는
기회를 주느냐 하는 겁니다.
(필자는 이 문제에 대하여 성경이 어떤 힌트도 주지 않기에
생각할 필요가 없다고 생각합니다.)
어떤 해석은 (무리한 해석입니다만) 천년왕국의 사람들 중에서도
택함받은 자와
택함받지 않은 자들을 구분하기 위해서라고 합니다.
그러나 필자의 생각으로는 하나님이 그렇게도 심통꾸러기라는
생각은 하지 않습니다.
단지 우리가 알 필요 없는 신비한 까닭이 있을 거라는 것으로
받아들일 뿐입니다.

또 하나는 곡과 마곡 사람들이 사단의 미혹에 넘어 갔다는 말을
어떻게 주석해야 하는 것인가가 문제입니다.
그들이 유혹받아 신실한 주님의 백성과 싸우려고 한다니 말입니다.
궁금한 것은 사단의 미혹에 넘어간 곡과 마곡의 사람들이
신실한 성도였다가 사단의 미혹에 넘어간 것인지
아니면 원래부터(천년왕국 시작부터) 하나님의 백성이 아닌
무리였는지 하는 겁니다.
이 문제도 성경은 아무 힌트도 주지 않고 있답니다.

❺ 계시록 20:11-16

악인에 대한 최후의 심판 (백보좌 심판)

보좌와 보좌에 앉으신 분이 보였습니다.

보좌는 클 뿐 아니라 깨끗한 흰색으로 되어 있었습니다. 그 보좌 앞에는 땅이 보이지 않았습니다. 하늘도 없었답니다. 모두 사라진 겁니다. 반면에 셀 수 없을 만큼의 많은 사람들이 보좌 앞에 서 있었지요. 모두가 죽은 자들이 틀림없었습니다. 보좌 앞에는 여러 책들이 펴져 있었고 그것들과는 또 다른 책이 있었답니다. 그 책은 생명책이었지요. 보좌 앞에 서 있는 사람들, 죽은 사람들은 보좌 앞의 책들에 기록된 행위대로 심판을 받고 있었답니다.

그들은 살아 있는 동안 행한 것에 따라 조목조목 심판을 받고 있었답니다. 그리고는 그에 따른 보상의 심판을 받고 있었지요. 심판은 가혹했습니다. 모두가 불 못에 던져졌습니다. 전에는 육신이 죽더니 이번에는 다시 살아나 심판을 받고 영원히 죽지 않는 불 못으로 던져지는 게 분명 두 번째 죽는 거라는 생각이 들었답니다. 이들의 이름은 생명책에 없었답니다.

『또 내가 크고 흰 보좌와 그 위에 앉으신 자를 보니 땅과 하늘이 그 앞에서 피하여 간 데 없더라 또 내가 보니 죽은 자들이 무론대소하고 그 보좌 앞에 섰는데 책들이 펴 있고 또 다른 책이 펴졌으니 곧 생명책이라 죽은 자들이 자기 행위를 따라 책들에 기록된 대로 심판을 받으니 바다가 그 가운데서 죽은 자들을 내어주고 또 사망과 음부도 그 가운데서 죽은 자들을 내어주매 각 사람이 자기의 행위대로 심판을 받고 사망과 음부도 불 못에 던지우니 이것은 둘째 사망 곧 불 못이라 누구든지 생명책에 기록되지 못한 자는 불 못에 던지우더라』(:11-15)

용, 사단과 짐승(적그리스도), 거짓 선지자는 이미 불과 유황 못에 던지운
상태입니다.
이번에는 저들을 추종하고 하나님을 거역하던 사람들에 대한 심판이지요.
이 심판을 하나님이 흰 보좌에 앉아 심판하신다는 기록을 따라
백보좌 심판이라고 하는 겁니다.
본문에서는 두 종류의 책을 소개하고 있습니다.
많은 책들과 그와는 다른 생명책을 말하고 있지요.
생명책에 이름이 기록된 사람들은 백보좌 심판을 받지 않는답니다.
반면에 생명책에 이름이 없는 사람은 심판을 받는데
행동한 대로 심판을 받는 거랍니다.

이들을 죽은 자들이라고 표현했습니다만
여기서 죽었다는 말은 하나님과 단절된 사람이라는 걸 말하는 것이고
육신으로는 죽음에서 부활한 상태로 하나님 앞에서 심판을 받는 거지요.

행위대로라는 말은 악한 일을 많이 한 사람과 덜 악한 사람이 구분된다는 것 같습니다.
저들이 분명 지옥의 고통을 다 받을 것입니다.
행위에 따라 지옥 고통의 등급이 있을 수도 있을 거라는
생각을 할 수도 있습니다.
그러나 아무리 행위에 따른 등급의 지옥이라 하더라도
그곳의 기본은 불과 유황이라는 거지요.

구원받은 사람의 이름이 적힌 책을 생명책이라고 합니다.
그런데 생명책을 소개하면서는 행위를 말하지 않고
단순히 생명책에 이름이 기록되었다고만 말합니다.
모든 잘못된 행위는 그리스도의 보혈로 덮어졌다는 말이지요.
하나님께서는 그리스도의 보혈로 덮여진 사람의 이름에서는
악한 것을 찾으실 수가 없다는 말이랍니다.

❻ 부록
부활에 대하여

우리 그리스도인들은 죽지 않는다는 믿음으로 살아가는 사람들입니다. 그리스도인이기에 부활한다는 것이 아니라 불신자들도 부활할 것을 믿는 답니다. 부활의 신앙은 육신의 목숨이 끊어진다 하더라도 얼마 후에는 다시 살아난다는 믿음이지요. 그렇다면 우리가 부활를 얻는 근거는 무엇일까요?

예수님은 물론 성경이 모든 사람의 부활을 말하고 있다는 겁니다. 물론 죽음이라는 말을 잔다는 말로 표현하면서 부활을 암시하지요.

예수님의 말씀입니다.

『이를 기이히 여기지 말라 무덤 속에 있는 자가 다 그의 음성을 들을 때가 오나니 선한 일을 행한 자는 생명의 부활로, 악한 일을 행한 자는 심판의 부활로 나오리라』(요5:28-29)

사도의 말씀입니다.

『의인의 부활과 악인이 부활이 있으리라 함이라』(행 24:14-15)

구약에서도 부활을 말했답니다.

『땅에 티끌 가운데서 자는 자 중에 많이 깨어 영생을 얻는 자도 있겠고 수욕을 받아 무궁히 부끄러움을 입을 자도 있을 것이며』(단 12:2)

또한 요한계시록에서도 인생 모두가 부활할 것을 말하고 있지요.

『또 내가 보니 죽은 자들이 무론 대소하고 그 보좌 앞에 섰는데 책들이 펴 있고 또 다른 책이 펴졌으니 곧 생명책이라』(계 20:12)

그렇다면 부활은 어떤 순서로 일어날까요?

데살로니가전서 4장 말씀의 기록에 따르면 주님이 호령과 천사장의 나팔 소리로 공중에 재림하실 때 일차 부활이 있는 것으로 이해가 됩니다. 이때 부활하는 자들은 믿음으로 살다가 죽은 성도들이지요.

『주께서 호령과 천사장의 소리와 하나님의 나팔로 친히 하늘로 좇아 강림

하시리니 그리스도 안에서 죽은 자들이 먼저 일어나고』(살전4:16)

이때 부활한 사람들은 공중으로 들림받아 공중에서 주님을 만나는 것이지요. 그 사건과 거의 동시에 살아 있는 신실한 성도들이 공중으로 들림을 받는답니다.

『그 후에 우리 살아 남은 자도 저희와 함께 구름 속으로 끌어 올려 공중에서 주를 영접하게 하시리니 그리하여 우리가 항상 주와 함께 있으리라』(살전4::17)

이런 사건을 소위 그리스도의 공중 재림이라고 말하는 것이지요. 다른 말로는 '휴거'라고 말하는 겁니다. (우리는 이 사건이 7년 환난 중간에 일어날 것으로 해석해왔습니다.)

공중에 주님의 재림이 있을 때 신실한 삶을 살다가 죽었던 성도들의 부활 사건이 있은 후 다음 부활은 그리스도께서 땅으로 재림하실 때에 일어납니다. 아마겟돈 전쟁이 끝나고 천년왕국이 시작될 때 환난기에 순교하였던 사람들이 부활하여 천년왕국의 삶을 사는 것이지요.

『또 내가 보좌들을 보니 거기 앉은 자들이 있어 심판하는 권세를 받았더라 또 내가 보니 예수의 증거와 하나님의 말씀을 인하여 목 베임을 받은 자의 영혼들과 또 짐승과 그의 우상에게 경배하지도 아니하고 이마와 손에 그의 표를 받지도 아니한 자들이 살아서 그리스도로 더불어 천 년 동안 왕 노릇 하니』(계 20:4)

주님의 공중 재림과 지상 재림의 사건으로 인해 하나님의 자녀들은 모두 부활했습니다. 그리고 천년왕국이 지난 다음 또 한 차례의 부활이 있을 것인데 그 부활은 악인들이 심판을 받아 지옥 불에 들이기 위한 부활이랍니다.

> 『또 내가 보니 죽은 자들이 무론대소하고 그 보좌 앞에 섰는데 책들이 펴 있고 또 다른 책이 펴졌으니 곧 생명책이라 죽은 자들이 자기 행위를 따라 책들에 기록된 대로 심판을 받으니 바다가 그 가운데서 죽은 자들을 내어주고 또 사망과 음부도 그 가운데서 죽은 자들을 내어주매 각 사람이 자기의 행위대로 심판을 받고』(계20:12-13)

그러면서 부활 후에는 어떤 일이 일어날까요?

이미 알 수 있었던 것처럼 예수님을 구원자로 영접하고 그를 따르다가 부활한 사람들은 영생에 들어가고 주님을 끝까지 거부하고 살다가 죽은 사람이나 짐승의 표를 받아 편리하게 살다가 죽은 사람은 부활하여 영원한 불 못에 들어가 살게 될 것이라고 성경은 말하고 있답니다.

❼ 계시록 21:1-8

새 창조 세계로

사악한 천사 사단과 그 졸개들은 물론이고 주님을 끝까지 받아들이지 않고 짐승에게 경배하고 그를 섬기다가 죽은 사람들까지도 낱낱이 심판을 받아 불못에 던져진 세상이었습니다. 이젠 생명책에 기록된 자들, 오직 어린양되신 예수 그리스도의 은혜로만 살 수밖에 없다고 하던 사람들만이 남아 있는 세상이었지요.

그런데 이번에는 상상할 수 없는 영광스러운 모습, 말로는 도무지 표현할 수 없는 아름답고 기가 막힌 세상이 보였습니다. 하늘은 하늘인데 지금까지 보지 못한 새 하늘이었고 땅은 땅인 것 같은데 땅이라고 말할 수 없는... 낙원이었습니다. 지금까지 살았던 세상의 하늘이나 땅은 어디도 없었습니다. 정말 새로운 하늘이고 땅이었답니다.

보이는 땅에는 하나님을 예배하는 아름다운 성(城)이 있었습니다. 그 땅이 바로 성(城)이었습니다. 하나님을 예배하는 곳이니 지난 날 예루살렘이 그걸 위해 지어진 것처럼 그야말로 참 예루살렘인 거였지요. 그 아름다움은 신랑을 맞이하기 위해 아름다운 단장을 하고 있는 신부의 모습이라고나 할까요!

요한은 그 아름다운 성(城)에서 하나님을 마음껏 예배하고싶어 미칠 것만 같았습니다. 가슴이 메어지는 것 같았답니다. 눈에서는 눈물이, 가슴에는 찬송이, 입에서는 감사가 흐르고 있었답니다. 감동과 감격이었습니다.

요한의 마음을 헤아렸는지 그 아름다운 성을 보고 있는데 큰 소리가 들렸답니다. 보좌에서 나는 소리가 분명했습니다.

"보시오. 하나님의 집이 성도들과 함께 있을 것입니다. 이제는 하나님이 저들과 함께 하실 것입니다. 저들은 하나님의 백성으로 살게 될 것이고 하나님은 성도들의 눈물을 친히 닦아 주실 것입니다. 보십시오. 이제 다시는 사망이 없을 것이고 슬픔도 없을 것입니다. 아픈 것도 있지 아니할 것입니다. 그런 것들은 다 지나갔답니다."

보좌에서 나는 소리가 그치자 이번에는 아주 위엄스런 소리가 또 들렸지요. 하나님의 소리 같기도 했답니다.

"이제 내가 만물을 새롭게 하노라. 요한아, 내 이 말은 신실하고 진실된 말이니 기록하거라."

요한은 감동에 젖어 있는 가운데 기록하라는 말씀을 듣고 정신이 번쩍 들었습니다.

"모든 것이 이루어졌느니라. 나는 처음과 나중이니라. 내가 생명수 샘물로 목마른 자들에게 값없이 줄 것이니라. 그러므로 잘 이기는 자들은 이 은혜를 유업으로 얻게 될 것이니라. 네가 들은 것처럼 나는 이기는 자의 하나님이 되고 저들은 내 아들이 될 것이니라. 그러나 세상을 두려워하는 자들, 믿지 못하고 죄악을 따라 흉악하게 살면서 자기 살겠다고 살인을 하고 행음을 하고 점을 보면서 그것을 의지하는 자들, 우상에게 무릎을 꿇고 살려달라고 하는 자들, 내 말을 믿지 못하게 하려고 거짓말하는 자들... 이러한 자들은 네가 본 것처럼 불과 유황으로 타는 못에 들어가게 될 것을 기록하라는 말이다. 둘째 사망, 행위대로 심판을 받아 영원한 고난에 들어가게 된다는 말이다."

『또 내가 새 하늘과 새 땅을 보니 처음 하늘과 처음 땅이 없어졌고 바다도 다시 있지 않더라 또 내가 보매 거룩한 성 새 예루살렘이 하나님께로부터 하늘에서 내려오니 그 예비한 것이 신부가 남편을 위하여 단장한 것 같더라 내가 들으니 보좌에서 큰 음성이 나서 가로되 보라 하나님의 장막이 사람들과 함께 있으매 하나님이 저희와 함께 거하시리니 저희는 하나님의 백성이 되고 하나님은 친히 저희와 함께 계셔서 모든 눈물을 그 눈에서 씻기시매 다시 사망이 없고 애통하는 것이나 곡하는 것이나 아픈 것이 다시 있지 아니하리니 처음 것들이 다 지나갔음이러라 보좌에 앉으신 이가 가라사대 보라 내가 만물을 새롭게 하노라 하시고 또 가라사대 이 말은 신실하고 참되니 기록하라 하시고 또 내게 말씀하시되 이루었도다 나는 알파와 오메가요 처음과 나중이라 내가 생명수 샘물로 목마른 자에게 값없이 주리니 이기는 자는 이것들을 유업으로 얻으리라 나는 저의 하나님이 되고 그는 내 아들이 되리라 그러나 두려워하는 자들과 믿지 아니하는 자들과 흉악한 자들과 살인자들과 행음자들과 술객들과 우상 숭배자들과 모든 거짓말하는 자들은 불과 유황으로 타는 못에 참예하리니 이것이 둘째 사망이라』(:1-8)

요한은 자신이 본 것을 어떻게 표현할 줄 몰라 하는 것이 역력합니다.
분명 지긋지긋하고 끔찍한 세상,
하나님을 거역하고 성도를 핍박하는 세상은 없어졌지요.
그러나 새로운 걸 보았답니다.
그것이 무엇인지를 표현할 수 없기에
자신 속에 있는 최상의 것으로 표현한 겁니다.
예루살렘이라고.
요한에게는 하나님을 예배하는 자들이 사는 곳이 예루살렘이라고 생각했고
그곳이 가장 좋은 곳이라고 확신하고 있었으니까요.

우리가 바라는 곳, 우리가 하나님께로부터 받을 곳(기업)은
하나님께 예배하는 곳이랍니다.
인간으로서는 상상할 수도 없는 아름다운 곳이랍니다.

사도 바울이 세 번째 하늘을 가 보셨다고 했나요?

바울 사도가 그곳을 사모했다고 하셨지요.

그곳이 우리에게 약속된 곳, 우리가 갈 곳이지요.

믿음의 조상 아브라함도 그곳을 바라보고 사셨구요.

우리 주님이 우리를 위해 처소를 예비하겠다고 했는데

그곳이 바로 우리가 갈 곳이랍니다.

그곳에 가서 주님을 만나 눈물을 씻기우고

하나님과 어린양되신 주님을 예배하고 싶네요.

보좌에 앉으신 분의 말씀(:6-8)은 세상에 속해 있는 요한에게
부탁하는 거랍니다.
세상의 끝이 오고 있으니 사람들에게 복음을 전하고
앞으로 일어날 일을 말하라고.
믿음의 형제들에게는 희망을 주고
복음을 거부하는 자들에게는 불못과 유황의 지옥을 말하면서
형벌을 피하게 하라고 하는 사명을 주고 있는 것이지요.

찬송가에 '주 내게 부탁하신 일 천사도 흠모하겠네…'라는

가사가 있습니다.

그렇답니다.

영혼을 구원하는 일, 천사도 부러워하는 일이랍니다.

은혜의 하나님을 전하는 일,

하나님 나라의 상속자가 되게 하시겠다는 놀라운 복음,

지옥가지 못하게 하는 사랑의 외침…

우리에게 주신 하나님의 부탁하심이요
천사들도 부러워하는 사역이지요.
요한에게 주신 부탁
이젠 '우리'가 해야 하는 거랍니다.

본문 중에 '두려워하는 자들...'이 기록되어 있습니다.(:8)
이들은 계시록의 맥락으로 볼 때
하나님을 두려워하는 자들이 아니라
세상을 두려워하는 자들인 것 같습니다.
세상 권세 잡은 자를 두려워하고 물질 가진 자를 두려워하는 사람들,
그러다가 세상 권력 앞에 무릎을 꿇는 자들을 말하는 것이지요.
계시록의 맥락에서 보면 짐승에게 경배하고 짐승의 표를 받은
사람들을 말합니다.
다른 표현으로 하자면 하나님을 거부한 사람들을 말하지요.
그러다가 짐승의 표를 받은 것으로 인해 하나님을 저주하고
살인과 음행, 복술, 거짓말을 하면서 사는 자들을 말하는 거랍니다.

8 계시록 21:9–27
예배 장소(1)

짐승과 짐승에게 경배하고 짐승의 표를 받은 사람들에게 무서운 재앙의 대접을 쏟았던 일곱 천사들 가운데 한 천사가 요한에게로 가까이 오더니 친절하게 말을 붙였습니다.

"요한, 이리로 오시오. 내가 신부를 보여 드리리다. 어린양의 신부가 무엇인지를 보여주겠습니다."

천사가 이끌고 간 곳은 크고 높은 산이었습니다. 요한은 그곳에서 하늘에서 내려오고 있는 큰 성을 보았습니다.

"하늘에서 내려오는 것 같은 저 큰 성이 무엇입니까?"

요한은 천사에게 물었습니다.

"어린양의 신부입니다. 거룩한 성 예루살렘 성이라고나 할까요."

천사가 말하는 걸 들으면서 요한은 감동하고 있었답니다. 그 성안은 형언할 수 없는 하나님의 영광으로 가득 차 있었기 때문이었지요. 성 자체에서 나오는 빛이 있었답니다. 성은 아주 귀한 보석으로 만들어져 있었고 벽옥이나 수정 같이 맑았답니다.

『일곱 대접을 가지고 마지막 일곱 재앙을 담은 일곱 천사중 하나가 나아와서 내게 말하여 가로되 이리 오라 내가 신부 곧 어린 양의 아내를 네게 보이리라 하고 성령으로 나를 데리고 크고 높은 산으로 올라가 하나님께로부터 하늘에서 내려오는 거룩한 성 예루살렘을 보이니 하나님의 영광이 있으매 그 성의 빛이 지극히 귀한 보석 같고 벽옥과 수정 같이 맑더라』(:9-11)

성의 벽은 무척이나 높았습니다. 누구도 성벽을 넘는다는 것은 불가능한 일임을 알 수가 있었지요. 그러나 문은 많이 있는 겁니다. 동서남북에 각각 세 개씩, 합이 열두 개나 되었답니다. 문마다 천사가 하나씩 지키고 있었고 문에는 이스라엘의 열두 아들의 이름과 지파명이 적혀 있었지요. 성벽을 지탱하고 있는 기초석은 열 두 개로 되어 있었는데 기초석마다 열두 사도의 이름이 적혀 있었답니다. 요한은 자신의 이름도 발견했답니다. 얼마나 흥분이 되었는지 모릅니다.

『크고 높은 성곽이 있고 열 두 문이 있는데 문에 열 두 천사가 있고 그 문들 위에 이름을 썼으니 이스라엘 자손 열 두 지파의 이름들이라 동편에 세 문, 북편에 세 문, 남편에 세 문, 서편에 세 문이니 그 성에 성곽은 열 두 기초석이 있고 그 위에 어린 양의 십 이 사도의 열두 이름이 있더라』(:12-14)

하나님 나라는 힘을 쓴다고 들어갈 수 있는 것이 아닙니다.
그 벽이 너무 높기 때문이랍니다.
그러나 문지기 천사가 허락한다면 '누구나' 들어갈 수 있는
곳이랍니다.
문이 열두 개나 된다고 하잖아요.
천사는 물을 겁니다.
어린양이 마련해 주신 옷을 입었는지를.
누구나 오세요. 어디서나 오세요.
어린양의 옷을 입고 말입니다.

우리 모두는 영적인 이스라엘 백성, 하나님의 백성이랍니다.
천국 문에서 문지기 천사들이 환영하는 하나님의 자녀들이지요.
우리는 사도들이 전해준 십자가의 복음으로 구원받은 사람들
열두 문 어디로 가든지
천사들이 가진 생명책에 이름이 있기에
큰 환영을 받으며 하나님 나라로 들어갈 사람들이랍니다.

요한에게 말하던 천사는 성의 크기를 재려고 금갈대를 가지고 있었습니다. 문들도 재고 성의 크기도 재려는 게 분명했지요. 성은 네모 반듯하였답니다. 천사가 금갈대로 잰 성의 크기는 한쪽 면이 12,000스다디온이나 되었답니다. 높이도 같았지요.

『내게 말하는 자가 그 성과 그 문들과 성곽을 척량하려고 금 갈대를 가졌더라 그 성은 네모가 반듯하여 장광이 같은지라 그 갈대로 그 성을 척량하니 일만 이천 스다디온이요 장과 광과 고가 같더라』(:14–15)

12,000 스다디온의 크기는 약 2,400 Km (약 1,600마일의 넓이)라고 합니다.
(런던이 117평방 마일이라고 하면) 런던의 530만 배의 크기라는 거지요.
그 만한 성에 들어갈 수 있는 사람은
약500억 명까지 가능하다고 하네요.
사람들이 그 만큼 들어갈 수 있는지는 모르겠지만
성이 무척이나 크다는 것을 말하고 있습니다.

천사는 성벽의 두께도 재었습니다. 벽의 두께는 144규빗(1규빗은 45cm 정도이므로 6480cm)이었습니다. 엄청난 두께였지요.

『그 성곽을 척량하매 일백 사십 사 규빗이니 사람의 척량 곧 천사의 척량이라』(:17)

해석상의 문제가 있는 구절입니다.
16절에서는 성의 길이와 넓이는 물론 높이가 똑같이

12,000 스다디온이라고 했는데
여기서는 성벽을 144규빗(약 65m)으로 말하고 있기 때문입니다.
그렇기에 성의 높이가 144규빗이라고 할 수도 있는데
그렇게 되면 큰 차이가 나는 겁니다.
그렇기에 이 구절의 성곽 크기는 성벽의 두께를 말하는 것이라는
해석이 많습니다.

성을 이루고 있는 재료들은 모두가 보석이었습니다. 성벽 모두는 벽옥으로 되어 있었고 성 안은 정금으로 되어 있었습니다. 그 정금은 얼마나 깨끗한지 유리 같이 눈부시게 빛나고 있었답니다. 성벽을 이루고 있는 기초석들은 각색의 보석으로 되어 있었는데 벽옥, 남보석, 옥수, 녹보석, 홍마노, 홍보석, 황옥, 녹옥, 담황옥, 비취옥, 청옥, 자정으로 되어 있었습니다.

요한은 성벽의 기초가 된 보석들이 모두 대제사장이 입고 있던 옷의 가슴에 붙어 있던 흉패 보석과 같음을 알 수 있었지요.

'그래. 저건 대제사장의 가슴에 붙어 있던 보석들이야. 이스라엘 지파를 말하는 거였는데... 하나님 나라를 이루는 건 대제사장 되신 우리 주님의 가슴에 있는 사람들로 구성된다는 걸 알겠구먼. 우리 성도들이 천국을 이루는 주인공임을 알고 믿음을 잘 지켜야 할텐데.'

요한은 성벽의 기초석을 보면서 이런 저런 생각을 하고 있었습니다.

『그 성곽은 벽옥으로 쌓였고 그 성은 정금인데 맑은 유리 같더라 그 성의 성곽의 기초석은 각색 보석으로 꾸몄는데 첫째 기초석은 벽옥이요 둘째는 남보석이요 셋째는 옥수요 넷째는 녹보석이요 다섯째는 홍마노요 여섯째는 홍보석이요 일곱째는 황옥이요 여덟째는 녹옥이요 아홉째는 담황옥이요 열째는 비취옥이요 열한째는 청옥이요 열둘째는 자정이라』(:18–20)

열두 기초석은 대제장이 입은 옷의 가슴에 있는 보석들과 동일한 겁니다.
대제사장의 가슴에 있는 이 12보석은 이스라엘 백성들을 상징하는 거였구요.
그것이 보석인 이유는 사람들의 존귀함을 나타내기 때문입니다.
대제사장은 성도들을 대할 때 존귀한 하나님의 자녀임을 잊지 말라는 겁니다.
하늘나라의 주인공들이거든요.
우리 주 예수 그리스도께서 대제사장으로 사람들을 품으셨고
주님이 품은 사람들은 하늘나라의 기초가 되는 존귀한 사람들이라는 겁니다.

열두 보석이 이스라엘을 상징하는 것이라 해서
혈통적인 이스라엘을 말하는 것이라고 생각하는 사람들은 없을 겁니다.
(세대주의는 그렇게만 생각한답니다.)
모든 하나님의 자녀들을 말하는 것이지요.
어린양 예수의 보혈로 덮인바 된 우리들을 말하는 거랍니다.

우린 보석 같은 존재들.
아니 그보다 더 존귀한 존재들이랍니다.
전에는 진노의 자식이었는데 이젠 존귀한 자들이네요.
우리가 의로워서가 아닙니다.

의롭다고 칭하시기 위한 하나님의 일하심이 있었기 때문이지요.
자신의 독생자 예수를 죽여 우리의 더러움을 모두 씻으시고
의롭다고 하신 하나님의 은혜 때문입니다.
그리고 하늘나라에서
하나님의 은혜로 의롭다 칭함받은 우리들이 기초가 되어
영광스러운 예배를 드린다니 얼마나 감사하고 놀라운 일인지요.
하나님의 은혜를 찬양합니다!

성의 열두 문들은 진주로 되어 있었습니다. 그리고 진주 문을 열고 들어가면 유리 같이 맑고 깨끗한 정금으로 길이 나 있는 것을 볼 수 있었습니다. 요한은 문도 아름답고 길도 신기했지만 과연 성전은 어떤 모습일까 하는 궁금했습니다. 분명 하나님과 어린양 되신 주님이 계실 성전이 있을 거라는 생각 때문이었습니다. 그런데 성전은 보이지가 않았습니다. 나중에 안 일이지만 하늘나라에는 성전이 없다는 겁니다. 하나님이 성전이시고 어린양 되신 주님이 성전이시라네요.

『그 열 두 문은 열 두 진주니 문마다 한 진주요 성의 길은 맑은 유리 같은 정금이더라 성안에 성전을 내가 보지 못하였으니 이는 주 하나님 곧 전능하신 이와 및 어린 양이 그 성전이심이라』(:21-22)

하나님이 계신 곳, 예수님이 계신 곳이 성전이랍니다.
우리 집에 하나님과 예수님이 계시면 성전이지만
십자가 달아 놓고도 하나님과 예수님 안 계시면 성전이 아니지요.

우리 직장에 하나님과 예수님 계시면 성전이지만
교회라는 이름을 달아 놓고도 하나님과 예수님 안 계시면
성전이 아니랍니다.
내 마음 속에 하나님과 예수님 계시면 성전이지만
기독교적 직분 가졌어도 하나님과 예수님 안 계시면
성전도 아니고 아무 것도 아니랍니다.
우리가 있는 곳이
성전이 되게 하세요!

요한이 본 성은 아주 환했습니다. 그렇다고 해가 성을 비취는 것도 아니고 달빛으로 인해 환한 것도 아니었습니다. 해도 달도 없었지만 성전에서 나오는 하나님의 영광과 어린양의 빛이 성을 환하게 만들고 있었답니다.

성 안의 사람들은 세상 곳곳에서 온 사람들이 분명했습니다. 피부색도 다르고 체구도 다르고 생긴 모습도 다른 사람들인 겁니다. 분명 온 세상 방방곡곡에서 주님을 영접한 사람들임을 알 수 있었습니다. 그들 모두 밝고 깨끗한 모습이었고 은혜가 넘치는 모습이었답니다.

성 문들은 닫히지 않았습니다. 늘 천사가 지키고는 있기는 했지만 항상 열려있는 겁니다. 하나님과 어린양의 빛으로 인해 늘 대낮같이 밝았기에 닫을 필요가 없었던 겁니다. 하늘나라에는 밤이 없었답니다.

새로운 성은 영광과 존귀를 가진 사람들로 북적대고 있었답니다. 하나님

과 어린양께 경배하고 감사하기 위한 사람들이었습니다. 더러운 것이 있지 않았습니다. 가증스러운 것도 없었습니다. 음흉한 생각을 가진 사람도 없었습니다. 거짓말하는 자도 없었답니다. 어린양의 생명책에 기록된 사람들만 드나들고 있었지요. 모두 어린양 예수의 이름으로만 살았던 사람들이었답니다.

『그 성은 해나 달의 비췸이 쓸데없으니 이는 하나님의 영광이 비취고 어린양이 그 등이 되심이라 만국이 그 빛 가운데로 다니고 땅의 왕들이 자기 영광을 가지고 그리로 들어오리라 성문들을 낮에 도무지 닫지 아니하리니 거기는 밤이 없음이라 사람들이 만국의 영광과 존귀를 가지고 그리로 들어오겠고 무엇이든지 속된 것이나 가증한 일 또는 거짓말 하는 자는 결코 그리로 들어오지 못하되 오직 어린 양의 생명책에 기록된 자들뿐이라』(:23-27)

온 세상 사람이 모이는 곳
아시안이나 아메리카 대륙에 사는 사람이나 유럽인이나
아프리카 사람이나
모든 민족 모든 인종이 모이는 곳이 하늘나라랍니다.
가난하게 살던 사람이나 부자로 살던 사람이나
많이 배운 사람이나 배우지 못한 사람이나
돈이 없었던 사람이나 돈이 많았던 사람이나
권력을 갖지 못했던 사람이나 권력을 가졌던 사람이나...
그 어떤 사람도 갈 수 있는 곳이 하늘나라랍니다.
단 한 가지 조건이 있다면...
예수님을 진실로 영접한 것...

그것만으로.

은혜를 거부하고 세상을 사랑하던 사람, 거듭나지 못한 사람은
결단코 들어갈 수 없는 곳이지요.
하나님의 은혜를 거부하고 자기 우상을 만들어 숭배하고
남들에게도 우상을 숭배하도록한 가증스러운 사람들은
결단코 들어갈 수 없는 곳이랍니다.
하나님의 말씀을 자기 합리화를 위해 (진리를 알면서도)
엉터리로 가르친 사람들,
계시를 받았다고 하면서 사람들을 미혹한 사람들
자신은 복음을 믿지도 않으면서
예수와 복음을 팔아 교회 사업한 사기꾼들
이런 자들은 결코 들어갈 수 없는 곳이 하늘나라지요.

9 계시록 22:1-5

예배 장소(2)

성 안에는 강이 있었습니다. 천사의 말에 따르면 생명수가 흐르는 강이랍니다. 그 물이 얼마나 맑았는지 전에 보지 못한 맑은 물이었지요. 요한은 물이 하나님과 어린양의 보좌에서 시작되고 있는 것을 알 수 있었습니다. 이 생명의 강물은 성 전체를 통과하고 있었고 사람들은 어느 곳에서나 마실 수 있었답니다. 게다가 강 좌우를 따라서는 생명나무가 줄을 지어 있었지요. 생명나무는 달마다 시절마다 맛난 실과를 맺고 있었답니다. 그뿐 아니었습니다. 생명나무의 잎사귀들은 온 세상을 치유하고 회복시키기 위해 쓰여지는 것 같았답니다.

맑은 생명수 강과 강 좌우에 있는 생명나무를 보여준 천사는 하늘나라를 이렇게 설명했습니다.

"저주가 없는 곳입니다. 다시는 저주를 경험하지 못할 것입니다. 이곳은 하나님과 어린양의 보좌가 있는 곳이고 그의 종들은 하나님과 어린양을 섬길 것입니다. 물론 하나님과 어린양의 얼굴을 보면서 섬길 것이지요. 하나님을 섬기는 종들의 이마에는 하나님과 어린양의 이름이 적혀 있을 것이구요. 하늘나라는 밤이 없는 곳이랍니다. 등불도 필요가 없죠. 햇빛도 필요 없는 곳이구요. 하나님께서 하늘나라의 빛이시기 때문이랍니다. 하나님의 백성들은 여기서 영원토록 왕 노릇하며 살 것이랍니다.

『또 저가 수정 같이 맑은 생명수의 강을 내게 보이니 하나님과 및 어린양의 보좌로부터 나서 길 가운데로 흐르더라 강 좌우에 생명나무가 있어 열두가지 실과를 맺히되 달마다 그 실과를 맺히고 그 나무 잎사귀들은 만국을 소성하기 위하여 있더라 다시 저주가 없으며 하나님과 그 어린 양의 보좌가 그 가운데 있으리니 그의 종들이 그를 섬기며 그의 얼굴을 볼 터이요 그의 이름도 저희 이마에 있으리라 다시 밤이 없겠고 등불과 햇빛이 쓸데없으니 이는 주 하나님이 저희에게 비취심이라 저희가 세세토록 왕 노릇 하리로다』(:1-5)

하늘나라는 하나님의 보좌에서 흐르는 은혜를 감사하며
하나님과 어린양께 예배하는 곳이랍니다.
이 땅에서 예배하는 것도 하나님의 은혜에 대한

감사의 표현이잖아요.

말할 수 없는 사랑에 대한 감사, 어린양의 희생에 대한 감사

영원한 소망을 주신 하나님의 은혜에 대한 감사...

그런 은혜를 모두어 예배로 표현하는 것인데

하늘나라에 가서는 얼마나 대단하겠는지요.

그야말로 감사가 흘러넘칠 것 아니겠는지요.

그래서 예배하고 또 예배하는 겁니다.

하늘나라는 예배드리는 장소랍니다.

⑩ 계시록 22:6-17

은혜의 다짐들

천사는 요한에게 또 친절하게 말을 하였습니다.

"요한. 내가 당신에게 하는 말은 모두가 신실하고 참된 말이랍니다. 생각해 보세요. 지금까지 선지자들이 한 말이 다 이루어진 건 선지자 스스로가 한 말이 아니라 하나님의 영이 그들에게 말을 주었기에 그들의 말이 이루어진 것이잖아요. 마찬가지로 내가 하는 말도 하나님의 영이 나를 보내 말을 하게 하시는 것이지요. 속히 될 일을 알리시기 위해서랍니다. 주님께서 이렇게 말씀하셨지요. '보라. 내가 속히 오리니 이 책의 예언의 말씀을 지키는 자가 복이 있으리라' 하셨답니다.

『또 그가 내게 말하기를 이 말은 신실하고 참된지라 주 곧 선지자들의 영의 하나님이 그의 종들에게 결코 속히 될 일을 보이시려고 그의 천사를 보내셨도다 보라 내가 속히 오리니 이 책의 예언의 말씀을 지키는 자가 복이 있으리라 하더라』(:6-7)

속히 될 일, 주님께서 다시 오실 것이라는 말을 전하는 천사의 말을 들으면서 요한의 마음은 말할 수 없는 감동이었습니다. 그런 말씀을 하지 않으신다 해도 오래 전에 하신 말씀이 있기에 견디고 견디려 했었는데 이렇게 다시 말씀해 주시니 얼마나 고맙고 감사한지요. 악한 자들이 하나님을 거역하고 어린양 되신 예수님을 욕하며 더욱이 주님을 믿고 하나님께 감사하면서 살고있는 사람들을 괴롭히고 있는데 그게 얼마나 고통스러운지 알고 있었기 때문이었습니다. 그런데 주님께서 곧 오실 것이라고 하니 마음에 벅찬 감동이 온 겁니다. 용기가 솟았답니다.

'그래요 주님. 곧 오셔야지요. 그래야 하나님의 은혜에 감격하여 산다는 이유로 핍박받는 성도들이 믿음으로 잘 견딜 수 있겠지요. 주님 어서 오십시오. 속히 오십시오.'

요한의 마음 속에서 울려 퍼지는 기도였답니다. 요한은 천사가 전하여 준 감동의 소리를 듣고는 자신도 모르게 주님 오심의 말을 전한 천사의 발 앞에 엎드렸답니다. 너무 감격하여 그에게 경배하고 싶었던 겁니다.

"요한 형제여, 나는 아무것도 아닙니다. 선지자들이 하나님의 종이었던 것처럼, 또 이 책의 말들을 지키는 사람들이 하나님의 종인 것처럼 나 또한 하나님의 종에 불과하답니다. 그러니 나에게 경배하지 말고 오직 하나님께만 경배하셔야지요!"

천사는 자신에게 엎드려 경배하려는 요한을 일으켜 세우며 하나님께만 경배하라고 하는 말이었습니다.

『이것들을 보고 들은 자는 나 요한이니 내가 듣고 볼 때에 이 일을 내게 보이던 천사의 발 앞에 경배하려고 엎드렸더니 저가 내게 말하기를 나는 너와 네 형제 선지자들과 또 이 책의 말을 지키는 자들과 함께 된 종이니 그리하지 말고 오직 하나님께 경배하라 하더라』(:8-9)

천사는 우리의 경배 대상이 아니랍니다.
사람도 경배의 대상이 아니지요.
그런데 우린 종종 천사나 사람을 경배합니다.
옳지 않은 행동이랍니다.
특히 신비한 능력(?)을 행하는 사람이 있다면 마치 하나님인 것처럼 위대하게 만들잖아요.
그런 잘못은 하지 말아야지요.

더욱 안타까운 것은
주님의 일을 하는 사람들이 성도들에게 칭찬을 받고 존경을 받으면 하나님처럼 대접받기를 원한답니다.

아주 잘못된 것이지요.

경배와 영광, 존귀는 오직 하나님께만 돌려야 하는 거랍니다!

천사의 소리는 계속되었습니다.

"요한. 당신이 듣고 본 모든 것들을 기록하십시오. 앞으로 될 일들입니다. 그리고 기록한 책을 인봉하지 마십시오. 누구나가 볼 수 있게 하십시오. 당신이 듣고 본 모든 일들이 곧 실행될 때가 아주 가까이 왔기 때문이랍니다. 물론 당신이 기록한 예언의 글을 읽는 사람들 가운데서도 어떤 사람은 이 말씀을 무시하고 계속 하나님을 거부하고 주님을 욕되게 하며 믿음의 형제들을 핍박하면서 악한 일을 행할 것입니다. 추하고 더러운 일도 계속할 것이지요. 그렇지만 반면에 어떤 사람은 이 예언의 말씀을 읽고는 더욱 의로운 일을 하며 거룩한 삶을 살 것이지요. 이 예언의 말을 기록해서 읽게 하는 이유가 그것입니다. 신실한 성도들로 하여금 더욱 의롭고 거룩하게 살면서 믿음을 지키도록 하기 위한 것이랍니다. 주님이 내게 이렇게 말씀 하셨습니다. '내가 속히 오리니 내가 줄 상이 있어 각 사람에게 그의 일한 대로 갚아 주리라. 나는 알파와 오메가요 처음과 나중이요 시작과 끝이라 자신이 입고 있는 옷을 깨끗하게 빠는 자들은 복이 있으니 이는 저희가 생명나무에 나아가며 문들을 통하여 성에 들어갈 권세를 얻으려 함이로다. 개들과 술객들과 행음자들과 살인자들과 우상 숭배자들과 거짓말을 좋아하며 지어내는 자마다 성밖에 있으리라' 하셨답니다. 또 말씀하시기를 '나 예수는 교회들을 위하여 내 사자를 보내어 이것들을 사람들에게 증거하게 했다'고 하셨습니다. 그러시면서 주님은 '나는 다윗의 뿌리요 자손이니 곧 광명한 새벽별이라'고 하셨지요. 요한, 사람들에게 믿음을 잘 지키라고 꼭 전하십시오. 얼마 후에 주님으로부터 상을 받을 것도 꼭 말씀하시구요."

『또 내게 말하되 이 책의 예언의 말씀을 인봉하지 말라 때가 가까우니라 불의를 하는 자는 그대로 불의를 하고 더러운 자는 그대로 더럽고 의로운 자는 그대로 의를 행하고 거룩한 자는 그대로 거룩되게 하라 보라 내가 속히 오리니 내가 줄 상이 내게 있어 각 사람에게 그의 일한 대로 갚아 주리라 나는 알파와 오메가요 처음과 나중이요 시작과 끝이라 그 두루마기를 빠는 자들은 복이 있으니 이는 저희가 생명나무에 나아가며 문들을 통하여 성에 들어갈 권세를 얻으려 함이로다 개들과 술객들과 행음자들과 살인자들과 우상 숭배자들과 및 거짓말을 좋아하며 지어내는 자마다 성밖에 있으리라 나 예수는 교회들을 위하여 내 사자를 보내어 이것들을 너희에게 증거하게 하였노라 나는 다윗의 뿌리요 자손이니 곧 광명한 새벽 별이라 하시더라』(:10-16)

마지막에 될 일들을 미리 알려주시는 주님을 찬양합니다.
다니엘서에서는 책을 인봉하라 하셨는데
우리에겐 열어 놓고 알게 하셨네요!
말씀을 주의 깊게 보자구요.
그 안에 비밀스런 하나님의 계획이 기록되어 있답니다.
그 말씀을 알고 나면 주님 오시는 소리가 들린답니다.
그 말씀을 알고 나면 주님 오시는 소리가 반갑답니다.
그 기쁨을 소유하면서 살라고 하신 주님의 마음을 헤아리면서
우리에게 주신 계시록을 잘 읽고 공부하고 준비해야지요.

두루마기를 빠는 자들이 복이 있다고 하셨네요.
입은 옷을 깨끗이 하면서 살라는 말씀이네요.
그리스도의 보혈로 온 몸이 씻겨 정결케 된 우리들이지만
하루하루 살면서 묻은 먼지를 닦아내고
또 닦아내면서 살라는 말씀이겠죠.
주님은 우리의 거룩함을 기뻐하시니까요!

"성령께서 교회를 통하여 온 세상에 말씀하시는 겁니다. '오십시오. 말씀을 듣는 자도, 목마른 자들도 오라고 하십시오. 은혜를 원하는 자는 누구든지 오라고 하십시오. 값없이 와서 생명수를 마시라고 하십시오."

『성령과 신부가 말씀하시기를 오라 하시는도다 듣는 자도 오라 할 것이요 목마른 자도 올 것이요 또 원하는 자는 값없이 생명수를 받으라 하시더라』 (:18)

여기서 초청하는 두 존재 중 신부는 누굴까요?
교회입니다.
이 땅의 교회가 열심히 외치고 전해야 하는 말이
성령께서 하고 싶은 말씀과 동일한 말이라는 거지요.
초청의 말입니다.
생명수가 흐르는 하나님 나라로 초청하는 것이 교회의 사명이라는 말이지요.
우리 교회는 본문의 말씀처럼
사람들을 하나님 나라로 초청하고 있나요?

11 계시록 22:18-21

요한의 마지막 말

요한은 엄청난 걸 보고 들었습니다.

자신의 입으로 어떻게 표현해야 되는지 마음이 어수선했답니다. 물론 행복한 어수선함이었습니다. 무엇부터 기록을 해야 하는지 마음이 설레는 거였지요. 감동에 젖어 기록해야 했습니다. 그래서 젊은 제자 프로코러스에게 자신이 듣고 본 것을 열심히 설명해 주었고, 그가 그 말씀들을 기록하고 나면 제대로 적었는지를 확인하기 위해 읽어보기도 하면서, 듣고 본 바를 하나도 빠짐없이 바르게 기록하게 했답니다. 그러다가도 혹시나 기억하지 못하는 것이 있을까 하여 생각하고 기도하면서 적고 확인하고 또 읽곤 했지요. 간절한 마음으로 성령님의 도움을 구하면서.

책이 완성되었습니다. 많은 걸 보았고 들었지만 자신이 가지고 있는 지식과 경험이 너무 짧고 표현이 제한적이라는 것만 확인될 뿐이었답니다. 그러나 최선을 다했습니다. 정말 최선을 다했습니다.

"프로코로스, 이렇게 마지막을 쓰게나."

"예 선생님. 말씀하시지요."

"이 책에 기록된 예언의 말씀을 들은 사람 가운데 다른 걸 더하면 하나님의 재앙이 더해질 것이고... 또... 이 책에 기록된 것들 가운데 자기 마음대로 빼고 전하는 자가 있다면 그 사람은 생명나무와 하나님의 성에 참예하지 못하게 될 것이라고... 그렇게 적게나. 하나님이 그렇게 하실 것일세. 그러니 그걸 알려야지."

『내가 이 책의 예언의 말씀을 듣는 각인에게 증거하노니 만일 누구든지 이 것들 외에 더하면 하나님이 이 책에 기록된 재앙들을 그에게 더하실 터이요 만일 누구든지 이 책의 예언의 말씀에서 제하여 버리면 하나님이 이 책에 기록된 생명나무와 및 거룩한 성에 참예함을 제하여 버리시리라』(:18-19)

요한은 자신이 보고 들은 내용들이 적힌 두루마리 책을 어루만지면서 지난 날 경험한 것을 묵상하고 있습니다. 그러다가 하늘을 바라보았답니다.

"주님, 언제 오시려는 것인지요. 언제 구름타고 오시는 건지요."

늙은 사도의 얼굴은 누군가를 애타게 기다리는 얼굴이었습니다. 멍하게 하늘을 바라보면서 그 날을 생각하고 있는 거였지요. 그런데 하늘에서 소리가 들린 겁니다.

"내가 진실로... 속히 오리라!"

주님의 음성이었습니다. 얼마나 감격이었는지요. 요한은 햇살 비치는 하늘을 바라보면서 세미하게 들리는 주님의 음성을 들은 겁니다. 노사도의 주름진 얼굴에는 눈물이 흐르고 있었답니다.

'그래요. 주님 오셔야지요. 아멘. 어서 오셔야지요. 기다리는 성도들이 얼마나 많은데요. 속히 오셔야지요.'

...

"프로코러스!"

"예."

이 말 한 마디만 더 쓰게나.

"주 예수의 은혜가 모든 자들에게 있을지어다" 라고.

"예. 아멘입니다. 아멘!"

『이것들을 증거하신 이가 가라사대 내가 진실로 속히 오리라 하시거늘 아멘 주 예수여 오시옵소서 주 예수의 은혜가 모든 자들에게 있을지어다 아멘』(:20-21)

에필로그 _01

가족과 떨어져 있었던 때가 있었습니다.

오랜 기간 떨어져 있었던 것은 아니지만 결혼 초기에 떨어져 있었기에 아주 많이 보고 싶고 힘들었었던 기억이 납니다. 떨어져 있었던 이유는 제가 미국에 유학하기 위해 혼자 온 것 때문이었습니다. 약 4개월 정도 떨어져 있었지요. (겨우 4개월 떨어져 있었던 걸로 힘들다는 표현을 하는 것을 우습다고 하실 분도 있겠지만 신혼 때는 그런 겁니다.) 미국에도 한국 사람이 많았습니다. 교회도 한국 교회를 출석했습니다만 늘 머릿속에는 가족에 대한 그리움으로 가득 차 있었답니다.

어느 날 나이 어린 친구들이 미국 캘리포니아의 산타모니카 해변(Santa Monica Beach)을 데리고 갔습니다. 듣던대로 정말 아름다운 해변이었습니다. 바다 물도 얼마나 깨끗했는지요. 구름 한 점 없는 하늘에는 갈매기들이 춤을 추고 있었고 바다에는 배를 타는 사람, 수영하는 사람, 그리고 아이들과 연인들의 모습이 아름다웠답니다. 해변을 끼고 있는 자전거 전용 도로에서는 자전거 타는 사람은 물론 스케이트를 타는 사람도 많이 보였지요. 영화에서만 볼 수 있었던 해변에서 배구하는 모습도 눈에 들어왔답니다.

점심때가 되어 점심을 먹기 위해 해변에 있는 식당을 들어갔습니다. 식당도 아름다웠습니다. 사람들은 생기가 있었고 음식 냄새는 사람을 흥분시키기에 부족함이 없었습니다. 그런데 저를 놀라게 한 것은 다른 것이 아니라 식탁에 놓여 있는 네프킨(napkin)이었습니다. 정말 예뻤습니다. 아주 컸구요. 그렇게 예쁘고 아름답고 품위 있는 네프킨을 한국에 있을 때는 본적이 없었답니다. 아마 네프킨 값만해도 웬만한 손수건 값 정도 될 거라는 생각을 했을 정도였으니까요. 게다가 얼마나 두꺼웠는지 잘 찢어지지도 않는 겁니다.

종업원에게 한 장을 더 달라고 했습니다. 음식 먹을 때 필요해서가 아니라 한국에 있는 아내에게 보내고 싶어서 그랬답니다. (그 당시는 아내에게 편지를 쓰곤 했는데) 네프킨 위에다가 편지를 써서 아내에게 보내고 싶어서 그런 거였지요. 이렇게 예쁜 네프킨에 편지를 써서 보내면 아내가 분명 특별한 감동을 받을 것이라고 생각했기 때문이거든요!

예쁜 네프킨에다가 편지를 썼습니다. (네프킨 사이즈는 가로 세로 50cm는 족히 되었습니다.) 작지 않은 네프킨이었기에 하루에 쓸 수 있는 글이 아니었습니다. 글자도 아주 작게 썼답니다. 지금 컴퓨터의 폰트로 한다면 10 정도의 크기보다 작게 썼지요. 그러니 얼마나 힘든 작업을 했겠습니까? 글의 내용도 다양했습니다. 모두가 사랑한다는 말을 표현하는 내용이었지만 정말 다양한 사건을 다양하게 표현했답니다. 어느 때는 갈매기 이야기였고 어느 때는 모래를 걷는 이야기, 어느 때는 배를 타는 사람들의 이야기였습니다. 어떤 부분은 자전거 타는 이야기였고 어느 부분은 음식을 먹는 이야기였습니다. 잠자는 이야기, 공부하는 이야기, 영화본 이야기, 운동한 이야기, 교회 간 이야기, 몸이 아픈 이야기, 약을 사먹은 이야기, 프리웨이(고속도로) 이야기, 장난감 집 이야기... 정말 다양한 이야기로 네프킨을 채웠답니다. 하루에 한 가지나 두 가지씩.

큰 네프킨에 작은 글씨, 그리고 다양한 내용들은 아내에게 감동을 주기에 충분했습니다. 그런데 거기서 그치질 않고 나는 또 다른 감동 작품을 만들었답니다. 글이 써있는 네프킨을 펼치면 한 눈에 아내의 이름과 사랑한다는 말이 드러나도록 글자에 색을 넣은 겁니다. 정말 대단한 공을 들었답니다!

네프킨에 쓰여진 편지는 아주 조심스럽게 포장되었답니다. 우체국에 가서도 결코 잃어버릴 수 없고 분실될 수 없는 우편을 사서 한국에 있는 아내에게 전달 되게 했답니다. 정말 분실되면 안 되는 거였거든요! 편지를 보내고서도 제대로 갔을까 하면서 얼마나 마음이 조렸는지 모릅니다. 아내가 그 편지를 받으면 얼마나 좋아하고 행복해 할까 하는 생각으로 가득 찼습니다. 우선은 평생 처음 보는 아름답고 예쁜 네프킨에 놀랄 것이 분명했습니다. 그 위에 깨알 같은 글씨를 보면서도 분명 놀랄 겁니다. 아니 네프킨을 펼치자마자 한 눈에 들어오는 색깔 글씨에 감동할 것이 분명했답니다. 나는 아내가 감동하는 모습을 보면서 행복해 하고 있었답니다.

아내는 네프킨에 쓴 특별한 편지를 펼칠 때부터 엄청 감동했습니다. 우체부에게서 편지를 받는 것도 사랑을 받은 겁니다. 편지 봉투에도 사랑이 묻어 있음을 느꼈지요. 편지 봉투를 조심스럽게 뜯어 글이 네프킨에 쓰여진 거라는 것에 남다른 사랑을 느꼈답니다. 네프킨을 만질 때는 나의 사랑을 만지는 거였습니다. 그걸 펼치는 순간 또 다른 감동을 했을 겁니다. 그 안에 색깔로 크게 적혀진 사랑한다는 말에도 감동을 했을 것이지요. 내용을 읽기도 전에 이미 사랑을 느끼고 사랑에 감동을 하고 있었답니다. 그런데 잊을 수 없고 잊혀지지도 않는 것은 작을 글씨들이었답니다. 아내는 그 큰 네프킨에 적힌 깨알 같은 글씨들을 하나도 빼놓지 않고 읽은 겁니다. 한번만 읽지 않았습니다. 대충 읽지도 않았습니다. 생각하고 또 생각하며 읽었답니다.

네프킨에 쓰여진 글은 문법적으로 맞지 않는 글이었습니다. 맞춤법도 많이 틀렸고 띄어쓰기도 엉망이었습니다. 앞의 내용과 뒤의 내용이 연결이 안 되는 것이 한두 군데가 아니었습니다. 논리도 없었습니다. 게다가 내용도 왜 그리 길었는지 모릅니다.

제 아내는 대학을 다닐 때 문학을 전공한 문학도였습니다. 글에 대해서는 까다로운 사람입니다. 그런데 그런 제 아내에게 제가 보낸 엉망의 문체는 하나도 중요하지도 않았고 흠이 되지 않았답니다. 마냥 좋은 겁니다. 그리고 맞지 않는 문법과 맞춤법, 엉망인 띄어쓰기, 연결 안 되는 논리성과 앞뒤 문맥이었습니다만 남의 글에는 그리도 까다로운 아내였지만 제가 보낸 졸작의 글에는 이런 것이 눈에 들어오질 않았습니다. 전혀, 아무런 문제가 되질 않는 겁니다. 아니 그런 것이 발견되면 의미가 있을 거라고 하면서 더 깊게 생각하더라는 겁니다. 사랑 때문이었습니다. 자기에게 글을 보낸 사람의 마음을 알고 있기 때문이었습니다.

성경, 하나님께서 당신의 형상대로 만들어 눈에 넣어도 아프지 않은 사랑의 대상인 사람에게 보낸 편지랍니다. 아주 긴 내용입니다. 작은 글씨입니다. 복잡하답니다. 어느 경우는 논리를 찾기가 힘듭니다. 앞뒤가 연결되지 않는 부분이 발견됩니다. 그런데 그 분이 보낸 성경의 내용은 하나랍니다. 사랑입니다. 한 가지 주제입니다. '내가 너를 사랑한다!' 는 거지요!

제가 아내에게 네프킨이라는 멋진 종이(?)에, 작은 글씨로, 색깔을 넣으면서, 가장 안전한 우편을 통해 편지를 보냈는데 제 아내가 전부 읽어보았을까 하는 의심을 하지 않았습니다. 분명히 읽을 것이라고 믿었답니다. 아내는 나를 사랑하니까요.

하나님께서 천 년 하고도 수백 년 동안 수십 명의 사람들을 감동시키셔서 나를 향한 사랑의 글을 쓰시고 지금 나의 손에 전해지게 하신 편지, 그것을 내가 읽지 않을 것이라고 생각하지 않으시겠구나 하는 생각을 한 겁니다. 반드시 읽고 또 읽고 의미를 생각하고 감동하고 있을 거라고 생각하실 것이고 그걸 의심하지 않으실 거라는 생각이 든 겁니다. 내가 늘 말하는 것처럼 나는 하나님을 사랑한다고 말하는 사람이니까요!

내 아내가 나의 편지를 그리도 좋아하면서 읽고 또 읽는데 난 하나님의 편지인 성경을 왜 그리 읽지 않았는지 생각이 들었습니다. 나는 하나님을 사랑하고 하나님께서 나를 사랑하심을 믿는다고 하면서도 하나님이 보내신 사랑의 편지, 성경을 너무 소홀히 대하더라는 거였지요. 제 아내는 제가 보낸 네프킨 편지를 귀하게 여기고 시간 날 때 마다 펼쳐보고 그

안에 적힌 이야기를 평생을 하고 있는데, 아이들 앞에서도 자랑하고 있는데 나는 내가 사랑하는 하나님께서 보낸 글인 성경을 자랑하지도 않고 읽지도 않고 내용도 모르고 있더라는 겁니다.

하나님 앞에 설 날이 가까워 오고 있는데... 얼마 후에 그 분 앞에 섰을 때 하나님께서 "내가 보낸 사랑의 편지를 잘 읽어 보았니?"라고 묻는다면 뭐라고 대답할 것인지 망막한 겁니다. 열심히 일했다 하더라도, 크고 위대한 일을 했다 하더라도 그런 것으로 하나님의 마음에 기쁨 드리지 못할 것 같았습니다. 하나님 앞에서 "당신께서 보내신 편지, 너무 감동이었습니다."라고 할 때 편지 보내신 하나님의 마음 흐뭇하시지 않으실까 하는 생각이 드네요.

제 아내를 몇 달 만에 만났을 때 제가 보낸 편지가 고마웠다고 말하더라구요. 그리고는 이내 이런 내용, 저런 내용을 소상히 말할 땐 얼마나 행복하고 기뻤는지 모릅니다. 저를 기쁘게 하기 위해 돈 벌어 놓았다는 말도 중요하지 않습니다. 저를 위해 요리를 배웠다는 것도 고맙긴 하지만 우선이 아닙니다. 저를 위해... 저를 위해... 어떤 것도 중요하지 않습니다. 저를 기쁘게 하는 건, 제가 기대하는 건 제 마음을 알고 제가 그리도 정성 들여 쓴 편지를 읽었느냐 듣고 싶은 거였답니다. 하나님께서도 그러시겠구나 하는 생각 들었답니다. 아니 분명 하나님도 그러실 겁니다.

성경을 읽었습니다. 빨간 줄 그으면서 읽었습니다. 파란 색연필로 네모를 치면서 읽었습니다. 노란 색으로, 초록색으로, 분홍색으로 이런 표시 저런 표시하면서 읽고 또 읽었습니다. 나만이 아는 색깔 표시랍니다. 아니 하나님과 나 둘만이 아는 표시입니다. 이해가 안 되는 부분도 무척 많았습니다. 그래도 그 속에 숨겨진 속사랑이 분명 있을 거라는 생각으로 읽었습니다. 앞뒤가 연결 되지 않는 어색한 부분도 있었습니다만 그 연결은 다른 곳에 분명 숨어 있을 거라는 확신으로 읽었답니다. 어느 경우는 속상한 글도 있었고 어느 경우는 감동스런 글도 있었습니다.

사랑에 감동해서 빨간 표시 한 겁니다. 지은 죄 용서 받은 은혜에 파랑색 표시했습니다. 지은 죄 생각하며 하나님 마음 아프게 한 걸 생각하며 노란색 표시 했습니다. 하나님 섬기는 일 발견하고 고동색 표시했답니다. 하나님 하시는 일 발견하고는 초록색 표시 했답니다. 천국 생각하고는 보라색 표시했구요.

여기저기 하나님 사랑 쓰여 있기에 자꾸만 읽고 또 읽는 거랍니다. 전에는 몰랐는데 하나님의 사랑이 묻어 있는 걸 알겠더라는 거지요. 아니 전에는 희미하게 알던 사랑이 이젠 확실해 지는 겁니다. 읽을수록 재미있네요. 지루하지도 않는 겁니다. 이해 못해 짜증난 것도 없습니다. 너무 길다고 속상한 적도 없습니다. 읽으면 좋은 겁니다. 읽으면 힘이 나는 겁니다. 읽다가 눈물이 나서 성경책에 떨어지면 성경책 상할까봐 얼른 닦고 또 읽었답니다. 하나님이 보낸 편지잖아요!

누군가가 사람은 사랑으로 산다고 했던가요? 사랑은 생명력이 있다는 말이겠죠. 그래서 사랑은 지친 사람을 일으켜 세워 주는 힘이 있고 사랑은 살 용기를 불어 넣어 주는 것이고 사랑은 살 이유를 주는 것이겠죠. 그 생명력 있는 사랑이 성경에 있는 겁니다. 전에는 사람에게 사랑 찾아 힘을 얻어 보려고 했었답니다. 그것도 중요하지만 오래 지속되지는 못했는데 성경을 읽으니 그 안에 하나님의 사랑이 기름처럼 흐르고 있는 겁니다. 오늘도 그 사랑으로 인생을 지탱하면서 살아간답니다.

그리도 오래 교회 다녔는데 성경을 잘 모르는 게 부끄러운 겁니다. 껍데기는 아주 괜찮은(?) 교인인데 속에는 성경이 없으니 속빈 강정이랍니다. 성경을 모르니 교회 다니는 재미(?)를 알 턱이 없는 겁니다. 그냥 종교생활 한 거였죠. 이제 발견한 겁니다. 은혜지요. 그래서 이젠 허울 좋은 교인이 아니라 겉모습은 초라해도 속에는 성경으로 가득 채우다가 주님 앞에 가서 보여 드리고 싶네요. 오늘도 그 마음으로 내게 보내 주신 사랑의 편지를 펼칩니다. 가슴이 뛰네요!

에필로그 _02

교회가 좋았습니다. 어려서부터 교회에서 자랐고 교회에서의 생활에 익숙했습니다. 게다가 할아버지도 부모님도 내가 목사가 되기를 원하신다는 말씀을 많이 하셨고, 나 역시 거부하지 않았습니다. 그렇게 목사가 된 사람입니다.

신학대학 생활... 만족스럽진 않았습니다만 그래도 목사가 되려면 거쳐야 하는 과정이기에 꾹 참고 견뎌냈습니다. 대학원도 다녀야 한다기에 그렇게도 했습니다. 한번은 목사가 하기 싫은 적도 있었습니다. 아니 어려서부터 목사가 안 된다면... 하면서 나름대로 하고 싶은 일을 생각해보기도 했었죠. 꼭 두 가지를 하고 싶었는데 그 중 하나는 정치였습니다. 정치가 뭔지 알아서 그랬던 것 같지는 않습니다. 어린 시절 선생님으로부터 들었던 훌륭한 인물들 중에는 항상 정치가들이 많았기 때문이었겠죠. 하여간 정치를 하고 싶다는 마음은 오래갔고 또 정치가로서 활동하는 제 모습을 그려보기도 했답니다. 하고 싶었던 또다른 일은 자동차를 정비하는 일이랍니다. 이상하지요? 정치와 자동차 정비는 어울리지 않는데 말입니다. 하여간 자동차 밑에 들어가 온몸에 기름때를 묻히며 일하는 모습이 멋있어 보였고 정밀하게 일하는 아저씨가 멋있어 보였답니다. 그런 나의 모습을 그려보기도 했답니다. 그런데 정치가 근처에 가보지도 못했고 자동차 정비사 옆에도 가보지 못했답니다. 그런 것과는 전혀 상관없는 목사가 되었답니다.

신학대학을 졸업했지만 전도사로 사역하지 못했습니다. 제법 오래되고 큰 교회에 출석하였는데 워낙 재주가 없으니 담임 목사님으로부터 전도사로 추천 받지 못했던 것 같습니다. 친구들은 학교 다닐 때부터 전도사로 열심히 일하면서 교회에서 사례금도 받았지만, 제게는 졸업한 후에도 그런 기회가 주어지지 않았답니다. 전도사로 사역하지 못하는 게 억울하진 않았습니다. 단지 걱정거리였을 뿐입니다. 여기엔 이유가 있었습니다.

저는 군목 후보생이었는데 군목으로 가려면 3년 간의 전도사 경력이 필요했습니다. 그런데 그 경력을 쌓을 교회가 없어서 속이 많이 상했답니다. 결국은 어떤 작은 개척 교회에 평신도라고 하면서 목사님을 속이고(?) 다녔습니다. '몇 년 다니고 난 후에 나의 불쌍한(?) 처지를 말씀드리면 목사님도 이해해 주시지 않을까?' 하는 기대로 그런 짓을 했습니다. 그러나 결국 그 교회에서 오래 있질 못했습니다. 2년 있었나 봅니다. 그러고는 교인이 대여섯 가정 정도밖에 안 되는 더 작은 교회로 갔습니다. 그 교회에서는 목사님께 솔직히 말씀드렸습니다. 그랬더니 흔쾌히 도와주시겠다고 하더라구요. 무척 고마웠답니다. 군목으로 갈 수 있는 길이 열렸기 때문입니다. 그렇게 비참한(?) 시간들을 보냈답니다. 신학교 졸업 후 3년을.

군목으로 가는 일은 조금 찜찜했습니다. 첫째는 자신감이 없었고, 둘째는 아직도 사명감이 없었기 때문이었습니다. 친구들은 사명, 사명하면서 의지가 대단한데 난 그렇지가 않았습니다. 솔직히 군목으로 가면 사병으로 가는 것보다 훨씬 편하기 때문에 좋아하고 있었을 뿐입니다. 그러나 편한 건 편한 건데 뭘 해야 하는지 자신이 없었습니다. 그래서 일 년 먼저 군목으로 간 친구를 찾아갔답니다. 그리고는 물었습니다. 어떻게 주일 설교, 수요예배 설교, 심방 설교, 새벽 기도 설교를 다 하느냐고? 그 친구 대답은 걸작이었습니다. 성령님이 능력을 주시면 다 하게 된다고… 난 목사 안수 받으면 정말 그렇게 되는 줄 믿었답니다. 바보같이…

훈련을 받고 군목으로 갔습니다. 중부 전선이었습니다. 중위 계급장 달고 목사랍시고 일을 시작한 겁니다. 괜찮더라구요. 일단은 매달 월급 받는 게 아주 좋았습니다. 그때까지 내 힘으로 돈을 벌어 본 적이 없었습니다. 게다가 군대 교회인데도 군대 월급 말고도 목회 사례비라고 해서 돈을 주었습니다. 참 좋았습니다. 어떤 교회는 군 선교비라고 해서 돈을 보내기도 했습니다. 사실 군대 월급만으로도 괜찮았는데 이래저래 목사랍시고 돈을 주니 고맙기도 하고 미안하기도 하고… 물론 좋은 일에도 많이 썼지요.

교회도 아담해서 좋았구요, 내 개인 사무실이 있다는 것도 좋았답니다. 어느 큰 교회 목사님이 부럽지 않았습니다. 나보다 계급이 높은 사람들도 저를 성직자라 해서 잘 대해 주는 것 또한 특권이었답니다. 그런 것 때문에 '평생을 군목으로 지낼까?' 하는 생각도 여러 번 해보았답니다. 사명 때문이 아니라 편리함 때문에…

설교는 정말 부담스러웠습니다. 설교만 없으면 군목이라는 것 괜찮은 건데… 친구가 목사 안수 받고 군목으로 오면 성령님께서 능력을 주셔서 설교도 뭐도 다 잘하게 된다고 했는데 (정말 그렇게 믿었었답니다) 난 그게 아니었습니다. 두 번째 설교까지는 잘한 것 같았습니다. 그런데 세 번째부터는 할 말이 없었답니다. 그렇게 두꺼운 성경책인데도 제겐 본문 찾는 것도 어렵고 본문을 찾아도 내용을 만들기도 무척이나 어려웠습니다. 제목을 정하는 것조차도 노동이었습니다. 일주일 내내 '어떤 본문을? 어떤 내용을? 어떤 제목을?...' 이런 것들이 큰 고민거리였고 이는 점점 공포의 작업으로 느껴졌습니다. 친구가 말한 성령님이 도와주신다는 건 적어도 나에겐 새빨간 거짓말이었답니다.

그래도 어김없이 찾아오는 게 주일이었습니다. 미칠 것 같았답니다. 그래서 훌륭한 그리고 유명한 목사님들이 펴낸 설교집을 뒤지기 시작했습니다. 신학교 다닐 때 종종 친구들과 나누던 말이 있었습니다. '설교 표절' 이라는 말... 그리고 남의 설교를 표절하는 목사들은 나쁜 놈들이라고 했었답니다. 그런데 이젠 표절, 아니 그대로 베끼지 않으면 죽을 것 같았답니다. 그래서 설교를 베끼기 시작했습니다. 양심은 괴로웠지만 성도들에겐 오히려 잘 된 일이라 생각했답니다. 성도들도 제 (베낀 남의) 설교에 은혜를 받기도 했답니다. 나 역시 내가 작성한 설교인 것처럼 폼을 잡고 설교했구요.

그런데 매 주일 남의 설교를 베끼는 것도 보통 문제가 아니었습니다. 보통 30분가량의 설교 원고를 베끼려니깐 적어도 2~3시간은 족히 걸리는 것은 물론이고 얼마나 힘들고 귀찮았는지... 그래서 아주 쉬운 방법을 찾아냈습니다. 설교집의 한 편을 복사하는 방법이었습니다. 시간도 절약되고 에너지도 절약되서 그렇게 했답니다. 그래서 내 설교(?)는 내용이 그런대로 괜찮다는 소릴 들었답니다.

그런데 한번은 큰 실수를 했습니다. 복사를 잘했어야 하는데 종이를 아낀답시고 앞뒤로 복사하다가 그만 한 페이지를 빼먹고 복사를 한 거지요. 그나마 복사한 걸 한번만이라도 읽고 강단에 올라갔으면 되는데 읽지도 않고 올라간 게 탈이었습니다. 그러니 잘 읽어내려가다가 빠진 부분에 가서는 매우 당황했답니다. 소위 말하는 개망신이라고나 할까요. 설교, 무척이나 어렵더라구요. 이렇게 평생 동안 설교할 생각하니 끔찍했습니다.

그러던 가운데 전방 부대 2년의 근무를 마치고 군 병원으로 옮기게 되었습니다. 병원에서는 별로 할 일이 없었습니다. 일단 병원이 아주 작은 았고 환자들도 많지 않았습니다. 군의관들, 간호사들 또한 그리 바쁘지 않은 병원이었죠. 정말 심심한 근무지였답니다. 그곳의 믿음 좋은 군의관들과 간호사들은 목사가 왔으니 일주일에 한번씩 성경을 공부하자고 했습니다. 자신들도 무료한 시간들을 말씀 배우는 시간으로 채우고 싶다는 겁니다. 나 자신도 뭔가를 해야겠기에 그렇게 하겠다고 대답했습니다.

문제는 무슨 공부를 하느냐는 거였습니다. 사실 나는 목사가 되면 써먹기 위해 이렇다할 성경 공부 과정은 대부분 이수해 놓았었답니다. 소위 말하는 벧엘 공부, 크로스 웨이 공부, CCC 공부, 젠센 공부… 그런데 막상 사람들을 가르치려니 두려웠지요. 준비는 했지만 경험이 없었기 때문이었습니다. 과정을 이수하긴 했는데 내 속에 생명력이 있는 게 아니었거든요. 그야말로 목사라는 직업에 충실하려면 이 정도는 해 놔야겠다는 필요에 의해서 열심히 했을 뿐이었습니다. 하여간 그리 많은 교재가 있는데도 자신이 없었고 문제는 군의관들과 간호사들이 교재가 아닌 성경책으로만 공부를 하자는 거였습니다. 그것도 구약을 말입니다. 구약 중에서도 역사서를.

군병원에서의 성경 공부는 사무엘부터 시작되었습니다. 한나가 기도해서 사무엘을 낳은 이야기부터 시작했습니다. 저는 어려서부터 교회 속에서 자랐기 때문에 성경을 많이 알고 있다고 생각했었습니다. 대부분 교회학교 선생님들에게 들은 이야기였고 집에서 들은 이야기였던 거지요. 그런데 막상 사무엘상을 읽어 가는데 왜 그렇게도 모르는 부분들이 많던지… 대부분을 모르겠더라구요. 아주 적은 부분만을 알면서, 그것도 대충… 성경을 잘 안다는 착각 속에 있었던 나였음을 발견했습니다. 하여간 문제에 부딪친 겁니다. 그 머리 좋은 의사들과 간호사들에게 성경을 가르쳐야 하는데 내 자신이 아는 게 없는 겁니다. 너무 두려웠습니다. 가르치다가 개망신 당할까 봐.

설교도 어려웠지만 (계속 베껴야 했으니까요) 성경을 가르치는 건 더 두려웠답니다. 그래서 내 마음은 엄청난 죄책감과 목회에 대한 공포, 해야 하나 말아야 하나 하는 갈등들이… 쏟아져 내리기 시작한 겁니다. 그러다가 기도를 시작했습니다. 하나님께 물어보고 도움을 구하기로 작정한 겁니다. 남들은 주님의 음성을 듣고 목사가 되었다고 하는데 나에겐 그런 것도 없고 어떤 이는 특별한 사명이 있다고 하면서 용감히 사역을 하는데 나는 사명이란 게 뭔지도 모르고 있고 (물론 남에게 말할 때는 복음을 위한 불타는 사명이 있다고 했습니다만…) 그저 목사가 된 게 어려서부터 되고 싶어서 된 것이고 학교 다닐 때 갈등은 있었지만 군목이라는 편리함 때문에 갈등의 양심을 버리고 목사가 되었을 뿐이었습니다. 그런데 이젠 그게 아닌 겁니다.

성경을 모르고 목회를 한다면 그야말로 사기꾼이라는 생각이 든 겁니다. 평생 남의 설교나 베끼고 남이 만들어 놓은 책으로 성경 공부를 가르치면서 그걸 내 것인 양 큰 소리를 칠 생각을 하니 자신이 얼마나 한심스러웠던지요. 정말 한심한 존재였답니다.

"하나님… 성경이 송이 꿀보다 달다고 하셨죠? 나에겐 송이 꿀이 아니라 정말 재미없는 책입니다. 억지로 읽을 뿐입니다. 무슨 말인지 정말 모르겠습니다. 어떤 사람은 성경을 보면 하나님의 음성을 듣는다고 하는데 난 성경을 보면 졸음만 옵니다. 성경이 당신의 말씀이라고 하셨잖습니까? 나에게도 성경이 재미있음을 알려 주십시오. 그래야 설교를 하든 성경 공부를 하든 목회를 하든 할 게 아닙니까? 제가 2년 간 열심히 읽을 테니 알아서 하십시오." 그런 기도였답니다. 성경을 열심히 읽어도 여전히 무슨 말인지 모르겠고 재미가 없다면 군목을 제대한 후에 목회를 관둘 생각이었습니다.

특별하게 할 일 없는 군 병원의 목회 생활이었기에 성경 보는 일에 목숨을 걸기로 마음먹었습니다. 아침 출근 시간은 8시, 퇴근 시간은 5시, 적어도 하루 6~8시간씩 성경을 파기 시작했습니다. 많은 분량을 읽지 않았습니다. 이해가 되지 않는 부분은 그냥 넘기지 않고 판 겁니다. 이해되지 않으면 주석을 많이 참고했습니다.

정말 많은 도움이 되더군요. 신학교 다닐 땐 숙제하기 위해서만 보던 책들인데… 정말 열심히 성경을 읽었습니다. 지금까지 알고 있던 이야기들이라 하더라도 정말 그런가 하면서 진지하게 확인하면서 읽었답니다. 성경이 졸지에 여러 가지 색깔로 줄도 그어지고 네모도 만들어 지고 혹은 읽다가 깨달은 것을 잊지 않기 위해 옆에다 적어 놓다 보니 지저분해지고 있는 거였습니다. 그렇게 몇 달이 지나는 동안 성경이 재미있어지는 겁니다. 은혜가 되기 이전에 재미있었습니다. 성경을 정말 재미있게 읽고 재미있게 연구하기 시작한 겁니다.

그렇게 2년을 지내는 동안 성경은 어느새 나의 손에서 뗄 수 없는 책이 되고 말았답니다. 아니 내 몸의 한 부분이 되어 있었답니다. 그리고 그 말씀은 제게 생명이 되었던 겁니다. 성경이 하나님의 말씀임이 몸속에서 느껴지고 있었답니다. 언제부터인지는 모르겠습니다만 성경을 읽으면 "그렇습니다!"하는 소리를 연거퍼 내뿜었답니다. 성경을 읽다가 손바닥과 무릎을 치기도 하구요, 너무 기가 막힌 것(내가 모르던 것이겠죠...)을 발견하면 숨이 막혀 더 이상 읽을 수가 없어서 서성거리는 경우가 한두 번이 아니었답니다. 많이 울었습니다. 너무 좋아서 말입니다. 하나님의 은혜가 주렁주렁 발견될 때마다 감동 그 자체였습니다. 시편 기자가 그랬나요? 주의 말씀은 송이 꿀 보다 달다구요? 정말이었습니다.

읽고 깨달은 말씀을 그대로 전해보았습니다. 설교 때든 성경 공부할 때든... 다른 교재가 필요 없었답니다. 성경만을 읽는데도 나는 물론이고 모두들 좋아하는 겁니다. 그래서 신났지요. 성경을 읽어 가면서 그 주인공은 바로 "나"였답니다. 내가 하나님의 지음 받은 사람이고, 내가 타락한 사람이고, 내가 죄로 범벅된 사람이고, 내가 고멜이고, 내가 요나이고... 또한 내가 아브라함이고, 내가 모세이고, 내가 노아이고, 내가 다윗이더라는 거였죠. 내가 밧세바이고, 내가 아모스이고... 내가 느부갓네살이고, 내가 다니엘이고... 내가 베드로이고... 내가 주인공이었습니다. 내가 잘못된 주인공일 때 지켜보고 계시고 기다리시고 찾아와 주시는 주님을 만날 수 있었구요, 내가 잘하는 주인공일 때는 매우 기뻐하시고 좋아하시는 주님을 알 수 있었답니다. 주님의 진하게 흐르는 사랑과 은혜… 그게 성경이었답니다.

세상의 무수한 책들… 기독교 서적이라는 거 말입니다. 전에는 그걸 많이 읽으면 괜찮은 사람처럼 보였었습니다. 기독교 서적을 많이 인용하면 공부를 많이 한 목사처럼 보였었답니다. 서점에 최근 발표된 책이 어떤 것인지를 누구보다도 빨리 알아서 말하는 것이 앞서가는 사람인줄 알았답니다. 그래서 그걸 흉내내기 위해 얼마나 많은 거짓 행위를 했었는지요… 하지만 이젠 해방되었답니다. 많은 책을 읽는 것도 중요하지만 성경 속에서 풍요함을 누리지 못하면 그야말로 모래 위에 집을 짓는 장난에 불과하다는 것을… 성경 속에서의 행복을 모르고 수많은 책을 뒤지는 일만큼 자신을 피곤하게 하는 일이 없을 거라는 것을…

다른 책… 좀 몰라도 되더라구요. 그러나 성경 속에서 춤추지 않으면 말씀을 전하고 나서도 허탈하더라구요. 그런데 성경을 이야기하면 서투른 설교라도 하나님께 감사가 되더라는 겁니다. 기가 막히게 좋은 문구들을 찾는 일도 하지 않기로 했습니다. 알지도 못하는 사람의 이름을 들먹거리면서 마치 많이 공부한 사람처럼 보이는 위선은 떨지 않기로 했습니다. 깊은 생각을 남보다 많이 하는 것처럼 보이는 어려운 표현도 사용하지 않기로 했습니다. 그냥 성경 말씀을 이야기하기로 했습니다.

성경 속의 이야기만 하더라도, 아니 성경만을 이야기할 때 성령의 역사가 가장 확실하게 나타남을 알았기 때문입니다. 성경은 성령께서 쓰신 글이기 때문입니다. 하나님에게는 천년이 하루 같다고 하셨나요? 그래서 표현하고 싶은 말이 있습니다. 성경은 아직 잉크도 마르지 않은 하나님이 보낸 연애편지라고.

군대를 제대하자마자 미국으로 건너왔습니다. 아무런 이유도 없이 미국에 오게 된 겁니다. 몇 달만 미국을 구경하려는 생각이었습니다. 그런데 어쩌다가 십수 년이 지나고 말았습니다. 십수 년... 학교에서 공부하면서도 성경에 대한 재미 때문에 성경만 보게 되더라구요. 사역을 하면서도 성경만 보게 되더라는 겁니다. 그리고 읽은 성경... 늘 그랬던 것처럼 신앙의 형제들과 나누었답니다. 그런데 성경만을 이해하기 위해 주의 깊게 보는데 많은 은혜를 경험하는 게 아니겠어요!

벌써 성경을 통해 주님의 마음을 헤아린 지도 오래되었네요. 지금도 계속하고 있답니다. 물론 주님 부르실 때까지 이 은혜를 계속 유지하려고 합니다. 새벽 기도가 끝나면 잉크도 마르지 않은... 주님의 숨소리가 느껴지는 성경을 펴고 세 시간, 어느 경우는 네 시간, 옮겨 보고 또 옮겨 보다가 이렇게 책이 되었답니다.

그 제목... 이야기 성경? 성경 이야기? 아무래도 매끄럽지 않기에 남침례교신학교(The Southern Baptist Theological Seminary)에서 논문을 쓴 제목이 좋아 보여 그대로 하기로 했답니다. 비블리컬 스토리텔링(The Biblical Storytelling)이라고...

에필로그_03

목사가 되면 책을 많이 읽고 책을 좋아해야만 하는 줄 알았습니다. 어려서부터 목사는 책을 가까이에 두어야 한다는 선입관을 가지고 있었기 때문에 나도 목사가 되면 그렇게 될 거라고 믿고 있었답니다. 목사님의 집이나 사무실에 가면 여러 권의 책과 책이 한가득 꽂힌 책장을 배경으로 한 목사님의 사진도 볼 수 있었습니다. 그래서 목사님들은 책을 많이 읽는 분들이라는 생각을 자연스럽게 했답니다. 앞으로 나도 목사가 되면 많은 시간을 책과 함께 할 거라고 생각했습니다. 목사님의 집에 진열된 책들은 아주 멋있어 보였습니다. 단행본도 많았지만 특별히 눈에 띄었던 것은 만만치 않은 두께로 같은 디자인에 제목이 다른 여러 질의 전집들이었습니다. 목회를 할 때 꼭 필요한 전집들이라고 생각했답니다. 그래서 나도 목사가 되면 목회에 절대적으로 필요한 전집을 책장 가득히 채우겠다고 생각했습니다.

괜찮은 목사가 되기 위해서 신학교 때부터 기독교 서점에 드나드는 것을 아주 중요한 일 중 하나로 여겼답니다. 나름대로 열심히 책을 사서 날랐습니다. 돈이 있어서 샀던 것도 꼭 읽으려고 샀던 것도 아닙니다. 혹

날 내 사무실과 서재에 꽂아둘 책을 준비하는 거였습니다. 책을 사면서 미래를 그려 보기도 했답니다. 사무실의 사방은 책으로 꽉 채워진 책장이 둘러져 있고 한 켠에 놓여진 나무 책상과 사장님이 앉는 편안한 의자에 앉아 있는 제 모습을 상상하면서 말입니다. (책이 없는 사무실과 목사는 상상해 본 적이 없는 것같습니다.) 어느 경우에는 읽지도 못하는 영어로 된 책도 샀습니다. 소위 원서라고 하는 것들입니다. 영어나 독일어로 된 책을 읽은 수준 높은 목사로 보이고 싶어서였습니다. 열심히 사서 모은 책들이 작은 제 방의 책장에 한 권 한 권 채워져 가는 걸 보면 뿌듯하고 자랑스럽기까지 했습니다. 그렇게 해보지 않은 사람은 그 맛을 모를 겁니다. 책이 늘어나는 만큼 내 지적 수준도 높아진다고 생각하여 그것을 증명이나 하려는 듯 책을 열심히 구입했던 겁니다. 책의 노예가 되어 부지런히 살았던 것 같습니다.

신학대학 다닐 때는 대부분의 친구들이 그랬던 것처럼 돈이 정말 없었던 때입니다. 그런데도 책을 사고자 하는 욕심은 왜 그리 많았는지 모릅니다. 교수님들이 가끔 강의하시다가 밥을 굶어가며 책을 사서 보았다는 얘기를 들으면 왠지 멋있어 보였습니다. 그래서 교수님을 흉내 내며 책을 사기 위해 끼니를 거른 적이 한두 번이 아니었답니다. 그 경험 덕분에 얼마 전까지만 해도 사람들과 이야기할 때 나도 젊었을 때는 책을 사기 위해 굶은 적이 있다고 말하면서 묘한 자부심을 느끼곤 했답니다.

제 사무실은 작습니다. 방이 작기에 몇 권 안 되는 책이지만 제 방은 책으로 꽉 채워져 있답니다. 다른 목사님들보다 상대적으로 적다는 걸 알지만 그래도 제 수준에는 처분하기 곤란할 정도로 많은 책이 꽂혀 있습니다. 그런데 지금은 책이 많아서 행복하기보다는 꽂혀진 책들이 날 비웃고 있다는 생각이 들 때가 있답니다. 여러 권이 꽂혀 있지만 읽은 것은 별로 없거든요. 다 폼으로 꽂혀 있는 것입니다. 그렇다고 완전히 폼만은 아닙니다. 읽긴 읽었습니다마는 어떤 건 서문, 어떤 건 제목, 어떤 건 대충대충 한 10분 안에 읽은 책도 있고, 전혀 읽지 않은 책들도 수두룩하답니다. 정말 신중하게 읽은 책은 거의 없답니다. 전집은 정말이지 폼, 그 자체뿐이었습니다. 그래서 책장에 꽂혀 있는 책들이 부담스럽기까지 했습니다.

가끔 제 방을 방문한 학생들, 청년들 혹은 성도들은 전에 내가 느꼈던 것처럼 '목사님이니까 당연히 책이 많구나' 라고 생각하는 눈치입니다. 그러면서 할 말이 없을 때 혹은 기분이 좋으라고 '목사님은 책이 많으십니다' 라고 말한답니다. 저는 책을 많이 읽은 목사로 인정한다는 말을 듣는 것 같답니다(착각이겠지만). 그런 말을 들을 때면 전에는 우쭐했는데 언제부터인가 부담스러웠습니다. 사실 읽은 책이 아니라 폼으로 꽂혀 있는 책이 대부분이기 때문입니다. 성도들이 생각하는 것처럼 책을 많이 읽은 목사가 결코 아니라는 생각에 괴로웠거든요. 어떤 성도는 존경하는 마음(?)으로 이렇게 말한답니다.

"목사님, 책이 무척 많네요. 책이 이렇게 많은 것을 보니 목사님은 공부를 많이 하시는가 봐요. 목사님들은 책을 많이 읽으신다고 하더라구요." 거기까지만 하면 되는데 정말 대답하기 곤란한 질문을 한답니다. "목사님, 이 많은 책들을 다 읽으셨어요?" 미칠 것 같은 질문입니다. 뭐라고 대답해야 좋을지 모르기 때문입니다.

솔직하게 대답하자니 창피하고, 읽었다고 하자니 목사라는 놈이 별거 아닌 일로 거짓말한다는 양심의 가책 때문에 괴로운 겁니다. 또한 책을 많이 읽은 괜찮은 목사로 생각하고 있는 성도를 실망시키고 싶지 않다는 생각도 들기 때문입니다. 사실 그렇게 생각해 주기를 은근히 바라는 마음도 있구요, 그래서 엉거주춤 대답하곤 했답니다. 필요한 건 읽고 읽지 않은 책들도 있다고. 성도는 그렇게 말하는 목사를 겸손하다고 여겨 안 읽은 책도 있다는 말을 대부분은 읽었고 몇 권은 읽지 않았을 거라고 생각하고 점수를 후하게 주었겠지요. 그런 면으로는 성도들에게 무척이나 고맙답니다.

목사님들의 사례비 항목을 보면 반드시 도서비가 있습니다. 아주 중요한 항목입니다. 어느 교회나 꼭 있습니다. (제 개인적 경험으로는 이 도서비 항목이 없는 교회는 본 적이 없습니다.) 교회에서 그런 돈을 책정한 것은 책을 많이 읽고 목회와 설교를 잘 하라는 뜻인 줄 압니다. 교회도 목사는 책을 많이 읽어야 하고, 책을 많이 읽는 사람으로 인정해 주기 때문에 세운 항목이겠죠. 참으로 고마운 항목이랍니다. 저도 받고 있는데 이 항목의 돈이 얼마나 부담스러운지 모릅니다. 왜냐하면 교회에서 정해 놓은 도서비 만큼 책을 사 본 적이 한 번도 없기 때문입니다. 적어도 제게는 말입니다. (혹 이 고백을 읽으시면서 다른 목사님도 그렇다고 생각하시면 오해입니다. 이 글은 제 경우에만 해당하는 겁니다.)

양심에 거리낌이 있어서 교회에서 주는 도서비 항목의 액수만큼 책을 사려고 살만한 책들을 찾아본 적도 여러 번 있었습니다만, 저는 교회에서 주는 도서비 만큼의 책을 산 적이 없답니다. 아니 사고 싶지 않아서가 아니라 사고 싶은 책을 고를 수 없었기 때문이랍니다. 얼마나 많은 도서비를 주었기에 그러냐구요? 얼마 되지는 않는답니다. 서점에서 책을 사긴 합니다만 사실 오래 전부터 한 달에 두 권 정도 사는 게 저의 현실입니다.

서점은 몇 번씩 가지만 꼭 사고 싶은 책을 찾는 것도 어렵고, 게으른 건지 어렵게 골라 아까운 돈 주고 산 책이라 하더라도 제대로 읽는 것도 쉽지 않고…

어떤 목사님이 책을 읽지 않는 목사는 게으르고 목사 자격이 없다고 질책하는데 찔렸습니다. 제가 그런 사람이거든요. 목사는 적어도 하루에 한 권의 책은 읽어야 한답니다. 나는 일 년에 두 권 정독하는 것 같지도 않은데 말입니다. 그 목사님은 책을 많이 읽으시는 분이라고 소문이 난 분입니다. 책을 많이 읽는 목사님에게 어떻게 읽느냐고 물었더니 보통 책을 10분이면 한 권 읽는답니다. 난 미칠 것 같았습니다. 저는 일주일을 읽어도 뭔 뜻인지 몰라 속이 상한 적이 한두 번이 아닌데 책 한 권을 10분만에 읽는답니다. 하기야 저도 그렇게 10분에 한 권 읽을 때가 있긴 있었습니다. 혹시 써 먹을만한 게 걸리지 않을까 해서 위 아래로 훑어가며 넘긴 거지요. 그렇게 본 책들은 허다합니다. 아마 500권은 족히 될 겁니다. 그런데 정말 내 속에 양식이 될 만하게 읽은 책은 소수에 불과하답니다.

일주일 동안만 해도 엄청난 책들이 쏟아져 나옵니다. 기독교 서적만을 봐도 그렇습니다. 목사님들의 소원 가운데 책 한 권 내는 것이 포함되어 있잖아요. 그래서 책을 내는 분들이 무척이나 많답니다. 그런데 슬픈 것은 신간 서적 코너에 올라와 보지도 못하고 보이지 않는 구석에서 폐지로 버려지길 기다리는 책들이 무수하다는 거지요. 저도 책을 썼고 또 쓰고 있지만, 제 책 역시 신간 코너에 올라가 보지도 못하고 없어지는 것이 아닌지…(슬픕니다!) 그렇게 많은 책이 출판되고 있지만 막상 사려고 하면 꼭 읽고 싶은 것을 찾기가 쉽지 않다는 겁니다.

설교하거나 성경을 가르칠 때도 반드시 책을 인용해야 하는 줄 알았던 때가 있었습니다. 긴 설교 중에 한두 번은 어떤 나라, 어떤 사상가, 철학자 혹은 정치가나 성공한 사람의 이름과 그들이 쓴 책의 제목을 말하면서 이런 말을 했다고 해야 하는 줄 알았던 겁니다. (요즘 설교할 때 한두 번은 웃겨야 괜찮은 설교자라는 소리를 듣는 것처럼 말입니다.) 어느 경우는 읽지도 못하고 읽어 본 적도 없는 주간 시사지 타임(The Time)지나 뉴스위크(Newsweek) 혹은 리더스 다이제스트 등의 날짜까지 들먹이면서 설교해야 공부 좀 한 목사라고 느낄 때가 있었던 거지요. 지금 떠올려 보니 얼마나 부질없는 생각을 하면서 살았는지 모릅니다.

왜 그렇게 책에 대한 미련을 가지고 살았나 생각해 보았습니다. 정말 무엇 때문에 나는 많은 책을 소유하고 싶었고, 독서를 많이 하는 목사로 보이고 싶었는가 정직하게 생각해 보았답니다. 대답은 어렵지도 복잡하지도 않고 아주 단순했습니다. 열등감 때문이었지요. 제 가장 밑바닥은 열등감으로 가득한 겁니다. 그래서 쌓여 있는 책들로 하여금 저를 사람들에게 공부하는 목사, 실력 있는 목사로 세뇌 시키면서 은연 중에 무시하지 말라는 메시지를 전한 겁니다. 내 속에 있는 열등감이 나를 속이면서 책과의 관계를 이상하게 만들었답니다.

또 하나는 (하나님께 무척이나 죄송합니다만) 내 속 깊은 곳에서 성경을 우습게 여기고 있었다는 고백입니다. 성경이 하나님의 말씀이라고 말하면서도 정작 설교하는 나는 성경을 우습게 여겼던 거지요. 성경 가운데 구원의 도리, 삶의 지혜와 지침이 완벽하게 있다고 외치면서도, 성경은 성령의 감동으로 쓰여진 책이기에 심장과 폐부를 찔러 쪼개는 능력이 있다고 말하면서도 나는 성경보다 더 영향력 있을 것 같은 유명한 사람이 쓴 책을 뒤지고 있었던 겁니다. 성경을 역사와 인생에 있어서 가장 훌륭한 책, 능력 있는 책이라고 하면서도 내 속 사람은 믿지 않았던 겁니다. 그래서 유명한 사람을 찾았고 그 유명한 사람의 책을 뒤졌고 알지도 못하는 사람의 멋진 글을 강단에서 인용하는 걸 자랑스럽게 생각했던 겁니다. 성경이 답이라고 말은 했지만 정작 나는 삶의 답을 엉뚱한 책에서 찾고 있었던 겁니다. 내가 하는 일 목회에 관한 것도 유명한(?) 사람이 쓴 책에 있는 줄 알고 책을 의지했던 거지요. 한 마디로 성경을 무시했던 겁니다.

책으로부터 많은 걸 배우기 때문에 독서는 귀한 일입니다. 그러나 책이 전부가 아닙니다. 책은 진리도 아닙니다. 책과의 관계 속에서 초라한 나의 모습을 본 후에 책을 많이 읽은 목사가 괜찮은 목사라는 이상한 관계(?)가 이제 깨졌답니다. 다독(多讀)이 바람직하지만 필수는 아니라는 걸 배웠답니다. 또한 그것으로 목사의 수준이 평가될 거라는 생각은 정말 크게 잘못된 것임을 깨달았습니다. 목사는 반드시 책과 가까운 사람이라는 인식을 지워버리려고 합니다. 난 정말 책을 읽지 않는 사람이거든요. 아니 읽어도 저자가 하는 말을 잘 모를 때가 많습니다. 다시 말하면 책을 읽지 않는 게 아니라 읽을 줄 모르는 사람이라는 걸 발견한 겁니다.

저는 파스칼을 모릅니다. 그가 쓴 「팡세」(번역본)라는 너무 두꺼워서 읽기도 전에 질려 서문을 읽다가 무슨 말인지 몰라 내팽개쳤답니다. 톨스토이의 작품은 기독교를 이해하는 데 절대적으로 필요한 문학이고 철학이라고 하더라구요. 그래서 유명하다는 그의 「부활」이라는 작품을 읽기 시작했는데 도무지 무슨 말인지 이해하지 못해 읽기를 중단했답니다. 하이데거라는 철학자, 키엘케고르, 헤겔, 니이체 등. '니이체' 라는 말이 나왔으니 웃긴 일이 생각납니다. 니이체는 「짜라투스트라는 이렇게 말했다」라고 하는 책에서 "신은 죽었다"고 했답니다. 설교 시간에 목사님들의 설교를 통해서 종종 들은 글귀였습니다. 그래서 저도 가끔 (오래 전입니다만) 그 말을 인용하면서 유신론을 무너뜨리려는 사람들을 공격했고 또 그런 말을 한 니이체를 무척이나 나쁜 사람으로 말하곤 했었답니다. 물론 그 책을 다 읽은 수준 높은 사람처럼 말입니다.

사실은 그 책이 어떻게 생겼나 해서 서점에 들러 구경한 적 밖에는 없습니다. 정말 두껍더라구요. 그 책을 본 순간 이런 두꺼운 책을 읽은 사람이 몇이나 될까 생각했답니다. 하여간 니이체가 신이 죽었다고 하는 말을 왜 했을까 해서 물어보기도 하고 책을 뒤져 보았지만 아는 사람도 없고 책 속에서도 찾지 못했답니다. 결국은 한참 후에 누군가가 알려 주더군요. 책 속에 짜라투스트라가 누군가와 이야기하다가 신경질이 난 김에 그런 말을 내뱉은 거였다고... 그러나 전해준 사람의 말이 사실인지도 아직 확인되지 않았답니다.

리더십, 성공의 비결, 인생에 관한 것, 시집(詩集), 부부관계, 경영학, 건강에 관한 것, 소설, 철학 이야기... 별별 주제의 많은 책이 시중에 나와 있답니다. 다양하게 많이 읽어야겠다는 생각을 포기하니 마음이 왜 이리 편한지 모르겠습니다. 책 많이 읽지 않으렵니다. 물 흐르는 대로 읽게 되면 읽겠습니다만, 안 읽으면 뒤쳐진다는 말로 사람을 주눅들게 하는 말에는 신경을 곤두세우지 않기로 했습니다. 많이 읽어도 기억에 남는 게 없구요, 사실 무슨 말인지도 모른답니다. 아는 척하고 싶은 교만한 마음만 꿈틀거린답니다. 남들은 인생에 도움이 된다고 하는데 제겐 그런 것 같지도 않구요...

성경도 제대로 모르면서 책을 동서남북으로 둘러 채워둔다는 게 우습잖아요. 성경도 제대로 알지도 못하면서 이해하지도 못하는 글귀와 사람 이름을 대면서 지식인인 체 하는 게 우습잖아요. 그래서 성경이라도 제대로 보기로 결심한 겁니다. 목사가 성경을 모르니 일반 성도들은 더 모를 수 있다는 생각이 들었습니다. 그래서 한 평생 성경을 깊게 공부해 보기로 했답니다. 읽다가 정 모르겠으면 주석을 뒤져서라도 이해하려고 했습니다. 주석은 성경을 이해하는 데 큰 도움이 되었습니다. 그 과정 속에서 마침내 지식인이라는 허울 좋은 취급만을 받기 위해서가 아니라 성경의 이해를 돕기 위해 책을 보아야 목사로서 사는 인생이 행복하다는 것을 터득하게 되었습니다.

성경을 알기 위해 마음먹고 공부하니 자유로워지더라는 겁니다. 설교할 때도 성경을 이야기하니 마음이 편해지구요. 내 말은 물론 어떤 훌륭한 사람의 말도 아닌 하나님의 말씀을 전하니 위험하지도 않고 미안하지도 않은 겁니다. 누가 무식하다고 말할지는 모르겠지만 그게 속 편하고 자신감도 생겼습니다.

사실 교회 오는 사람들이 얼마나 다양한지 모릅니다. 자기 분야에서는 그런대로 지식이 있고 까딱 잘못 말했다간 어느 누구에게 무식하다는 말을 들을지도 모르잖아요. 그러나 대부분 사람들은 성경을 잘 모른답니다. 혹 알고 있더라도 자신보다는 목사님이 더 잘 알 거라고 생각하지요. 그래서 교회에서 목사로부터 성경 이야기를 듣는 것을 당연하게 생각하기에 성경을 말할 때는 누구도 시비를 걸지 못하지요.

성경을 말하는 사람으로 살고 싶습니다. 제 직업이 목사인데 목사는 성경을 말하는 사람이기 때문입니다. 다른 거 모른다고 주께서 뭐라고 안 하실 겁니다. 그런데 성경을 모르면서 목회 한다면 목사로 부르신 주님이 얼마나 한심하게 생각하실까 하는 생각이 드네요. 아니 성도들도 성경을 모르는 목사라는 걸 안다면 얼마나 비웃을까 하는 생각이 듭니다. 성경을 모르면 주님에게도 성도에게도 찬 밥 신세라는 걸 깨달았답니다.

성경만을 살아계신 하나님의 말씀으로 증거하려고 열심을 냅니다만 왜 그리 성경을 모르고 있는지요. 성경이 왜 그리 어려운지 모르겠습니다. 정말 어려운 수학 문제보다 더 어려운 게 성경이라는 걸 알아갈 뿐입니다. 그런 수준으로 목회를 하는 제 모습이 한심하고 답답할 뿐입니다. 성경 공부 열심히 하겠다고 다짐하고 노력하며 지낸 햇수도 제법 오래 된 것 같은데 책상에 앉으면 지금 막 시작한 사람처럼 모르고 있는 것이 너무 많다는 느낌뿐이니 미칠 것 같습니다. 주님이 부르실 그 날이 성큼성큼 다가오고 있는데 성경을 이렇게도 모르고 주님께 갈 거라고 생각하니 숨이 막히는 것 같습니다.

성경 안에 모든 진리가 있다고 말하는 목사가 아니라 성경 안에 진리가 있음을 인정하는 목사이고 싶습니다. 성경 안에 진리가 있음을 알고 믿고 실천하는 목사이고 싶습니다. 목회자 사이에서도 많은 책을 가지고 있다든지 책을 많이 읽은 목사가 괜찮은 목사라고 인정을 받는 것보다는, 성경을 구석구석 잘 알고 성경을 정말 사랑하며 성경의 의미를 잘 전달하는 목사가 진정 괜찮은 목사라는 평가를 받으면 좋겠습니다. 법관이 육법(六法)전서를 구석구석 잘 알고 있는 것처럼, 자동차 정비공이 자동차에 대해선 빠삭하게 잘 알고 있는 것처럼, 군인이 군사지식에는 정통한 것처럼... 목사님들은 성경 66권 어디라도 구석구석 잘 알고 있는 분들이면 정말 좋겠습니다.

오늘도 그것 때문에 몸부림쳐 봅니다. 하나님이 도와주시길 바라면서 말입니다.

그리심 신학서적 저(역)서 안내

- **쉬운 주석 (마태복음) - 시리즈 1**
  정훈택 저 / 양장 / 408면
- **주의 날 어떻게 이해할 것인가**
  Paul R. House · 장세훈 공저 / 반양장 / 184면
- **본문의 의미를 찾아서(21세기 구약신학과 해석)**
  장세훈 저 / 반양장 / 272면
- **계시록의 구속사적 연구**
  J.B. Jordan /이동수 역 / 반양장 / 396면
- **구약 속의 그리스도**
  E. 빌 /권호덕 역 / 반양장 / 371면
- **하나님과 인간, 그리고 시간 (역사)**
  어얼 E. 케이른스 / 박영실 역 / 반양장 / 258면
- **하나님 나라와 윤리 (주제별 논문)**
  김경진 / 반양장 / 303면
- **누가신학 연구**
  R. 화이트 / 김경진 역 / 반양장 / 197면
- **배경으로 본 히브리서 강해**
  정우홍 / 양장 / 406면
- **베드로전서의 메시지(주해)**
  오광만 / 반양장 / 283 면
- **산상설교(기록 이유와 목적)**
  정훈택 / 반양장 / 176면
- **성경무오 역사적 증명**
  정규철 / 반양장 / 335면
- **성경에 나타난 제사법 연구**
  로저드 백위드 / 반양장 / 261면
- **신명기 1(1-8장) (주해)**
  김영욱 / 양장 / 468 면
- **신학의 종을 어떻게 울릴 것인가 (논문)**
  허 주 / 양장 / 388면

1

라은성교수의
교회사맥(脈)잡기

上

정통과 이단

라은성 저

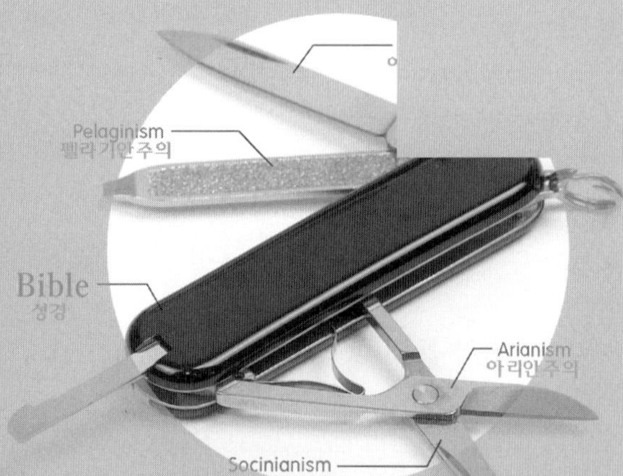

라은성 교수의 교회사 맥(脈)잡기 1 – 시리즈

'북방선교방송'(http://twrk.or.kr)에서 방송한 CD와 함께 출판한 「라은성 교수의 교회사 맥(脈)잡기」 시리즈 첫 번째 책인 「정통과 이단」은 한국교회에 가장 절실하게 요구되는 책입니다. 이 책은 2천년 동안의 교회사를 살펴보면서 이단들이 어떻게 일어났으며, 이에 대해 정통신앙은 어떻게 대응했는지를 살피는 역사책입니다. 방대한 사건들로 흥미롭게 꾸며진 이 책에는 몇 가지 다음과 같은 특징을 지니고 있습니다.

- 누구든지 쉽게 이해할 수 있는 구어체로. 되어 있습니다.
- 역사적이고 교리적 배경을 통해 이단들에 대해 배울 수 있습니다.
- 사진들과 함께 구성되어 있습니다.
- 역사적 통찰력 및 기독교 역사의식을 가질 수 있습니다.
- CD를 통해 라은성 교수의 육성 강의도 함께 즐길 수 있습니다.
- 교회에서 교회사 공부 교재로 사용할 수 있습니다.
- 한국교회가 직면한 여러 문제들에 대한 대안을 찾을 수 있습니다.
- 최초로 교회사를 공부할 수 있는 '문제집'이 있습니다.

"교회사란 이런 것이구나!" 하고 감탄할 수 있는 작품입니다.